Mathias Wais

Ich bin, was ich werden könnte

Entwicklungschancen des Lebenslaufs

Aus der Biographieberatung

Mit einem Beitrag von Uwe Meinardus *Biographiearbeit und Psychotherapie*

edition tertium

Die Deutsche Bibliothek - CIP- Einheitsaufnahme

Wais, Mathias:

Ich bin, was ich werden könnte : Entwicklungschancen des Lebenslaufs ; aus
der Biographieberatung / Mathias Wais. Mit einem Beitr. Biographiearbeit und
Psychotherapie / von Uwe Meinardus. - Ostfildern : Ed. Tertium, 1995
ISBN 3 - 930717 -13 -1
NE: Meinardus, Uwe: Biographiearbeit und Psychotherapie

ISBN 3 - 930717 -13 -1

© 1995 edition tertium, Ostfildern; 2. Auflage

Gestaltung: Burkhard Finken, Matthias Bumiller

Finken & Bumiller

Herstellung: Druckerei Wagner, Nördlingen

Inhalt

Teil III

Uwe Meinardus
Biographiearbeit und Psychotherapie -

Über den Umgang mit dem Labyrinth - ein Vorwort

Eigentlich kommt man durch das Leben wie durch ein Labyrinth - irgendwie kommt man schließlich durch, hinterher aber wüßte man kaum zu sagen, wie man durchgekommen ist. Viele Werke der Mythologie und der Kunst scheinen mir diesen Sachverhalt anzusprechen. Es gibt Kunstwerke, die dieses Thema des Labyrinths zu einem Bild, zu einem Moment verdichten. Ich habe in dieser Hinsicht, was den menschlichen Erdengang betrifft, Wesentliches in dem Film „Orlando" (nach dem Roman von Virginia Woolf) von Sally Potter erfaßt.

Biographiearbeit und Biographieberatung, wie sie in den letzten Jahren aufkamen, sind leider keine Hilfe, besser durch das Labyrinth zu kommen. Und was hieße auch *besser*? Würde man mit einem Konstruktionsplan in der Hand durch das Labyrinth gehen, so gäbe es die Befreiung nicht, die Überraschung nicht, doch wieder ein Stück weitergekommen zu sein. Diese Überraschung ist es aber, was Hoffnung gibt.

Wir wissen eigentlich kaum etwas über das Labyrinth, durch das wir - manchmal amüsiert, manchmal verzweifelt, manchmal tatkräftig, manchmal mutlos - hindurchzukommen versuchen. Das einzige, was wir wissen, ist, daß es immer weitergeht. Mit Weitergehen meine ich das Herauskommen aus Katastrophen, aus dem Scheitern, auch aus dem Glück, das, wie Sigmund Freud formulierte, ein episodisches Phänomen ist. Die Frage ist also: Woher wissen wir, daß es immer weitergeht? Oder was liegt vor, wenn wir dieses Wissen einmal - in einer uns ausweglos erscheinenden Situation, einer zermürbenden Ehekrise, einer inneren Einsamkeit - verlieren?

Wer konstruiert eigentlich dieses Labyrinth? Eine einfache Antwort wäre: der Liebe Gott. - Aus der jahrelangen Beratungspraxis und der beratenden Begleitung von Menschen in Lebenskrisen habe ich den Eindruck gewonnen, daß der Sachverhalt in einer skandalösen Weise komplizierter ist: Wir sind es selbst, die das

Labyrinth ständig, im Vollzug sozusagen, konstruieren. Unser Ich ist es. Da muß es, von unserem Alltags- Ich unbemerkt, eine Instanz in uns geben, die, unsere Vergangenheit und unsere Zukunftsmöglichkeiten überschauend, uns unser Schicksal schafft. Deshalb also, weil wir es selbst schaffen, wissen wir, daß es in unserem Labyrinth immer weitergeht.

Wieso tut das Ich - nennen wir es, weil es ja nicht das alltägliche Ich ist, das Höhere Ich - das? Offenbar verfolgt es Ziele und Aufgaben und führt uns in Begegnungen, durch Schicksale, auch durch die Banalitäten des Alltags. Der erste Teil der folgenden Beiträge handelt von diesem Höheren Ich.

Die Biographiearbeit und -beratung gehen ja nicht von der Frage aus: Wie hätten Sie's denn gerne? Sie können keine Tips geben, wie man etwa schneller, mit weniger Aufwand o.ä. durch das Labyrinth käme. Die Aufgabe der Biographieberatung ist eine andere. Sie kann, anhand konkreter und alltäglicher Lebensfragen und Lebenskrisen, uns mit dem Gedanken vertraut machen, daß wir es selbst sind, die laufend das Labyrinth konstruieren. Sie kann damit etwas an der *Haltung* ändern, mit der wir durch das Labyrinth gehen; nichts dagegen an der Tatsache, *daß* wir durch ein Labyrinth gehen. So versucht der zweite Teil dieser Beiträge, anhand einiger biographischer Phänomene zu zeigen, nach welchen Gesichtspunkten wir unser Labyrinth konstruieren. Wenn es gelingt, so taucht im Beratungsgespräch eine Idee, eine handlungsrelevante Perspektive davon auf, daß die Konstruktion des Labyrinths sinnvoll ist.

Der dritte Teil dieser Beiträge handelt davon, wie man als Beraterin oder Berater zu einem Verständnis des individuellen Labyrinths kommt und wie man das dem Betreffenden vermittelt. Für beide, für ihn wie den Berater, handelt es sich - um dies vorwegzunehmen - nicht um intellektuelle Akrobatik oder psychologisch analysierende Akribie, sondern um einen Übungsweg. Der Beratende, der einen individuellen Lebensgang verstehen will, geht einen inneren Übungsweg, und der Betroffene, der ein Verständnis seines Labyrinths und Gesichtspunkte dafür sucht, wie er sich aktiv handelnd, statt passiv erleidend weiterbewegen kann, muß ebenfalls einen Übungsweg gehen.

Was mein eigenes Verständnis von Lebensläufen und Lebenskrisen betrifft, so habe ich es zunächst den Menschen zu verdanken, die als Ratsuchende zur Biographieberatung kommen. Im Gespräch mit ihnen kann, wenn es gut geht, dieses Element der Überraschung auftauchen. Es entsteht dann plötzlich eine Perspektive auf die aktuelle Lebenskrise, auf den Lebenslauf selbst, die zuvor keinem der Gesprächspartner bewußt war.

Sodann gehe ich bei meiner Arbeit von einem anthroposophischen Menschenbild aus - so wie ich es eben verstehe. Es ist nach meiner Kenntnis das modernste und differenzierteste Menschenbild, das die geistige Sphäre des Menschen einbezieht. Dabei fühle ich mich folgenden Autoren verbunden und verpflichtet: Bei Rudolf Frieling, dem christlichen Gelehrten und Pfarrer, lerne ich die Genauigkeit der Phänomenbetrachtung, das Ernstnehmen des „Textes", hier: der biographischen Phänomene, so wie sie sich eben darstellen. Bei Friedrich Weinreb, dem jüdischen Gelehrten und Mathematiker, lerne ich das Denken in Zwischenräumen. Weinreb hat, anknüpfend an die kabbalistische Tradition, immer wieder die Wirkung der Sphäre des Geistigen bis ins Buchstäbliche und Tägliche hinein gezeigt und verständlich gemacht, wie das Wesentliche und Eigentliche *zwischen* den Dingen liegt. Für das Lernen bei Frieling wie bei Weinreb wie aber auch bei allen anderen Autoren, die ich heranziehe (Viktor Frankl, Bernard Lievegoed, Hans Schauder), gilt, daß man ihre Arbeit und ihr Denken nicht einfach übernehmen kann. Man muß etwas Eigenes daraus machen. Und insofern sind die folgenden Beiträge, wenngleich alle mitgeprägt von den genannten Menschen, doch wieder subjektiv, persönlich und damit einseitig. Sie geben nur meine Sicht der Dinge wieder. Es kann sich nur um einen Werkstattbericht handeln.

Von da aus ergibt sich mir auch die Berechtigung, nicht alles hier in Frage Kommende in Vollständigkeit darstellen zu müssen. Vieles ist unvollständig. So hatte ich z.B. nicht das Bedürfnis, zu den einzelnen Themen jeweils alles zu referieren, was man darüber anderswo nachlesen kann. Z.B. behandelt das Kapitel über den Doppelgänger eben nur einen, in der praktischen Beratungsarbeit sehr wesentlichen Aspekt dieses Themas. Selbstverständlich ist es sinnvoll, dazu all das Umfangreiche nachzulesen, was man diesbezüglich bei Rudolf Steiner und in der sonstigen anthroposophischen und nicht-anthroposophischen Literatur nachlesen kann. Der Charakter des Werkstattberichts mag es auch akzeptabel machen, daß in diesen Beiträgen zur Biographik ausgerechnet Ausführungen über karmische Zusammenhänge fehlen. Dies liegt daran, daß für mich als Normalsterblichen dieser zentrale Themenbereich nicht handhabbar ist. Meine Anschauungsmöglichkeiten hören hier auf. Und ein bloßes Referieren von dazu vorhandener Literatur erschien mir nicht sinnvoll.

Erwähnen möchte ich noch, daß eine weitere Quelle meiner biographischen Verständnisbemühungen die - durch keinerlei kunstwissenschaftliche Vorbildung getrübte - Auseinandersetzung mit Werken der modernen Kunst ist. In der jahrelangen Beschäftigung mit dem Werk z.b. Alexej Jawlenskys, Camille Claudels, Béla Bartóks, Wilhelm Lembrucks habe ich, so scheint es mir, mehr über die menschliche Entwicklung und das Lebenslabyrinth gelernt als im Studium der Psychologie. Zu solcherart fruchtbaren Kunstwerken zähle ich neben dem schon erwähnten Film „Orlando" (die Buchvorlage von Virginia Woolf hat einen anderen Akzent als der Film) auch „Le Bal", der davon erzählt, wie rätselhaft gleich man sich doch über die Jahre, Jahrzehnte und über die verschiedenen Erdengänge bleibt - bei allem Weiterschreiten, bei aller Entwicklung.

Ganz herzlich möchte ich Dagmar Wohler und Uwe Meinardus danken, die ebenso kritisch wie wohlwollend die Erstfassungen der Texte durchgearbeitet und Neufassungen inspiriert haben.

Im November 1994   *Mathias Wais*

Teil I

Coming

I am coming! I am coming!
I am coming through!
Coming across the divide to you
In this moment of unity
Feeling an ecstasy
To be here, to be now
At last I am free
Yes at last, at last
To be free of the past
And of a future that beckons me

I am coming! I am coming!
Here I am!
Neither a woman, nor a man
We are joined, we are one
With a human face
We are joined, we are one
With a human face
I am on earth
And I am in outer space
I'm being born and I am dying

Sally Potter,
Schlußgesang aus „Orlando"

I. Das Zukunftselement in heutigen Schicksalen und die biographische Krise

Unter welchem Gesichtspunkt wird man einen Lebenslauf sinnvollerweise betrachten? Zunächst scheint es nahezuliegen, den schon abgeschlossenen Lebenslauf z.B. einer Künstlerpersönlichkeit aus dem Anfang dieses Jahrhunderts, auch den sich gerade entfaltenden Lebenslauf eines Zeitgenossen unter einem historischen Gesichtspunkt anzuschauen: Wie ist alles geworden? Wie kam der Künstler zu seiner Malweise, mit welchen Stilrichtungen hatte er Berührung, mit welchen Kollegen sich auseinandergesetzt, aus welchem persönlichen Erleben hat er ein bestimmtes Thema in seinen Bildern immer wieder aufgegriffen? Oder: Wie kommt es, daß mein Nachbar nicht verheiratet ist und alleine in dem großen Haus wohnt? Welche Beziehungserlebnisse haben ihn dazu gebracht? Wie war das mit seinen Eltern? Was haben sie ihm hinsichtlich der Belastbarkeit von Beziehungen vorgelebt?

So könnte man fragen. Das wäre eine historische Frageweise: Wie ist es dazu gekommen, daß es jetzt so mit meinem Leben steht? Man stellt, wenn man historisch fragt, die Frage nach der Ursache, nach der Verursachungskette. *Wieso* ist es so, wie es ist? Und man sucht die Ursachen in der Vergangenheit. Es war bestimmt eines der großen Verdienste der Psychoanalyse, daß sie kausale Zusammenhänge zwischen Erwachsenenleben und Kindheitserlebnissen aufzeigen konnte. Mittlerweile gehört es zum allgemeinen Bildungsgut, seelische und zwischenmenschliche Gegebenheiten kausal-logisch anzuschauen: *Weil* mein Vater mich damals nicht ernstgenommen hat, *deshalb* traue ich mir heute nichts zu. - *Weil* der Maler X zwei Jahre die Malschule von Y besuchte, *deshalb* hat er später diesen Malstil entwickelt.

Zunehmend, in unserem Jahrhundert zunehmend, scheint die historische Betrachtungsweise nicht mehr auszureichen, um Lebensläufe zu verstehen. Diese kausal fragende, nach einer Verursachungskette fragende Sicht hat sich als richtig und wichtig herausgestellt. Aber sie kann nur begrenzt sichtbar und verstehbar machen, wie sich der moderne Mensch in seinem Lebenslauf individualisiert.

Lebensläufe waren bis in die jüngste Vergangenheit, von einigen Ausnahmen - Künstlern insbesondere - abgesehen, nur wenig individuell. Sie waren vor allem typenhaft und vorgezeichnet. Sie waren auch gar nicht geeignet, in ihnen so etwas wie Individualisierung zu suchen. Und weil sie hauptsächlich typenhaft, gruppenhaft, klassen- oder ständetypisch waren, war ihr Ablauf aus der Vergangenheit bestimmt: aus den althergebrachten Werten und Traditionen. - Wieso bist du ein Schuster? - Weil mein Vater ein Lederhändler war. - Wieso hast du diesen Mann geheiratet? - Weil unsere Eltern befreundet waren und nebeneinander wohnten.

Hier, insofern ein Lebenslauf „typisch" ist und, vor allem, man „Typisches" in ihm erwartet, reicht die historische Betrachtungsweise aus. Insofern aber, in unserem Jahrhundert, Lebensläufe zunehmend das Typische verlieren und zunehmend Individualisierung im eigenen Lebenslauf gesucht wird, brauchen wir noch einen weitergehenden Gesichtspunkt, wenn wir einzelne Biographien in ihrer individuellen Gestaltung verstehen und sie beratend begleiten wollen.

Biographiearbeit, Biographieberatung ist in den letzten Jahren nicht entstanden, um bessere Erklärungen für einzelne Lebensläufe zu finden, sondern aus dem Wunsch, Biographien als etwas Zielgerichtetes anschauen zu können. Es wuchs das Bedürfnis nach einer Sichtweise oder Haltung, die es erlauben würde, Biographien auf ihre Sinnhaftigkeit befragen, miterleben und beratend begleiten zu können.

Dieses Bedürfnis, überhaupt einen Sinn im Lebenslauf erkennen und das Leben auch nach diesem Sinnverständnis führen zu können, spitzt sich natürlich in drängender Weise zu, wenn man in eine persönliche Krise gerät, wenn man nicht mehr weiter weiß. Dann will man eben nicht bloß wissen: Wie ist es nur dazu gekommen, daß ich nun so übel dran bin? Sondern man will heraus aus dieser Krise, man will ihren Zusammenhang mit der Fortführung des eigenen Lebens sehen. Man fragt nach ihrem Sinn. Und das Bedürfnis nach einer Antwort hat enorm zugenommen.

So etwa mag eine Ehefrau mittleren Alters mit der für sie sehr überraschenden Frage zur Beratung kommen, ob sie sich von ihrem Mann trennen kann, darf oder soll. Ihre Ehe wurde schon in jungen Jahren geschlossen, beide waren damals 19 Jahre alt. Gekannt hatten sie sich schon seit ihrem 12. Lebensjahr. - Es hatte alles sehr harmonisch angefangen; drei Kinder waren gekommen, prächtige Jungen. Das Haus- und Familienleben hatte die Frau bis vor wenigen Jahren durchaus erfüllt. Nun aber, vor etwa zwei Jahren, schlich sich eine innere Leere in diese Partnerschaft. Staunend und bange stand man vor der Tatsache, daß man nichts mehr miteinander anzufangen wußte. Man fing an, sich geradezu aus dem Weg zu gehen, ohne daß es eigentlich besonderen Streit gegeben hätte. - In dieser Situation nun verliebte sie sich, womit sie niemals gerechnet, was sie weder gesucht noch sich gewünscht hatte, in einen anderen Mann, den Sport-Trainer eines ihrer Söhne. Die Zerrissenheit, die Ängste und auch die von schlechtem Gewissen von Anfang an vergifteten Sehnsüchte, die nun aufbrechen, sie sind heutzutage gut bekannt. - In dieser Krise kommt sie zur Beratung, um Orientierung zu finden in einem Schicksalsaugenblick, in dem die Vergangenheit versinkt und die Zukunft noch nicht erkennbar wird.

Wie weit ist ihr geholfen, wenn man für ihre Situation nun kausal-logische Erklärungen erarbeitet? Vielleicht findet man als Ursache ein Element der Unzuverlässigkeit in der Beziehung des kleinen Mädchens zum Vater. Inwiefern reichen dann Ursachenerklärungen dafür aus, sehen zu können, wie es weitergehen kann? Die drängende Frage ist nicht: „Wo kommt das her?" sondern: „Wo geht das hin?" Und: Welchen Stellenwert, welche Bedeutung hat diese Krise innerhalb eines ganzen Lebenszusammenhangs? Wie ist diese Krisensituation in Einklang zu bringen mit allen anderen Lebensumständen? Wie kann sie integriert werden in den gesamten Lebenslauf? Welchen Sinn hat diese Krise? - So fragt diese Frau nach ihrer Zukunft.

Viele suchen heute in einer solchen oder ähnlichen Krise Beratung. Eine Lebenspraxis, die bisher getragen hat, trägt nicht mehr; ein Lebenszusammenhang, eine Partnerschaft, ein berufliches Engagement, die über Jahre Sicherheit gegeben haben und wie selbstverständlich zum eigenen Leben gehörten, werden plötzlich fremd und zuwider. Man empfindet sich in ihnen nicht mehr zu Hause. Bewährte Strategien der Konfliktbewältigung greifen nicht mehr. Es reicht jetzt nicht mehr aus, nach jedem Streit mit der Ehefrau „schön essen zu gehen", nach dem Mißerfolg im Beruf „ein paar Tage wegzufahren" oder andere zu beschuldigen. Früher gemachte Erfahrungen sind nicht mehr anwendbar. Das ist die Situation der Krise. Und solchen Krisen, Einschnitten und Eskalationen gegenüber bedarf es heute solcher Fragen wie: Was will daraus werden? Wo will das hin? Was möchte da werden, das ohne diese Krise offenbar nicht werden könnte?

Man kann ein Kunstwerk, das Bild eines Malers auch so anschauen: Was wird sein nächstes Bild *sein*? Wo will er hin damit? Was sucht er, indem er dieses Bild so malt? Jedes Bild, jede Momentaufnahme eines Lebenslaufs kann als ein suchender Anfang gesehen werden - wenngleich es auch richtig ist, daß jedes Bild und jede Momentaufnahme eines Lebenslaufs auch ein Angelangt-Sein bedeutet.

Eben dieser vorwärts gerichteten fragenden Haltung bedürfen moderne Lebensläufe. Denn heutige Lebensläufe spulen sich nicht mehr in vorgezeichneten Bahnen ab. Sie müssen zunehmend aktiv, gestaltend in die Hand genommen werden. Das Leben muß heute *geführt* werden.

Das kann aber nur mit Blick auf weiterführende Wege geschehen. Dieser Blick eröffnet die Sinnfrage und enthält ein aufrichtendes Element. Denn indem ich die zukunftsgerichtete Sinnfrage stelle, begegne ich mir schon wieder als aktiv Handelnder. Jetzt bin ich heraus aus dem passiven Erleiden der Krise. Die in die Zukunft gerichtete Frage erlaubt den Blick auf den aktiven eigenen Anteil daran, daß es weiter geht. Das ist das aufrichtende Element. Der

Erklärung suchende Blick in die Vergangenheit dagegen führt zum Selbstbild des Erlitten-Habenden.

Es geht also darum, ein vorwärts gerichtetes, ein aufrichtendes Element aufzusuchen, wenn wir moderne Lebensläufe betrachten, und zu lernen, das aufrichtende Element anzusprechen und aufzurufen, wenn wir Biographien beratend begleiten wollen. Es kommt nicht auf den lückenlosen Zusammentrag von Lebensdaten an, sondern auf die Krisenpunkte, Wendepunkte, Entscheidungssituationen, Einschnitte, Wechsel, kurz: Übergänge in einem konkreten Lebenslauf, wenn wir verstehen wollen, worauf er hinaus will. In den Übergängen spricht sich etwas von dem aus, was erst noch werden will. In den Übergängen ist immer damit zu rechnen, daß sich da jemand zu sich selbst aufzurichten versucht. Da wächst einer für einen kurzen Moment über sich hinaus. Da erscheint für einen Moment ein „roter Faden", ein Sinnzusammenhang, und man ahnt, wofür sich jemand all diese Schwierigkeiten aufhalste. Etwas von den Lebenszielen kann in solchen Übergangsmomenten sichtbar werden.

Die Krise beginnt meist mit dem Gegenteil dessen, worauf sie hinaus will. Zunächst geht alles lange Zeit gut. Dann geht es schief. Dann ist die Ohnmacht da, eine elementare Ohnmacht: Man weiß nicht mehr, wie es weitergehen soll. Es ist eine Ohnmacht vor sich selbst. Solange man sich noch - in der Krise, wenn alles schief läuft - über den Ehepartner, die Kinder, die Schwiegermutter ärgert, hat man den Punkt noch nicht erreicht, der hier als Ohnmacht angesprochen wird. Erst wenn man empfindet, daß der Kern der Krise eine Ohnmacht vor sich selbst, mit sich selbst ist, daß man an sich selbst ohnmächtig ist, daß man vor sich selbst darniederliegt in einem Versäumnis, einer Schuld, einem Versagen, einer Illusion - erst dann ist eine Öffnung der Situation möglich, aus der Anschluß an die Sphäre der Aufrichtung gefunden werden kann. Und dies entsteht nicht in erster Linie durch die Erklärung, wie es nun zu dieser schlimmen Situation gekommen ist, vielmehr liegt das Weiterführende in der Einführung eines Neuen: im Sich-Einlassen auf das Veraltet-Sein dessen, was bisher gegolten hat, und in der Bereitschaft zu Neuem. Wo man von sich selbst enttäuscht und vor sich selbst ohnmächtig ist, da entsteht die wesentliche Frage, die weiterbringt: Wer bin ich wirklich? Wer bin ich über das hinaus, was ich an mir kenne und was sich - bis zu dieser Krise - an mir bewährt hat? Wer bin ich über all die Besitztümer, Kenntnisse und Fähigkeiten hinaus, mit denen ich es doch so weit gebracht habe, mit denen ich mich so stark identifizierte, die mir aber doch alle in dieser Krise gar nichts nützen?

Das ist keine Frage, die sich mit einem psychologischen oder charakterologischen Gutachten beantworten ließe. Es ist die Frage: Was bin ich noch nicht, das ich aber sein könnte? Es ist die Frage nach der Entwicklungsmöglichkeit, der Entwicklungsnotwendigkeit. Das Individuum ist heute etwas, das sich immer noch entwickelt. Es ist nie fertig, ausgereift. Das Individuum ist etwas, das sich über seine verflossene Geschichte hinaus in der Zukunft erst noch sucht.

Ein erhöhtes Bei-Sich-Sein, wie es sich nach einem vollzogenen Entwicklungsschritt immer einstellt, entsteht aus dem Sich-Aufrichten gegen Widerstände und Hindernisse, zumeist innerer Art. Sie müssen nicht auf Anhieb als solche erkennbar sein. Sie können z.B. auch die Form von Gewohnheiten haben, die in der Krise am Umdenken und neuen Handeln hindern. Auch Gefühlsprägungen aus früher Kindheit können zu Hindernissen werden, wenn nun eine unbefangene Sicht der aktuellen Lebenssituation erforderlich wäre. Widerstände gegen Entwicklungen können auch in der Selbst-Täuschung liegen: Man macht sich etwas vor über seine sozialen Fähigkeiten oder seelischen Kräfte und gelangt dadurch nicht zu einer realistischen Sicht der Dinge. Aber auch Fähigkeiten, Kompetenzen und Erfahrungen können unter Umständen Hindernisse darstellen: Man versteift sich in der Krise darauf, bisher bewährte Fähigkeiten heranzuziehen; aber sie nützen nichts mehr.

Diese Ich-Qualität, das Element der Aufrichtung anzusprechen und aufzurufen, ist dann die Aufgabe der Biographieberatung: Wohin strebst du mit dem, was dir jetzt an Fähigkeiten und

Unfähigkeiten, an Sicherheiten und Unsicherheiten gegeben ist? Durch welches Handeln kannst du dich an die Aufrichtekraft anschließen?

In der Biographieberatung soll das Individuelle in seinem Zukunftscharakter angesprochen werden. Das Individuelle ist noch nie *ganz* da. Es auf seinem Weg zur Ganzheit beratend zu begleiten, ist Inhalt der Biographieberatung. Biographieberatung fragt nicht: „Wie hätten Sie's denn gerne?" sondern: „Wie können Sie angesichts der Ihnen jetzt gegebenen Situation sinnstiftend Ihr Leben weiterführen?" So ist Biographieberatung eine Entwicklungshilfe - Entwicklungshilfe für das Individuelle und Einmalige eines Menschen. Die biographische Krise ruft nach einem aktiven Ergreifen des Schicksals, nach Schicksalsgestaltung. „Erkenne dich selbst" und „Ergreife dich selbst" - das ist heute das gleiche. Biographieberatung soll eine hinweisgebende Hilfeleistung sein auf dem meist langen und mühseligen Weg der tätigen Selbsterkenntnis.

Und, ausgelöst zumeist durch Krisen oder Übergänge, es geht um eine Selbsterkenntnis, die sich in erster Linie auf die Zukunft richtet, auf das, was ich noch nicht bin. Dieses Selbst, das sich da erkennen will oder soll, entsteht in gewisser Weise erst in dem Moment des Sich-Aufrichtens und Sich-Aufraffens. Erkennen und Gestalten sind hier eins.

So mag es auch in dem angeführten Fall weniger darum gegangen sein, durch die lebensgeschichtliche Analyse eine genaue Erklärung für die aktuellen Beziehungsverwicklungen zu finden, als vielmehr darum, den Sinn dieser Krise für die Beteiligten zu finden und daraus weiterführende Handlungsmöglichkeiten abzuleiten; hier ging es für alle drei beteiligten Erwachsenen um die Aufforderung, Autonomie zu lernen. Das zeigt sich auch darin, daß zunächst das Gegenteil eintreten wollte: Es entstanden in Kürze sehr festgezurrte neue Abhängigkeiten - des Trainers von der Frau, des Ehemannes von der Frau, der Frau von einer Freundin, die sie moralisch verurteilte. Und es wurde deutlich, daß damit ein Lebensthema dieser Frau - die Abhängigkeit (erst von ihren Eltern, dann von ihrem Ehemann, schließlich von der Freundin) - auf die Spitze getrieben worden war (wie wir überhaupt oft finden, daß das, was als Krise erlebt wird, noch gar nicht der eigentliche Umbruch ist, sondern im Gegenteil nur eine Zuspitzung, ja manchmal eine Karikatur dessen, was schon lange bestand). In der Zuspitzung des Abhängigkeitsthemas konnte die Aufforderung erkannt werden, Autonomie zu lernen. Es wurde dann eine Situation geschaffen, in der alle drei Erwachsenen, jeder auf seine Weise, Autonomie lernen konnten: Die Frau beendete die Beziehung zu dem Trainer; sie zog mit den Kindern in eine eigene Wohnung. Mit ihrem Mann entstand eine herzliche Freundschaft. Er lebte alleine, kümmerte sich aber viel um die Kinder. Dem Trainer wurde deutlich, daß diese Beziehung ihn eigentlich hätte hinwegtrösten sollen über seine kurz zuvor gescheiterte Ehe. Er entschloß sich, alleine weiterzuleben, aber mit seiner Frau eine Trennung in gegenseitiger Achtung zu suchen.

Darin liegt kein Patentrezept, sondern es erschien angesichts *dieser* Individualitäten als das Richtige. In anderen Fällen ist ganz anderes richtig. Für alle drei besteht die tätige Selbsterkenntnis darin, daß sie sich nun bemühen, jeder an seinem Ort, das zu lernen, was sie alle drei noch nicht haben: das Element der Autonomie.

2. Das individuelle Urbild

Es geschieht immer mit einer gewissen Scheu, wenn man sich über den geistigen Wesenskern eines Menschen äußert. Es geht um sein „Höheres Ich" oder „Höheres Selbst", sein Urbild. Es ist das Individuellste an einem Menschen und damit das Intimste. Wenn ein Mensch aus der Not, der Krise, aus dem Scheitern sich zu dem wesenhaften Kern seiner selbst durchringt, so ist das immer ein bewegendes Ereignis. Dieses auf den Weg zu bringen und versuchsweise zu begleiten, ist der wesentliche Inhalt der Biographieberatung. Natürlich geschah schon immer und geschieht dieser Durchbruch auch ohne solche Hilfe. Jemand ringt sich zu einer schweren Entscheidung durch - und es ist, als käme da einer in einem erhöhten Sinne nach Hause, zu sich selbst. Er selbst mag es so erleben, als habe da schon jemand auf ihn gewartet. Und in der Tat: er selbst, sein Urbild hat da schon auf ihn gewartet, zu dem er sich gerade erst durchgerungen hat, zu dem er sich gerade erst aufgerichtet hat. Und er empfindet: Jetzt erst bin ich Ich.

Wenigstens ahnungsweise weiß oder empfindet es jeder Mensch, daß es eine „normale", d.h. die überwiegende Zeit im Vordergrund stehende Seite seiner selbst gibt und eine erhöhte Seite, die sich nur in Momenten des Übergangs, des Aufraffens vergegenwärtigt.

Worum handelt es sich bei dieser erhöhten Seite, dem Urbild, und worum handelt es sich bei dieser alltäglicheren Seite eines Menschen? Zunächst einmal bin ich natürlich das, was ich tagtäglich an mir erlebe, was andere tagtäglich an mir erleben, was ich von mir weiß, was ich an mir kenne. Diese Seite des Menschen kann man das Alltags-Ich nennen. Es erkennt sich in der Erinnerung. Daß ich weiß, wovon ich geprägt bin, daß ich mich von meinen Eltern, dem elterlichen Milieu herleite; daß ich die Vorzüge und die Schattenseiten meines Temperaments kenne; daß ich in mir das gleiche Holz erkenne, aus dem alle Menschen der Gegend, aus der ich stamme, geschnitzt sind; daß ich weiß, was mir sympathisch ist, was unsympathisch; daß ich meine Vorlieben und Abneigungen kenne; daß ich meine Gewohnheiten und Sicherheiten habe; daß ich vermeide, was mir Unsicherheit bedeuten würde; daß ich meine Überzeugungen und politischen Meinungen habe - all das ist mein Alltags-Ich. Wenn mich jemand fragt, wer ich bin, wenn ich mich jemandem beim Kennenlernen vorstellen will, dann erzähle ich ihm davon.

Nun hat das vorangehende Kapitel gezeigt, daß dies - entgegen dem alltäglichen Anschein - noch nicht alles sein kann, was einen Menschen ausmacht. Es war zu sehen, daß besonders in Situationen der Krise, des Übergangs noch etwas ganz anderes aufscheint. Die Krise, so wurde dargelegt, besteht ja eben darin, daß das Alltags-Ich nicht mehr weiterhilft. Es greift nicht mehr, was es sich bis dahin erworben oder was es als Grundausstattung mitgebracht hat - Fähigkeiten, Erfahrungen, Eigenschaften. *Der Entwicklungsschritt, der nun ansteht, kommt nicht aus dem Alltags-Ich.*

Das Alltags-Ich kann auch logischerweise gar nicht der Entwicklungsmotor sein. Biographie wäre dann nämlich nur die ständige lineare Fortschreibung dessen, was es bereits von sich kennt. Sie wäre eine Fortschreibung des Gewordenen. Das Alltags-Ich, das sich eben nur aus der Erinnerung kennt, besteht aus Gewordenem, aus Elementen also, die ihre Entwicklung schon hinter sich haben. Der Entwicklungsschritt besteht aber darin, daß jetzt, indem es sich aufrichtet, etwas qualitativ Neues in das Leben kommt. Der Entwicklungsschritt geht eben über das Gewordene hinaus.

Um es, der Deutlichkeit wegen, etwas schärfer zu sagen: Das Alltags-Ich ist Gewordenes, Geronnenes, es ist immer gekennzeichnet durch ein Element der Erstarrung. Was früher vielleicht errungen und erobert werden mußte, ganz individuell von mir, das ist jetzt, da ich es errungen habe und zu meinem Inventar zähle, typisch geworden, typenhaft. Es ist eine Art Maske, deren Wesen es ist, das Individuelle zu verbergen. „Persona" heißt im Lateinischen „Maske". Das Wort leitet sich her von „per-sonare":

hindurch-tönen. Also meine Persona, mein Alltags-Ich, das ist die typische Seite an mir. Dahinter gibt es noch eine individuelle Seite, die in Momenten des Übergangs durch mein Alltags-Ich hindurchtönt.

Das Wesen des Alltags-Ich ist Beharrung, Verbleiben bei dem, was man von sich kennt. Das Wesen des Höheren Ich ist die Wandlung. Das Höhere Ich weiß um alle Sinnmöglichkeiten, die sich in meinem diesmaligen Erdenleben vergegenwärtigen könnten. Es hält den roten Faden - tatsächlich sind es immer mehrere rote Fäden - meines Lebens in der Hand, es kennt meine Geburtsimpulse und Lebensaufgaben, für die ich angetreten bin. Das Höhere Ich ist der Geistkern, der von Erdenleben zu Erdenleben wandert, jedesmal verändert und bereichert um die Erfahrungen, die eine bestimmte Individualität in einem Erdenleben mit sich gemacht hat und deren Quintessenz nun weitergetragen wird in den Ansatz eines erneuten Erdenlebens.

Das Höhere Ich ist die einzige Instanz im Menschen, deren Wesen Vorausblick, Vorangehen und Suche nach weiterführender Wandlung ist. So ist dieser innerste Kern, obwohl nie so direkt anschaubar und zugänglich wie das Alltags-Ich, der natürliche Verbündete des Beratenden in der Biographieberatung.

Unter den anderen Instanzen bewegt sich das Gefühl in der Sphäre des Reagierens und kommt insofern immer hinterher. Auch da, wo es um das Fühlen von Zukünftigem geht, um Vorausahnung, Befürchtung und Angst, auch Vorfreude, sind wir in der Sphäre des Reagierens: das Gefühl braucht einen vorgängigen Inhalt - der auch nur vorgestellt sein kann -, auf den es antworten kann. Darin liegt nichts Verkehrtes, aber auch nichts Richtung-Gebendes.

Und dann die Gewohnheiten, die Gewohnheiten im Tun und Denken: Sie leben erst recht aus der Vergangenheit. Man tut oder denkt etwas, weil man schon lange so tut und denkt und weil es sich bewährt hat. Auch diese Ebene im Menschen sucht das Neue nicht. Sie sucht das Geregelte, Feste, allgemein Anerkannte und persönlich Bewährte.

2. Das individuelle Urbild

Schließlich die physische Seite des Menschen: Sie in eine Wandlung hineinzunehmen, ist das Schwierigste. Manchmal erlebt man es: Jemand blüht körperlich auf in einer neuen Begegnung; jemand verjüngt sich über seine seelische Bewegung hinaus bis ins Leibliche, weil er geliebt wird. Aber auch in dieser Situation geht die Wandlung nicht von der Ebene des Physischen aus. Es ist nur das Höhere Ich, das die Wandlung sucht und sie auch impulsieren kann. Nur das Höhere Ich sucht die Zukunft. Mit dem Höheren Ich zunehmend, wenn auch nie endgültig, aber eben annäherungsweise, in Übereinstimmung zu kommen, könnte ein Sinn unseres Lebens sein.

Dadurch, daß uns ein Höheres Ich gegeben ist, sind wir immer mehr, als wir leben. Das Höhere Ich enthält immer wesentlich mehr Möglichkeiten, als wir verwirklichen. So hat jedes Menschenleben eine unabschließbare Tendenz. Es trägt einen „Überschuß" in sich, Möglichkeiten, die nie Gegenwart werden, eine Größe, die real oft nicht erreicht wird. Daraus eben ergibt sich die wesenhafte Zukunftsorientiertheit eines jeden Schicksals und jeder Schicksalssituation. Da ist immer etwas, das ich *noch* nicht bin.

Üblicherweise ist dieses Urbild wie verstellt durch das Alltags-Ich. Es gibt aber ein klares Unterscheidungskriterium, mit dem wir zumindest nachträglich versuchen können auseinanderzuhalten, was Alltagsseite und was wesenhafte Seite an einem Menschen ist: Was zum Höheren Ich gehört, wandelt sich. Was in die Sphäre des Urbildes rückt, wird den Impuls haben, sich zu wandeln. Aus jugendlichem Zorn wird beim Erwachsenen Milde. Was zum Alltags-Ich gehört, hat die Neigung zu bleiben und sich zu verhärten, ja unter Umständen auch zu karikieren. Der jugendliche Zorn wird beim Erwachsenen Haß. Etwas ist vom Höheren Ich ergriffen, wenn es in die wandelnde Tat hineingenommen wird.

Damit hängt ein zweites Unterscheidungskriterium zwischen Alltags-Ich und Höherem Ich zusammen: Die Wandlung ist nicht einfach Veränderung. Der jugendliche Zorn wurde unter mancherlei und großer Anstrengung, in Selbstüberwindung und in vielen Momenten des Aufraffens und der Selbsterkenntnis zur Milde gewandelt. Es wird nicht einfach nur so, von allein, etwas anderes daraus. Das Neue, das aus dem Alten entsteht, ist immer errungen.

Dagegen ist Merkmal des Alltags-Ich entweder die Beharrung bis zur seelischen Sklerose oder die *beliebig* erscheinende Veränderung: Heute studiere ich Kunst; letztes Jahr war ich auf dem Erziehungsseminar; nächste Jahr mache ich eine Weltreise, und danach werde ich Mutter einer zahlreichen Kinderschar sein. - Auch das ist Alltags-Ich, denn die Veränderungen sind nicht errungen, sondern ausgedacht oder herbeigefühlt. Dahinter ist wieder die Neigung zum Beharren des Alltags-Ich zu erkennen: Ich will bei meinem Selbstbild (beim künstlerischen Menschen mit tausend Möglichkeiten) bleiben. Würde ich mich auf nur eine der vielen Situationen, die ich für mich für möglich halte, einlassen, bestünde die Gefahr, daß ich meine Grenzen, meine Begrenztheit kennenlernte. Und *das* erst wäre, in diesem Zusammenhang, der Beginn einer eigentlichen Wandlung.

Die Biographieberatung erstrebt eine Art Imagination des Höheren Ich des Ratsuchenden. Diese wird so nie Wirklichkeit werden, aber sie wird die Wirklichkeit immer mehr in ihren gestaltenden Griff nehmen können. Das Höhere Ich ist ein Tatwesen. Es sucht nie die Sicherheit und Gewöhnung, sondern die wandelnde Tat. Und darin liegt die Chance der Biographieberatung, die im vorangegangenen Kapitel (siehe S. 19) als eine Art Entwicklungshilfe beschrieben wurde. Der zu Beratende wird zu - immer sehr einfachen - Wandlung freisetzenden Taten angestiftet: Gewohnheiten vorübergehend ändern, Unsicherheiten gezielt aufsuchen, die Dinge unter neuer Perspektive anschauen und dergleichen mehr.

Das Höhere Ich kann man inhaltlich nicht so bestimmen, wie man das Alltags-Ich eines Menschen bestimmen und beschreiben kann. Sein Wesen ist Aufbruch. In gewisser Weise gibt es das Höhere Ich *jetzt* noch gar nicht. Es ist immer das, worauf das Schicksal erst hinaus will. Das Höhere Ich hat nicht Eigenschaften, die man etwa irgendwie psychologisch messen könnte. Seine Substanz ist Aufbruch.

2. Das individuelle Urbild

Wie aber kann man dann versuchen, sich ein Bild vom Höheren Ich eines Menschen zu machen?

Wir erkennen den Wesenskern eines Menschen *an seinem Werden*, an seinen zu Neuem aufbrechenden - inneren oder äußeren - Taten. Was wagt er? Was lebt in ihm über das hinaus, was er geworden ist und schon kann? Das Höhere Ich kann man, um es etwas pointiert auszudrücken, geradezu als das Gegenteil dessen bezeichnen, was jemand schon geworden ist. Ein erstes Bild entsteht deshalb, näherungsweise, indem man das, was jemand ist, was man als sein Alltags-Ich kennt, *umdreht*. Denn das Geistige ist in gewisser Weise immer eine Art Umkehrung dessen, was irdisch-sinnlich erscheint.[1] Ist also jemand z.b. in seinem Alltags-Ich sanguinisch bis chaotisch, dann kann sein Urbild damit zu tun haben, daß er sich das Gegenteil - hier also Klarheit, Systematik und Verbindlichkeit - dazu zu erarbeiten sucht, um vollständig zu werden.

So zu sprechen, heißt nicht, das Alltags-Ich gering zu achten. Das Alltags-Ich ist notwendig wie der physische Leib; es ist eine Art Kleidung für das Höhere Ich. Es kann überzeugend und schön sein, wie ein Leib, wie die Kleidung überzeugend und schön sein können. Das Höhere Ich kann gar nicht in reiner Form auf Erden anwesend sein. Und, wenn wir die Angelegenheit richtig verstehen, es würde diesen Zustand auch gar nicht wollen. Das verwirklichte Höhere Ich als irdische Situation wäre sinnlos.

Es hängt mit dem „Prinzip des Gegenteils" zusammen, des „Umdrehens", daß die Krise eben die Lebenssituation ist, in der etwas vom Höheren Ich hindurchtönt. Wenn das Alltags-Ich nicht mehr trägt - in der aufgelassenen Situation, in der vom Alltags-Ich nicht mehr strukturierbaren Situation, im Chaos -, dann kann das Element des Geistigen, hier in der Gestalt des Höheren Ich, in das Irdische hineinwirken. Das Geistige kann da ansetzen, wo eine irdische Ordnung aufbricht, eine Struktur zerfällt, etwas Gewohntes nicht mehr gilt. Wenn wir uns ihm nähern, uns eine Vorstellung vom Urbild des anderen machen wollen, so ist es sinnvoll, die Krisen und Umbrüche seines Lebens anzuschauen: Womit haben sie begonnen? Worin bestand die Ohnmacht? Und was hat der Betreffende daraus gemacht? - Eine alte Ordnung zerbricht. Für einen Moment ist alles offen. Dadurch werden die Verhältnisse berührbar für eine neue Ordnung, die etwas qualitativ Neues, eigentlich Gegenteiliges hereinbringt. Dazwischen liegt die Grenzsituation. Wenn ein Mensch in großer innerer Not ist, oder wenn man ihn sehr liebt, kann man etwas sehen davon, worauf es mit ihm hinaus will - in Grenzsituationen eben, in der Liebe. Und der Betroffene selbst - auch er wird wohl erst in Grenzsituationen, in Situationen der Liebe und im Tod, seines eigenen Urbildes ansichtig werden.

Um sich die zentrale Bedeutung des Höheren Ich für den inneren Zusammenhang einer Biographie vor Augen zu führen, ist es sinnvoll, zu einer Modellvorstellung zu greifen, wie sie sich aus dem anthroposophischen Menschenbild ergibt: Das Höhere Ich ist nicht in der Weise im Menschen anwesend, wie es die Gewohnheiten, die Gefühle, das Denken, überhaupt das Alltags-Ich sind. Vielmehr strahlt es eher in den Menschen ein, *von außen*, von oben, wenn man so will. Es besteht also eine gewisse Distanz zwischen dem Ich, das sich im Alltag als solches erlebt, und dem geistigen Wesenskern des Menschen. Diese Distanz kann variieren. So ist sie gering in den beschriebenen Momenten des Übergangs und Sich-Aufraffens, und sie ist größer in Momenten, die auch in der Psychologie und Psychopathologie als „Ich-Störung" beschrieben werden: im exzessiven Alkoholgenuß, in der Geistesverwirrtheit. Auch in Schockmomenten kann sich das Höhere Ich gegenüber dem Alltags-Ich „lockern". Außerdem kann diese Distanz auch von Person zu Person variieren; der eine ist seinem Urbild näher, der andere ferner.

Auf diesen Umstand, daß das Höhere Ich *von außen* in den Menschen einstrahlt, ist seine dreifache Wirkungsweise zurückzuführen: 1. Das Höhere Ich erscheint als Entwicklungsimpuls im Willensleben des Menschen. - 2. Indem es von außen oder oben seine Impulse ausstrahlt, werden auch die Menschen, die sich im Umfeld bewegen und entfalten, und die Lebensumstände von dem persönlichen Höheren Ich erfaßt. Es erscheint dann als von

2. Das individuelle Urbild

außen, durch andere Menschen oder bestimmte Lebensumstände zukommendes Schicksal, als berührendes Handeln anderer, als Gelegenheit, als Zufall. - 3. Schließlich strahlt das Höhere Ich von Anfang an in den Menschen ein. Deshalb gestaltet sich seine Leiblichkeit von der Zeugung an nicht nur nach dem Erbstrom, sondern auch nach den Gesichtspunkten des Höheren Ich.

Diese drei Wirkungsebenen des Höheren Ich sind noch zu erläutern:

1. Das Höhere Ich als Entwicklungsimpuls in der Beobachtung des eigenen Seelenlebens: Dieser Gesichtspunkt ist mit Vorsicht zu handhaben. Nicht alles, was Impuls ist, ist schon eine Äußerung des Höheren Ich. Impulse aus dem Höheren Ich gehen immer auf Wandlung und damit auf Verzicht von Sicherheiten und Gewohnheiten. Impulse, die aus dem geistigen Wesenskern kommen, bringen, wenn sie in die Tat umgesetzt werden, immer die Notwendigkeit zum Opfer mit sich.

Der Impuls, heute ins Freibad zu gehen, ist noch kein Impuls des Höheren Ich. Wünsche solcher Art sind normal und notwendig. Ihre Verwirklichung befriedigt das Alltags-Ich. Impulse aus dem Urbild dagegen sind unbequem für das Alltags-Ich, verlangen Einsatz und Überwindung und führen, wenn sie verwirklicht werden, zu einer auch als solche empfundenen Vervollständigung der Person.

Wünsche aus dem Alltags-Ich drängen auf Wiederholung: Es war letzten Sonntag so gemütlich im Freibad, also möchte ich diesen Sonntag wieder hin. Impulse aus dem Urbild aber bringen immer eine neue Qualität und verlieren ihre voranbringende Kraft, wenn sie wiederholt würden. Niemand wiederholt so etwas. Es handelt sich um den einmalig als notwendig erkannten Schritt, seine Durchführung und das darauffolgende Empfinden, einen Schritt in Richtung Ganzheit gemacht zu haben. Er ist nicht beliebig wiederholbar, weil diese Dinge in die gesamten Lebensumstände so eingebettet sind, daß sie zu einem bestimmten Zeitpunkt als notwendig erkannt werden - und dann auch in die Tat umgesetzt werden müssen.

Während man die Realisierung von Wünschen verschieben kann, kann man aus dem gleichen Grund die neue Tat nicht verschieben: wenn es heute nicht reicht ins Freibad, gehe ich eben morgen. Habe ich aber einmal die Notwendigkeit erkannt, einen Dauerstreit mit einem Nachbarn zu beenden, weil mir mein eigener Anteil daran deutlich geworden ist, so kann ich das nicht verschieben. Der Urbild-Impuls entfaltet seine Kraft im Moment des Auftretens und verliert sie, wenn ich lieber erst noch dieses und jenes erledige. Für den Phlegmatiker kann der Impuls, Fechten zu lernen, also sich in zielgerichtete, kontrollierte und geistesgegenwärtige Aggression einzuüben, aus seinem Urbild kommen - ein solcher übender Umgang mit sich selbst würde ihn vervollständigen, d.h. dazu beitragen, daß er *ganz* auf die Erde kommt. Und wenn er die Einsicht einmal hat, wird er sich morgen anmelden. Der Impuls aus dem Höheren Ich, der im Bewußtsein als willensbetonte Einsicht erscheint, richtet sich immer auf etwas Ungeahntes, etwas nicht Selbstverständliches, auf etwas, das einem eigentlich, d.h. vom Alltags-Ich her gesehen, gar nicht liegt, das man aber als notwendige Ergänzung der eigenen Person erkannt hat.

Im künstlerischen Schaffen ist man den Impulsen des eigenen Urbildes in besonderer Weise nahe. Der Künstler bemüht sich nicht primär um das, was er kann, sondern um das, was er noch nicht kann. Sein Ringen um Ausdruck ist immer eine Suche nach Steigerung und Verwesentlichung. Er will über das hinaus, was er schon gemacht hat. Damit stellt er sein Werk und seinen Lebensgang in besonderer Weise unter die Gestaltungsmacht seines Urbildes.[2]

2. Indem mein Höheres Ich auch auf die menschlichen und zwischenmenschlichen Zusammenhänge meiner Umgebung einstrahlt und offenbar auch in die äußeren Abläufe, kommt es mir als mein Schicksal von außen entgegen. Ereignisse, bestimmte Konstellationen, das Verhalten anderer Menschen mir gegenüber - all dies enthält auch Aufgaben, Herausforderungen, Impulse für mich. Eine andere Frage ist es, ob ich das erkenne und aufgreife. Wenn ich es nicht aufgreife, so bleibt das, was um mich herum

geschieht, Zufall. Wenn ich es erkenne und aufgreife, dann lasse ich es mir zufallen und nehme es als meines an.

Auch hier muß man nicht in schlechthin allem, was begegnet, das eigene Höhere Ich am Walten sehen. Man entwickelt seine diesbezügliche Wahrnehmungsfähigkeit am besten, wenn man sich in die Haltung einer Bereitschaft, sich von menschlichen Ereignissen und sachlichen Abläufen etwas sagen zu lassen, begibt. Es sind vor allem die Situationen und Schicksalsumstände, an denen ich mich stoße, die ich nicht ohne weiteres meistere, die ich vielleicht sogar loshaben möchte, in denen sich etwas von meinem geistigen Wesenskern ausspricht.

Und es spricht sich das Höhere Ich immer als Aufforderung aus. Nehmen wir an, ich läge seit Jahren mit meinem Grundstücksnachbar in einem erbitterten menschlichen und juristischen Streit, weil er nach meiner Meinung seinen Gartenzaun 5 cm zu weit auf mein Grundstück gesetzt hat. Ich kann nun sagen, das ist ein dummer Zufall, daß ich einen solchen Knülch als Nachbar habe. Ich kann aber auch fragen: Welche Aufforderung liegt für mich in diesen Vorgängen? - statt nur den Blick darauf zu richten, was diese Vorgänge vielleicht über den Nachbarn aussagen. Was sagen sie für mich aus? - Ich könnte, im Rahmen dieses Beispiels, vielleicht dahin gelangen zu erkennen, daß ich selbst in meinem Wesen dieses ausbreitende und raumgreifende Element habe, das mich hinsichtlich des Gartenzauns an meinem Nachbarn so nervt. In dieser Angelegenheit stoße ich mich also an einem Teil meines Alltags-Ich. Das so herbeigeführt zu haben, daß ich es nun hören kann, darin liegt ein Wirken meines Höheren Ich. Und ich kann nun prüfen, wo ich vielleicht überhaupt in den Willen anderer Menschen eingreife, und kann lernen, mehr auf die Belange derer zu achten, die mit mir zu tun haben, statt mich nur selbst faszinieren zu lassen von meinem eigenen starken Willensleben.

Aber es geht hier nicht um Zeichendeuterei. Schließlich ist nicht schlechthin alles, was passiert, eine Botschaft an mich. Im beschriebenen Sinne schicksalsverdächtig sind Umstände, die entweder eine entnervende Zähigkeit an den Tag legen - Monate und

Jahre verfolgt mich das gleiche Ärgernis - oder sich hartnäckig wiederholen. Dies kann ein Hinweis darauf sein, daß ich die Aufforderung noch nicht verstanden habe. - Im Gartenzaun-Beispiel: Nach Jahren gebe ich auf, verkaufe Haus und Grund und baue woanders eine neue Existenz auf. Mit Sicherheit bricht nach kurzer Frist ein ähnlicher Streit los, diesmal um eine Garagenzufahrt.

„Das Schicksal" ist in solchen Dingen sehr geduldig. Es kann, wenn ich nicht „höre", auch zehnmal solche Situationen herbeiführen - bis ich verstanden habe.

Insgesamt also führt das Höhere Ich Begegnungen herbei, Gelegenheiten, Umstände, innere und äußere Krisen. Natürlich sind diese Impulse des Höheren Ich auch verwoben mit den Bestrebungen der Höheren Iche anderer Menschen und eingebettet in übergeordnete Bestrebungen und Vorgänge. In Kapitel 7 (siehe S. 68) soll dieser Aspekt ausführlicher dargestellt werden.

3. Das Höhere Ich spricht bereits zu dem gerade entstehenden, noch ungeborenen menschlichen Wesen. Es ist ein schönes Bild, daß die Haltung des Embryos im Mutterleib die Form eines Ohrs annimmt. Der werdende Mensch „hört" auf sein Höheres Ich, das dadurch an seiner Leiblichkeit mitbildet - längst bevor es auf die Seele, das Denken und Wollen des Betreffenden einwirken kann. Durch diesen Vorgang wird die physische Individualisierung erst möglich, denn die leibliche Grundausstattung ergibt sich ja aus dem Erbstrom. Am deutlichsten wird dies am Gesicht. Das Gesicht ist der individuellste Teil der Leiblichkeit. Daß man ein Gesicht unter Tausenden von Gesichtern wiedererkennt, obwohl es andererseits den Eltern und Geschwistern des Betreffenden ähnlich sein mag, das ist Ausdruck dessen, daß das Gesicht ein absoluter Abdruck der Individualität ist.

Es ist anzunehmen, daß sich in weiterer Zukunft auch die übrigen Teile des Leibes immer stärker individualisieren werden. Je kräftiger das hereinstrahlende Ich ist, um so individueller kann die Leiblichkeit werden.[3]

Unerheblich ist in diesem Zusammenhang, ob jemand dick oder dünn, groß oder klein ist; wie er in seinem Leib steckt, wie er

2. Das individuelle Urbild

sich des Leibes bedient, wie er sich mit ihm bewegt - darin liegt etwas von seinem Urbild. Es gibt deshalb auch das Erkennen der Individualität eines Menschen an seinem Leib. Im besonderen ist es - bei einem primär auf den Partner gerichteten Interesse - der Sexualität gegeben, in ihr ein Urbilderlebnis vom anderen haben zu können.

In dieser besonderen Nähe des Höheren Ich zur Leiblichkeit, zu ihrer Gestalt und ihren physiologischen Vorgängen, liegt auch die intime Verbindung mit ihrer Gesundheit und Krankheit. Tagsüber ist das Verhältnis zur Leiblichkeit stark vom Alltags-Ich, von der seelischen Befindlichkeit geprägt. Schon das kann sich, über die Brücke der Psychosomatik, körperlich auswirken. Aber nachts, im Schlaf, ist das Alltags-Ich abwesend, und dann kann das Höhere Ich den Leibesvorgängen Impulse geben, die über aktuelle Gestimmtheiten hinaus grundsätzliche Individualisierungsmöglichkeiten vermitteln.[4] So sind z.b. chronische Krankheiten oder langfristig sich anbahnende Krankheiten, aber auch Beeinträchtigungen durch Unfälle oder Überbelastung darauf zu befragen, ob sie Individualisierungsaufforderungen enthalten, die offenbar anders nicht gegeben werden konnten.

Das Höhere Ich steckt also voller Impulse, ist selbst Impuls. Seine Substanz ist Aufbruch. Andererseits ist deutlich, daß wir nur das wenigste davon verwirklichen. Auch daraus ergibt sich die These von den wiederholten Erdenleben: Die diesmal nicht verwirklichten Impulse und Entwicklungsmöglichkeiten bringt man das nächste Mal wieder mit, wahrscheinlich in etwas veränderter Form. So hat man die Entwicklungschancen auch über dieses Erdenleben hinaus. Welche Geduld des Schicksals!

Das Wesentliche unserer irdischen Existenz scheint sich aus dem ständigen Aufgespanntsein zwischen Geistnähe und Geistferne zu ergeben, zwischen Höherem Ich und Alltags-Ich. Liebe und Freiheit können sich wohl nur von da entfalten. Es wäre deshalb ganz unangebracht, das Alltags-Ich etwa geringer zu achten als das Höhere Ich. Beide sind gleich notwendig.

Teil II

3. Entwicklungsgesetze und ihre Bedeutung

Das Höhere Ich als Gestalter der Biographie bedient sich bestimmter Entwicklungs- und Ereigniskonstellationen, die in diesem und den folgenden Kapiteln dargestellt werden sollen. Was die Entwicklungsgesetze betrifft, so ist zwischen ihrer allgemeinen Gültigkeit einerseits und ihrer individuellen Ausprägung andererseits zu unterscheiden. Sie erscheinen zumeist als zeitliche Strukturen, als Gliederungsverhältnisse oder „Rhythmen". Daß sich eine Biographie auch nach solchen Entwicklungsgesetzen gestaltet, bringt ihre Einbindung in kosmische Gesetzmäßigkeiten, Abläufe und Rhythmen zum Ausdruck, deren irdische Seite eben zeitliche Gliederungsverhältnisse sind.

Am bekanntesten in diesem Zusammenhang ist wohl die Folge der Jahrsiebte. Ihre Bedeutung wird im übernächsten Kapitel (siehe S. 58) gesondert behandelt.

Die Mondknoten

In den meisten Biographien zeigen sich die Mondknoten und halben Mondknoten als sehr markante Wendepunkte. Alle 18 Jahre, 7 Monate und 2 Wochen wiederholt sich die Konstellation zwischen Mondbahn, Erdumlaufbahn und Sonne. Wenn wir „Erde" als das Hier und Jetzt auffassen, den Mond, spirituellen Traditionen folgend, als Signum des Vergangenen und die Sonne als Impulsator des Zukünftigen, dann bedeutet der Mondknoten ein bestimmtes Zusammentreffen von Vergangenheit und Zukunft im Jetzt. Bezogen auf den Lebensgang ergibt sich daraus, daß alle 18 Jahre, 7 Monate und 2 Wochen sich die Geburtsimpulse wieder bemerkbar machen. Einerseits kommen wir bewußtlos auf der Erde an, andererseits trägt unser Höheres Ich ein Wissen mit sich um unsere Ziele, die wir uns für diesen Erdengang gestellt haben. Das müssen keine sensationellen Aufgaben sein. Das sind zunächst und in erster Linie die eigene Individualität betreffende Entwicklungsnotwendigkeiten, Bedürfnisse nach Vervollständigung und Ausgleich einseitiger Erfahrungen. Weiterhin können wir annehmen, daß diese Ziele auch in übergeordnete Ziele und Strömungen eingebettet sind. Da der Mondknoten-Rhythmus vor allem ein kosmischer Rhythmus ist (im Gegensatz zum Siebener-Rhythmus, der zunächst ein biologischer Rhythmus ist - siehe S. 58), so ist er auch besonders geeignet, allgemeine kosmische Ziele in unser Willensleben einzuprägen. An die so aufzufassenden Geburtsimpulse also „erinnert" der Mondknoten.

Phänomenologisch stellen sich die Mondknoten als schicksalsmäßig *von außen* kommende Abbrüche, als Verlustereignisse, als Auslaufen oder Leerlaufen bisher gültiger Beziehungen und Verhältnisse dar. Es handelt sich dabei um eine Art Reinigung: Die Lebenssituation wird an diesem Wendepunkt gereinigt von dem, was nicht oder nicht mehr zu den Geburtsimpulsen gehört oder paßt. Der Mondknoten wird deshalb meist krisenhaft erlebt, und zunächst steht ganz das Verlusterlebnis im Vordergrund. Freundschaften gehen auf einmal zu Ende, ein Projekt, für das man sich lange engagiert hatte, scheitert plötzlich; aber auch persönliche Interessen entleeren sich plötzlich, und man weiß dann kaum mehr, warum man eigentlich so lange diesem oder jenem Hobby nachgegangen ist.

Das ist aber nur die eine Seite des Mondknotens, und sie trifft auch nur insofern zu, als es in der Lebenssituation Tätigkeiten, Beziehungen und Aufmerksamkeitsfelder gibt, die für den weiteren Verfolg des roten Fadens nicht oder nicht mehr sinnvoll sind. - Die andere Seite besteht darin, daß, wiederum durch Ereignisse, die von außen eintreten, Hinweise auf etwas Neues, Anderes auftauchen, das es jetzt aufzugreifen gilt. Diese subjektiv als neu erlebten Bereiche sind aber gar nicht neu, sondern sie enthalten etwas von dem, wofür einst angetreten wurde. Aufgrund in der Vergangenheit waltender Lebensumstände hatte man sich davon entfernt. Im Mondknoten wird man daran erinnert.

Ein Beispiel: Eine Künstlerin malte bis zu ihrem 37. Lebensjahr immer wieder schwebende, in der Luft gleitende Figuren. Etwas

Leichtes, Elegantes, aber auch Unirdisches drückte sich darin aus.
Mit 37 Jahren und 1 Monat hat sie aufgrund eines technischen
Defekts an ihrem Auto einen Autounfall. Sie kauft sich ein anderes
Auto - als sie damit losfahren will, gerät es in Brand. Sie kann sich
eben noch retten. Ihr künstlerisches Schaffen ist seit Monaten
zunehmend gelähmt. Sie hat das Empfinden, nicht mehr malen zu
können. Es fließt nicht mehr. - Besondere Kindheitsumstände haben
dazu geführt, daß sie das Element der Aggression gar nicht kennt -
an sich selbst nicht, und wenn es auf sie zukam, machte es sie ratlos.
Sie blickte nur auf das Harmonische und Leichte. Anhand ihrer Bilder wurde in der Beratung deutlich, daß sie künstlerisch in eine
Sackgasse geraten war. Es fehlte ihrer Malerei, aber auch ihrer
Lebensführung das Element einer gesunden Aggression. Die
destruktiven Vorfälle mit den beiden Autos und ähnliche Ereignisse
zu Hause, z.B. ein Wasserrohrbruch, konnten damit in einen Zusammenhang gebracht werden: Es zeigte sich, daß sich die in ihrem
Leben und Schaffen bislang fehlende Aggression verselbständigt
hatte und nun zunächst von außen - als technische Defekte - und
„vom Schicksal" - als Schaffenslähmung - herrührend erlebt wurde.
Dieses von jeder Aggression freie Leben und Schaffen spitzte sich
zum Mondknoten hin so zu, daß deutlich wurde: Mit dieser Einseitigkeit kann es so nicht weitergehen. - Und die dazugehörige Aufforderung kam auch gleich hinterher. Genau in den Tagen des Mondknotens zettelte ein Nachbar einen Streit mit ihr wegen der Hofreinigung
an. Entgegen ihrer früheren Gewohnheit reagierte sie nun nicht har-
monisierend, sondern ließ sich auf den Streit ein, wurde anhaltend
wütend und entfaltete einen dem Vorfall kaum angemessenen Zorn.
Aus diesem Zorn heraus fing sie unvermittelt wieder zu malen an,
und es gelangen ihr jetzt Figuren, die miteinander rangen - auch
wenn sie noch erheblich schwebten. Auf den Vorschlag hin, den
Figuren Erdenfestigkeit zu geben, versuchte sie es zunächst mit
anderem Material. Sie schnitzte jetzt die Figuren, aber trotzdem fiel
es ihr schwer - bildlich gesprochen -, sie auf die Erde zu bringen.
Dann schraubte sie die Figuren am Werktisch fest! Sie versuchte es
weiterhin mit Stein, lebte dabei aber nur eine ungerichtete Aggres-

3. Entwicklungsgesetze und ihre Bedeutung

sion aus. Schließlich malte sie wieder: Die Figuren waren in diesen Monaten fester und kräftiger geworden - nur im Blick hatten sie noch etwas sehnsüchtig Entschwebendes.

Sehr deutlich können sich auch die halben Mondknoten bemerkbar machen - 9 Jahre und 3 Monate. Besonders der erste Halbknoten bringt in vielen Biographien die erste Anknüpfung an die Geburtsimpulse - subjektiv oft als bedeutsames Erlebnis erkannt. Der russische Maler Alexej Jawlensky stand im ersten Halbknoten zum ersten Mal vor einer Ikone, und zwar in dem Moment, als ein Vorhang davor bei Posaunenschall aufgerissen wurde. Er war wie vom Blitz getroffen und erkannte sofort, daß dieses Bild des plötzlich aufreißenden Vorhangs, der den Blick freigibt in die Welt des Geistig-Göttlichen, ihn zutiefst traf. Tatsächlich war dies später der wesentlichste und intimste Gehalt seiner zahlreichen Gesichter-Bilder: das Gesicht als Fenster zum Geistigen.[5]

So mag eine Frau mittleren Alters, ursprünglich Lehrerin, in die Gelegenheitsprostitution abgerutscht sein. Kurz nach ihrem 9. Geburtstag hatte ihr Vater mit Blick auf die ältere Schwester und deren uneheliches Kind zu ihr gesagt: „Hoffentlich wirst du nicht mal *so eine*." Sie wurde so eine. - Wie sich später zeigen mochte, hatte das als Zwischenschritt auch durchaus Sinn. Sie wurde im weiteren Verlauf Sozialarbeiterin und leitete ein Café für drogenabhängige Prostituierte. Aufgrund ihrer eigenen Geschichte besaß sie bei den Betroffenen unangefochtene Glaubwürdigkeit.

Der halbe Mondknoten entspricht der in der Waldorfpädagogik „Rubikon" genannten Entwicklungsstufe. Sie interessiert hier nicht unter pädagogischen, sondern unter biographischen Aspekten. Das Rubikon-Alter ist ebenfalls eine Phase der Reinigung und des Verlustes: Das Kind verliert hier erstmals den selbstverständlichen, unmittelbaren Zusammenhang mit seiner nächsten Umgebung. Eltern und auch die Person des Lehrers werden jetzt plötzlich kritisch und distanziert gesehen. Das Unmittelbare der Kindheit wird nun abgelegt. Und als Neues, in die Zukunft Zeigendes tritt durch äußere Ereignisse oder innere Vorgänge - die, wenn man sie zurückverfolgt, auch auf äußere Eindrücke zurückgehen -

etwas von den eigenen Lebenszielen in Erscheinung. Dies muß nicht die Deutlichkeit haben wie bei Schliemann, der mit neun Jahren den Entschluß faßte, Troja und Mykene auszugraben. Oft erkennt man erst hinterher, daß in dieser Zeit eigene Lebensziele oder der künftige „rote Faden" in Erscheinung getreten sind. Der erste Halbknoten kann auch mit der Verarbeitung einer schweren Krankheit durchlaufen werden, durch die das Ich danach wie freigesetzt, eigentlich erst zu sich gekommen wirkt. So erkrankte Novalis, bis dahin träumerisch und verhangen, im Alter von neun Jahren. Danach aber war er geistig wach und hatte ein Erkenntniserlebnis des Höheren Ich, das in die Anschauung zu bringen, später Streben und Inhalt seiner Dichtung wurde. Ähnliches läßt sich häufig finden: eine Krankheit im 9. Lebensjahr setzt zwei Bewußtseinszustände voneinander ab, und der Betroffene macht damit einen entscheidenden Individualisierungsschritt.

Lebensmotive können im 9. Lebensjahr aufklingen - aber wie auch beim vollen Mondknoten stellt sich dies zumeist als äußeres Ereignis, zumindest als von außen verursachtes Erlebnis dar. So hörte Strawinsky mit neun Jahren zum ersten Mal ein Konzert und war tief berührt - ohne daß er damals schon beschlossen hätte, Komponist zu werden. In derselben Zeit traf er seine spätere Frau. - So können auch die späteren halben Mondknoten durch eine Begegnung mit dem eigenen Wesenskern geprägt sein, mit eigenen Lebensmotiven. Eine 27 1/2-jährige Studentin begegnet auf einem Fest einem Brasilianer. Sie ist tief beeindruckt, nicht so sehr von ihm als Person, vielmehr als Botschafter einer ganz anderen Welt. Sie sieht ihn nie wieder, aber Jahre später erhält sie die Anfrage, ob sie bereit wäre, in Brasilien ein Krankenhaus mit aufzubauen - sie war inzwischen Ärztin geworden. Ihre zweite Lebenshälfte lebt und arbeitet sie dort.

Das zwölfte Lebensjahr und der Zwölfer-Rhythmus

Die Zahl Zwölf steht für Vollständigkeit. Etwas schließt sich zur Einheit, was bis dahin nur in verschiedenen Fragmenten anwesend war. Die Zwölf ist eine Zahl der Abrundung und des gegenseitigen Ausgleichs von Einseitigkeiten. Der erste Zwölfer-Punkt, kurz vor der Pubertät, schließt die Kindheit ab. Die weiteren Zwölfer-Punkte können durch innere Entwicklungsgänge das Fruchtbarwerden des bisher Erlebten bringen. Ideale können hier erstmals oder wieder auftauchen, Sehnsüchte, deren Streben dann in die weitere Zukunft führt. Sozusagen der geistige Gehalt des bisher Erlebten verdichtet sich zu einem Ideal, und zwar in sehr willensbetonter Weise.

Man findet den Zwölfer-Rhythmus als fortlaufende Struktur selten. Deutlich tritt er auf im Lebensgang der französischen Bildhauerin Camille Claudel. Bei ihr waren durch den Zwölfer-Rhythmus Lebensereignisse aufeinander bezogen, die ihr großes und sehr willenshaft verfolgtes Ideal der Überwindung einseitiger Männlichkeit und Weiblichkeit berührten. Sie wollte in ihrer seelischen Haltung und als Künstlerin beides sein können.[6]

Der Fünfer- und der Zehner-Rhythmus

In manchen zeitgenössischen Biographien findet sich ein Fünferbzw. Zehner-Rhythmus. Die Fünf steht für die Polarität der Geschlechter, sie ist eine Krisenzahl. Entsprechend kann sie die Entwicklung einer Beziehung in der Zeit strukturieren. - Auch in der Natur kommt die Zahl Fünf im Zusammenhang mit der Geschlechtertrennung vor. So haben manche Blüten z.b. fünf Blätter. Dagegen erscheint die Fünf im Mineralreich, das keine Geschlechtertrennung kennt, nicht.

Die Zahl Zehn ist bezüglich der Fünf, der Zahl der Geschlechtertrennung, die Zahl der Ehe, die Zahl der Einheit der Geschlechter im Irdischen. So finden wir Ehen, die an Fünfer-Punkten in eine tiefe Krise geraten, an Zehner-Punkten aber zur Versöhnung finden. Dabei sind die Fünfer- bzw. Zehner-Schritte ab dem Zeitpunkt des Kennenlernens der späteren Ehepartner zu rechnen, und die entsprechenden Ereignisse - Krise oder Versöhnung - müssen nicht zu *jedem* Fünfer- oder Zehner-Schritt auftauchen.

Weiterhin gibt es noch individuellere Rhythmen. Ein Sechzehner-schritt war bisher nur bei dem russischen Maler Alexej Jawlensky zu finden, und es kann gezeigt werden, wie intim der geistige Bezug, den die Sechzehn anspricht, mit seinem Werk zusammen-hängt.[7]

So bedeutsam diese zeitlichen Verhältnisse in den Lebensläu-fen einerseits erscheinen, so sehr muß andererseits vor Zahlen-mystik und Zahlendeuterei gewarnt werden. Das Individuelle einer Biographie kann man nicht aus allgemeinen Gesetzen ablei-ten. Die Entwicklungsgesetze und Zahlenstrukturen sind gleich-sam Instrumente, derer sich das Höhere Ich als der Gestalter der Biographie bedient. Das Verhältnis der Gesetze zur Individualität kann man sich vielleicht am besten vor Augen führen, wenn man sich klarmacht, in welcher Weise in einem Gesicht beide Aspekte zum Ausdruck kommen: Der Aufbau eines menschlichen Gesichts unterliegt bestimmten Gesetzmäßigkeiten - zwei Augen, eine Nase in der Mitte darunter, darunter der Mund etc. Diese allgemei-nen Gesetze erklären aber nicht den individuellen Ausdruck eines Gesichts, das Einmalige. Dieses kommt von woanders her. Es ist ein Abdruck des Höheren Ich.

Es ist sinnvoll, solche und ähnliche biographische Entwick-lungsgesetze und Gestaltungsmerkmale, wie hier und im folgen-den beschrieben, zu kennen. Sie sind *ein* Mittel zum Verständnis von Biographien. Zum Erkennen des Individuellen tragen sie aber nur dann bei, wenn man erkennt, *wie* eine Person den in dem ein-zelnen Entwicklungsgesetz liegenden Impuls aufgreift.

Es bringt auch keinen Erkenntnisgewinn, nun schematisch an jede Biographie, derer man habhaft wird, den Maßstab eines Neuner-, Zwölfer- oder sonstigen Rhythmus anzulegen. Wichtiger ist die Biographie des Betreffenden als Ganzes. Man versuche zunächst, sich ein erstes und vorläufiges Verständnis der für das Individuum charakteristischen Lebensthemen zu verschaffen, und frage dann erst, ob sich das bisher Erkannte anhand von rhythmischen Strukturen verifizieren läßt, deren Zahlenproportionen wiederum ein genaueres Verständnis der Lebensthemen ermöglichen.

Das Wesentliche am Verständnis einer Biographie ist, sich ein Bild vom geistigen Wesenskern des Betreffenden aufzubauen, seinen Zielen, Möglichkeiten und Grenzen. Die Einbeziehung zeitlicher Entwicklungsstrukturen in diesen Verständnis- oder Erkenntnisvorgang hat im Zusammenhang damit nur eine Hilfsfunktion. Es würde zu chaotischen Spekulationen führen, den „Sinn" eines Lebensganges aus bestimmten Zahlen „deuten" zu wollen.

Überhaupt ist es eine heikle Angelegenheit, mit der „Bedeutung" von Zahlenproportionen umzugehen, die man zu finden meint. Die Versuchung ist groß, eine gefundene Zahlenstruktur in einem der numerologischen Werke nachzuschlagen, die heute zahlreich zur Hand und wohlfeil sind. Sinnvoller ist es, sich mit den geistigen Kräftekonstellationen zu befassen, deren irdischer Name in einer Zahl verborgen sein kann. Hierüber gibt es umfangreiche, aber auch zwielichtige Literatur. Der Autor bevorzugt dazu Werke der jüdischen esoterischen Tradition (heute vertreten durch Friedrich Weinreb) und des anthroposophischen Zahlen-, Mathematik- und Geometrieverständnisses (vertreten z.b. durch Rudolf Bindel). Es kommt auf jeden Fall darauf an, sich in eine Empfindung für die Proportionen einzuleben, die sich in den Zahlen aussprechen. Zahlen weisen auf Wechselverhältnisse hin, die zwischen irdischen und sinnlich gegebenen Vorgängen bestehen können. Sie sagen etwas über die Natur eines Sinnzusammenhangs. Sie sagen etwas über die *geistige* Seite irdischer Zusammenhänge. Weite Felder der Schöpfung sind nach Zahl und Verhältnis geordnet. Zwischen Planetenbahnen bestehen Proportionen, die in Zahlen abgebildet und sogar, in der harmonikalen Musik, zu Gehör gebracht werden können.[8] Die Entwicklung des menschlichen Leibes durchläuft numerisch formulierbare Proportionen.[9] Was sich in der Zeit entfaltet, bewegt und überhaupt zusammengehört, das spricht sich in Zahlenverhältnissen zueinander aus. Auf dem Feld der Musik ist dies vielleicht noch am ehesten erlebbar. Auch im Bereich der Biographik entfalten sich die Ereignisse, die ichhaft zusammengehören, untereinander in Zahlenverhältnissen.

So ist es z.B. ein Unterschied, ob eine Trennung vier oder sieben Jahre, neun oder zwölf Jahre nach dem Kennenlernen geschieht. Die Qualität der Trennungssituation ist entsprechend eine je andere. Eine Trennung nach vier Jahren wird in der Ebene von Schwierigkeiten des alltäglichen Zusammenlebens liegen. Wenn nicht noch andere Umstände und Faktoren hinzukommen, wird man dies so erwarten dürfen. Denn in der Vier verdichtet sich die rein irdische Seite des Menschen. Bei einer Trennung nach sieben Jahren darf man erwarten, daß das Paar nicht zu einer gemeinsamen Entwicklung finden konnte. Einer Trennung nach neun Jahren liegen zumeist gegenseitige Fremdheitserlebnisse zugrunde, die von dem Paar nicht mehr aufgelöst werden konnten. Bei der Trennung nach zwölf Jahren werden wir im allgemeinen das Fehlen einer geistigen Beziehung feststellen. Dies sind nur Beispiele, keine Deutungsmuster.

Wir können, um beim Thema Trennung zu bleiben, in einer Biographie nach weiteren Trennungs- und Verlusterlebnissen suchen und dann oft ein bestimmtes Zahlenverhältnis, einen „Rhythmus" zwischen diesen Ereignissen finden. Die Zahlenwerte eines solchen Rhythmus können dann vielleicht einen Hinweis darauf geben, worauf die betreffende Individualität mit dem Trennungsthema in ihrem Leben hinaus will. Die Zahlenwerte können etwas sagen über den „Sinn", den solche Trennungen für diese Person haben. Und dieser ist eben je ein anderer - je nachdem, ob die Trennungen alle vier, alle neun usw. Jahre stattfinden.

Abschließend und dem übernächsten Kapitel schon vorgreifend sei noch zu bedenken gegeben, daß der besonders unter Anthroposophen bekannte und beliebte Siebener-Rhythmus ein Rhythmus anderer Art ist als der Fünfer-, Zehner-, Zwölfer-Rhythmus etc. Denn die Jahrsiebte sagen etwas über Zeit*räume* aus, die nach Erlebnis und Aufmerksamkeit unter einem bestimmten Thema stehen. Rudolf Steiner hat die Qualität dieser jeweils etwa sieben Jahre umfassenden und - bis zur Lebensmitte - durch einen

3. Entwicklungsgesetze und ihre Bedeutung

biologischen Entwicklungsschritt abgeschlossenen Zeiträume mehrfach umfangreich beschrieben.[10] Aus seinen Beiträgen geht hervor, was auch die einfache Beobachtung von Lebensläufen zeigt: Der Siebener-Rhythmus meint Erlebnisqualitäten, Wahrnehmungsqualitäten, die sich aus der natürlichen Entfaltung und biologischen Entwicklung des Menschen ergeben. Etwas ganz anderes sind die in diesem Kapitel beschriebenen Zeitverhältnisse der *Ereignisse* zueinander. Der Sechzehner-, Zehner- oder Achter-Rhythmus sagt etwas über Zeit*punkte*, zu denen bestimmte Ereignisse eintreten, die im Zusammenhang mit einem Lebensthema stehen, und deren Abstand, in Jahren ausgedrückt, diesen sinnhaften Zusammenhang charakterisiert.

Die Rhythmen betreffen den inneren, sinnhaften Zusammenhang *äußerer* Ereignisse. Ihr Auftreten hängt ganz von der individuellen Gestaltung einer Biographie ab. Sie müssen auch gar nicht auftreten, und meist ist es nur *ein* Rhythmus. Dagegen gilt das Gesetz der siebenjährigen Entwicklungsschritte für alle Biographien, auch wenn es oft von einer Reihe anderer Faktoren, vor allem individueller Faktoren, überlagert ist. Anders wäre das Trennungs- und Verlustthema wahrscheinlich überbeansprucht, wenn zwar Trennungen und Verluste in der Biographie auftreten - es gibt sie wohl in den meisten Biographien -, aber kein Rhythmus zwischen ihnen zu entdecken ist.

Diesen Bereich kann man nicht mechanisch handhaben. Vor allem geht es hier nicht um eine pauschale Zahlenmystik, die das „Vorkommen" bestimmter Zahlen untersucht und deutet: XY hat in einem Haus mit der Nummer 6 gewohnt, seine Frau hat ihn sechs Jahre nach der Heirat verlassen, und die Freundin seiner Tochter besitzt sechs Meerschweinchen. Das muß doch etwas bedeuten! Nein, das bedeutet einfach nichts. Denn es werden dabei willkürlich aus allen möglichen Lebensbereichen, die gar keinen sinnhaften Zusammenhang haben, Zahlen zusammengestellt. Und weil man solche Zahlen vorfindet, interpretiert man den sinnhaften Zusammenhang oder wenigstens eine „Bedeutsamkeit" hinein.

Die Zeit- und Zahlenstrukturen, wie sie in der Biographik Beachtung finden, bestehen zwischen Ereignissen. Sie sind nie selbst schon Ereignis - schon gar nicht als Hausnummern oder Anzahl von Meerschweinchen. Und die Ereignisse, *zwischen* denen sie erkennbar werden, müssen sinnhaft zueinander in Verbindung gebracht werden können. Sonst gerät man damit in willkürliche und unverbindliche Spielereien. Denn natürlich würde man immer, in jeder Biographie für jede Zahl, einen Rhythmus finden, der *irgendwelche* Ereignisse miteinander verbindet. Man wird vielmehr nach Wendepunkten suchen, nach Neuanfängen und dergleichen. Wenn überhaupt, dann setzt die rhythmische Strukturierung der Biographie an solchen Ereignissen an.

Das Höhere Ich individualisiert die Biographie u.a. dadurch, daß es zwischen den einzelnen Ereignissen durch Rhythmisierung ihres Auftretens einen Zusammenhang herstellt. Das Individuelle liegt *zwischen* den Ereignissen - es liegt darin, wie sie aufeinander bezogen sind, es liegt nicht in den Ereignissen selbst.

3. Entwicklungsgesetze und ihre Bedeutung

4. Die Lebensmitte und ihre Krise

Das Lebensmitte-Thema ist in besonderer Weise geeignet, die geistige Herkunft des Menschen zu bezeugen. Wir können auf diese geistige Herkunft u.a. daraus schließen, daß der Mensch Ideale hat, Ziele und Strebungen verfolgt, die nicht von dieser Erde sind. Die Ideale meinen etwas, das es auf ihr gar nicht gibt, das es aber geben sollte. Die Ideale sprechen von einer geistig-göttlichen Weltordnung, der die Erde sich so weit wie möglich nähern soll. Jeder von uns hat, mehr oder weniger bewußt oder ausformuliert, solche Ideale. Und viele von uns streben auch die Verwirklichung von Idealen an.

Ein charakteristisches Merkmal der Ideale liegt darin, daß sie nicht nur oder nicht in erster Linie ihren Träger, das einzelne Individuum, meinen, sondern die Menschengemeinschaft und die Erde überhaupt. Die Ideale haben also eine überpersönliche Dimension. Das unterscheidet sie von persönlichen Wünschen. Ich kann mir ein neues Auto wünschen, ich kann mir Streßfreiheit im Beruf wünschen - das ist sicher legitim, aber es liegt darin nichts Geistig-Göttliches, dessen Merkmal eben immer die übergeordnete, die über das persönliche Glücksstreben des einzelnen hinausgehende Perspektive ist. Das Geistig-Göttliche hat immer das Ganze im Auge, das Ganze der Menschheit, das Ganze der Erdentwicklung. Und etwas davon leuchtet darin auf, daß wir Ideale haben und deren Verwirklichung anstreben.

Wenn es also richtig ist, daß der Mensch einen geistigen Wesenskern hat, daß etwas in ihm ist, das sich aus dem, was er physiologisch-biologisch ist, nicht ableiten läßt, dann muß dieser geistige Wesenskern irgendwoher kommen und muß nach dem physischen Tod des Menschen irgendwohin gehen. Dies weist auf eine geistige Sphäre hin, in der dieser Wesenskern sich vor der Geburt aufhält und aus der er das mitbringt - wie eine Art Erinnerung -, was dann auf Erden ein Ideal ist.

Bringt der Mensch Ideale und übergeordnete Ziele aus der geistigen Welt mit auf die Erde, wo sie nur sehr unvollständig zur Geltung gebracht werden können, dann erhebt sich die Frage, warum kommt der Mensch eigentlich auf die Erde? Warum bleibt er nicht in der geistigen Welt, in der er diesen Idealen begegnet und wo sie offenbar eine Wirklichkeit haben? Dort haben sie offensichtlich ihre Heimat, während das irdische Leben doch in weitgehendem Widerspruch zu ihnen steht. Warum bleibt der Mensch nicht „da oben", wo es keine Umweltverschmutzung, keine Steuererhöhungen, kein Bundesbahndefizit, keine Ausbeutung und keine Strafzettel gibt? Wäre er nicht besser beraten, dort die Ideale zu leben, statt die ganze Mühsal und Frustration eines irdischen Lebensgangs auf sich zu nehmen?

Es muß irgendwann in der Zeit, die der geistige Wesenskern eines Menschen in der geistigen Welt verbringt, so etwas wie einen Entschluß geben, sich den ganzen Strapazen eines irdischen Lebens erneut zu stellen. Und dieser Entschluß muß etwas damit zu tun haben, daß es in dieser Zeit wohl einen Moment gibt, in dem er den persönlichen, eigenen, individuellen Beitrag erkennt, den er zur Verwirklichung der Ideale auf der nicht-idealen Erde leisten könnte.

In fast allen Kulturen und Religionen außerhalb der offiziellen monotheistischen Kirchen lebt die Vorstellung, daß nach dem Tod die Seele ihre auf Erden gemachten Erfahrungen irgendwie verarbeitet, indem sie diese den geistigen Wesen vorlegt, die ausschließlich in der geistigen Sphäre leben. Daraus muß eine Art Einsicht darüber entstehen, was während der Erdenzeit versäumt wurde, versäumt wurde in der Mitarbeit an den geistig-göttlichen Weltenzielen. Aus diesem Anschauen der Versäumnisse muß sich für die Seele eine Art Schwelle, ein Wendepunkt ergeben, der sie dazu herausfordert, es wiederum zu versuchen - mit der Erde und mit sich selbst. Rudolf Steiner nennt diesen Wendepunkt die „Begegnung mit dem großen Hüter der Schwelle". Sie liegt in der Mitte der Zeit, die die Seele zwischen Tod und nächster Geburt in der geistigen Welt verbringt, und sie besteht darin, daß man eines

Bildes Christi ansichtig wird, der - obwohl er dies als göttliches Wesen für sich gar nicht nötig gehabt hätte - ebenfalls auf die Erde kam, um ihr den Auferstehungsimpuls einzupflanzen. Diese Christus-Begegnung in der Mitte der Zeit, die man zwischen dem letzten Tod und der nächsten Geburt in der geistigen Sphäre verbringt, kann vielleicht so charakterisiert werden: Ich habe in meinem letzten Erdengang Verschiedenes erreicht, aber Verschiedenes auch versäumt und nicht verwirklicht, bin bestimmten Aufgaben nicht gerecht geworden. Nun erkenne ich Christus, der, ohne daß er etwas versäumt hätte, freiwillig auf die Erde kommt und seine Möglichkeiten, die er als höchstes göttliches Wesen hat, opfert, um der Erde und den Menschen weiterzuhelfen. Wieviel näher liegt es nun, daß ich beschränktes Wesen wieder zur Erde zurückkehre, um erneut meinen Beitrag zur Verwirklichung der göttlichen Ziele zu leisten, die die geistige Welt mit der Erde anstrebt. Ich will also das Eingefügt-Sein in die ideale Ordnung der geistigen Sphäre opfern, um erneut zu versuchen, mit den beschränkten Mitteln meiner Individualität und in dem begrenzten Raum meiner persönlichen Biographie an den Zielen der Götter mitzuarbeiten.

Aus dieser Situation nähert sich dann der geistige Wesenskern, das Ich, wiederum der Erde. An dem Wendepunkt ist ein Entschluß gefallen. Das Ich bildet sich jetzt von der geistigen Sphäre her erneut einen persönlichen Ausgangspunkt auf der Erde, sucht sich seine künftigen Eltern, nimmt als Reisegepäck das wieder auf, was sich vor diesem Wendepunkt in der nachtodlichen Auseinandersetzung mit der geistigen Welt über das vorangegangene Erdenleben an persönlichen Aufgaben und Zielen ergeben hatte. Es schafft sich leiblich und sozial eine Ausgangsposition, die es wahrscheinlich macht, daß es seine persönlichen Aufgaben und Ziele in die übergeordneten Ziele und Aufgaben einordnen kann.

Und dann kommt man auf die Erde - und hat alles das vergessen, hat die eigenen Geburtsimpulse vergessen. Das hohe Bewußtseinsniveau, auf dem man, sozusagen auf dem Höhepunkt seines Lebensgangs in der geistigen Welt, Entschlüsse gefaßt hat, verdunkelt sich zunehmend, je mehr man sich mit seinem individuellen Gepäck ausstattet, je näher man der Erde kommt. Denn auf der Erde, eben gebunden an das Materielle, haben wir ein niedrigeres Bewußtseinsniveau als in der geistigen Welt. Und im Moment der Zeugung des künftigen Leibes schläft man dann geradezu ein. Eine direkte Erinnerung an die Ziele und Entschlüsse, an die „Geburtsimpulse", mit denen wir wiederum auf Erden aufgetreten sind, gibt es im Regelfall während des ganzen irdischen Lebens nicht mehr. Stattdessen lebt man sich immer mehr ein in die irdischen Verhältnisse; irdische Bedürfnisse und Wünsche entstehen, die vor allem dadurch charakterisiert sind, daß sie im Horizont des Persönlichen verbleiben.

Und dann kommt die Pubertät: Das Ich, dieser geistige Wesenskern, erwacht in anfänglicher Art zu sich selbst. Das ist daran zu erkennen, daß der junge Mensch jetzt die Möglichkeiten seiner Autonomie und seiner ganz eigenen Individualität erkennt - ohne daß er sie im Moment schon konkret zu füllen wüßte. Zugleich mit diesem Ich erwachen die Ideale. Ein beachtenswerter Zusammenhang: Zu dem Zeitpunkt, da der Mensch ein erstes - auf die Mitmenschen mitunter recht schroff wirkendes - Bewußtsein seiner Eigenheit, ein erstes Bewußtsein seines ganz individuellen Schicksals entwickelt, da tauchen die Ideale auf - wie eine ahnende Erinnerung an die überpersönlichen Gesichtspunkte, die er in der geistigen Welt aufgenommen hat. Natürlich sind diese Ideale jetzt noch nicht ausformuliert, sie wirken vielleicht auch ein bißchen amüsant, aber sie enthalten immer den Impuls, daß der junge, gerade zu sich selbst erwachende Mensch es eines Tages besser machen möchte: Er wird alles besser machen und besser verstehen als seine so angepaßten, festgefahrenen Eltern. Der eine will die Umwelt retten, der andere die Indianer in ihre alten Rechte einsetzen, der dritte ist sich sicher, daß es bessere, dem Menschen gerechtere Formen des Zusammenlebens gibt, als er sie zu Hause wahrnimmt, der vierte will einmal ein großer Erfinder medizinischer Geräte werden. - Sehen wir einmal davon ab, daß der Erwachsene gegenüber jungen Menschen häufig den Fehler macht, sie mit diesem Sehnen solange nicht ernstzunehmen, bis sie sich selbst nicht mehr ernstnehmen, bis sie aufgeben und in die Sphäre des persönlichen kleinen Glücks zurückkehren. Und dann ist z.b. eine Bereitschaft dafür entstanden, die Drogenszene attraktiv zu finden. - Auf jeden Fall schließt sich der junge Mensch zunächst von der Erwachsenenwelt ab, weil er zu Recht empfindet, daß sein Sehnen nicht von dieser Welt ist, und wartet auf Möglichkeiten, das, was in ihm lebt, auf die Erde zu bringen.

Und dann wird er erwachsen, lernt einen Beruf, wird - wie man so sagt - realistisch, schraubt sein Sehnen immer weiter zurück und verfolgt zunehmend eigene Ziele. Besitz, Wohlstand und sozialer Einfluß stehen schließlich ganz im Vordergrund. Eine Zeitlang geht das auch gut. Dann aber, zwischen dem 28. und 35. Lebensjahr, taucht da ein merkwürdiger Zweifel auf - erst leise und immer wieder verworfen, aber stetig nagend und schließlich unüberhörbar: *Ist das eigentlich alles?*

Jetzt bin ich, sagen wir 33, habe Erfolg im Beruf, bin angesehen, habe ein Eigenheim, eine „passende Frau" dazu, eine Lebensversicherung, außerdem bin ich Vorstand im Kegelverein, stellvertretender Betriebsratsvorsitzender, mein Hobby als Angler macht mir viel Freude - aber trotzdem: All das fühlt sich zunehmend irgendwie hohl, banal, unwichtig an. Steckt nicht noch etwas ganz anderes in mir? Bin ich nicht noch zu ganz anderem berufen? Soll das denn jetzt die nächsten dreißig Jahre so weitergehen? Und das Kreuz tut neuerdings auch weh, obwohl ich doch regelmäßig Sport mache.

Solche Zweifel in der Lebensmitte können sich derart verdichten, daß daraus innerlich ein Bild wie von einem Schreckgespenst seiner selbst entsteht. Ich sehe mich selbst in all dem, was ich versäumt und vergessen habe. Meine Beziehungsschulden, meine unerledigten zwischenmenschlichen Aufgaben, meine täglichen kleinen Egoismen, meine Ausweichmanöver in Situationen, die mich zu klarer Stellungnahme herausgefordert hätten - kurz, *ich sehe meinen Schatten.* Ich sehe ihn mit dem drängenden Gefühl, daß das nicht so bleiben kann, daß es da noch etwas anderes geben muß, das meinem Leben Sinn gibt. Das kann doch nicht der Sinn sein, immer neue Besitztümer anzuhäufen und einflußreicher zu werden. Darin liegt doch ein Versäumnis. Aber *was* genau habe ich eigentlich versäumt? Worin besteht denn die Dimension, die meinem Leben fehlt? - Das ist die Frage der Lebensmitte.

Nun ist das keine abstrakt-philosophische Frage, die sich mit dem Besuch eines Volkshochschulkurses klären ließe, sondern es ist ein vital und existentiell erlebter, über Monate, manchmal Jahre durchlittener Selbstzweifel. Ein quälendes Gefühl elementarer Unvollkommenheit des eigenen Seins entsteht. So gelangt man in der Lebensmitte an einen Nullpunkt und fühlt sich von allen guten Geistern verlassen. Es ist eine Schwelle, die spüren läßt, daß das, was so weit getragen hat, nun nicht mehr weitertragen wird. Angst kann entstehen. Es ist eine Selbstbegegnung, als würde man einem Schreckgespenst begegnen. Rudolf Steiner nennt dieses Schreckgespenst den „kleinen Hüter der Schwelle". Diese Begegnung muß nicht genau so, wie hier zusammenfassend beschrieben, erlebt werden. Sie kann auch einfach als Depression, als Gefühl der Sinnlosigkeit und der Leere auftauchen, oder als ungerichtete Ruhelosigkeit.

Auf jeden Fall gibt es nun zwei Möglichkeiten, mit dieser Begegnung mit dem kleinen Hüter der Schwelle umzugehen: Ich kann zum einen den zunehmenden Zweifel zu übertönen versuchen, indem ich mich jetzt noch mehr in das hineinsteigere, was ich schon immer gemacht habe. Dann kaufe ich mir ein flotteres Auto, schließe noch eine Lebensversicherung ab, kaufe eine neue Möbelgarnitur und lasse mir für mein Hobby die neueste Angel aus Kanada kommen.

Eine andere Möglichkeit, dieser Hüter-Begegnung auszuweichen, liegt darin, daß ich jetzt dramatische Entschlüsse fasse: Ich fange noch einmal ganz neu an, mache meinen eigenen Laden auf, heirate eine andere Frau, oder ich wandere aus und züchte Schafe in Australien. - Darin liegt natürlich nichts Falsches, aber wenn es dazu dient, diesen grundlegenden Selbstzweifeln auszuweichen oder sie schnell zu beseitigen, dann ist es ungesund.

Ein ganz anderer Weg ist zwar anstrengender, macht aus diesem Tiefpunkt aber einen Wendepunkt: Ich kann versuchen, die Selbstbegegnung auszuhalten und hinzuhören, worauf sie hinaus will. Dann wird mir zunehmend hörbar werden, daß dieser kleine Hüter ungefähr so spricht: Du hast bis jetzt für dich, vielleicht noch für deine Familie gelebt, hast Besitz und Sicherheiten geschaffen - und das war auch richtig so. Aber indem du dich in das äußere Leben so mit Haut und Haar hineinbegeben hast, ist dir eine Dimension verlorengegangen - nämlich die, mit der du ursprünglich angetreten bist. Du bist gar nicht nur für dich selbst auf die Welt gekommen. Du merkst das daran, daß das Erreichte dir jetzt hohl wird, weil es nur dir gilt. Du hattest ursprünglich übergeordnete Ziele und Ideale. In deiner Pubertät hast du dich zunächst bruchstückhaft und vielleicht etwas emotional daran erinnert. Aber dann hast du sie wieder vergessen. Du bist ursprünglich auf die Welt gekommen, weil du einen Beitrag dazu leisten wolltest, daß die Gemeinschaft der Menschen und die Erde sich weiterentwickeln können. Es ist gut, daß du dir dafür in der ersten Lebenshälfte einen persönlichen Ausgangspunkt geschaffen hast. Du hast dir Fähigkeiten erworben, du kannst etwas. Aber jetzt beginnt deine zweite Lebenshälfte, und da brauchst du, um ein sinnerfülltes Leben zu führen, Anschluß an diese Ziele, die über dein persönliches Glück und Weiterkommen hinausgehen.

Auch diese Hüter-Begegnung muß nicht genau so erlebt werden, wenn man sich ihr stellt. Sie kann einfach eine Horizonterweiterung sein, ein Aufwachen dazu, daß es Wichtigeres gibt als das eigene, persönliche Glück. In der ersten Lebenshälfte, besonders als junge Erwachsene, fragen wir - zu Recht - zunächst: Was hat mir die Welt zu bieten? Jetzt, an diesem Wendepunkt der Lebensmitte, taucht die komplementäre Frage auf: Was eigentlich habe *ich* der Welt zu bieten? Was kann die Welt von *mir* erwarten? Womit kann ich mich zur Verfügung stellen?

Und nun kann man einen elementaren Entschluß fassen, der sich natürlich individuell ganz unterschiedlich ausnehmen mag: der Entschluß, sich mit dem, was man hat und was man ist, einzusetzen für übergeordnete Ziele und Ideale. Der Handwerksmeister, der sich einen kleinen Betrieb aufgebaut hat, gibt ihn jetzt auf und geht in ein Rehabilitationszentrum, um Behinderte in einen Beruf einzuführen. Der Arzt verkauft seine florierende Praxis, um am Aufbau des Gesundheitswesens in Indien teilzunehmen. Die Verkäuferin engagiert sich im Dritte-Welt-Laden etc. - Aber es müssen auch nicht so programmatische Änderungen eintreten; denn es ist nicht in erster Linie Kühnheit, sondern Entschlossenheit gefordert.

Viele meistern diese Lebensmittekrise so, daß sie weiterhin das tun, was sie schon immer getan haben, aber jetzt ein neues, ein übergeordnetes Interesse damit verbinden. Sie bringen die Entschlossenheit auf, bei einer Sache zu bleiben, auch wenn sie äußerlich nicht so großartig erscheint. Sie haben jetzt, nachdem sie die Phase des Zweifels ausgehalten haben, Zugang zur geistigen Dimension dessen gewonnen, was sie alltäglich beruflich oder privat tun. Vielleicht verbinden sie damit auch gar nicht die großen Ideale, aber sie können jetzt z.b. ihren Mitmenschen neu begegnen, an ihren Kollegen ganz neue, wesenhafte Züge entdecken, vielleicht zunehmend auf den Automatismus von Sympathie und Antipathie verzichten, der unser soziales Leben so unbefriedigend reguliert, und können einen Menschen in seiner Eigenberechtigung anerkennen. - Und so etwas ist mindestens ebenso wichtig wie das Gesundheitssystem in Indien.

Dieser Entschluß zum Überpersönlichen, der auf Erden zur Lebensmitte ansteht, antwortet auf den Entschluß, den man einst in der geistigen Welt gefaßt hat, als man dort dem Großen Hüter der Schwelle begegnete. Die Lebensmittekrise ist insofern eine Antwort auf den Entschluß, zur Erde zu kommen. Nach diesem Entschluß hatte man angefangen, sich den irdischen Verhältnissen wieder zu nähern. Dann lebte man sich zunehmend ein auf Erden. Gleichzeitig verlor man aber immer mehr den Anschluß an die geistige Welt. Und jetzt, in der Lebensmitte, in der weitesten Entfernung von der geistigen Sphäre, da entschließt man sich erneut zur Erde, und zwar wiederum zu ihrem überpersönlichen Aspekt, und gewinnt wieder Anschluß an die geistige Dimension.

Es ist nun leider nicht so, daß der Fall damit erledigt wäre, indem man, mehr oder weniger bewußt, solche Einsichten hat oder Entschlüsse faßt. Der „kleine Hüter" weicht nun nicht mehr von der Seite, d.h. ab jetzt ist der Hüter immer dabei, was auch immer man tut und läßt. Ich blicke von nun an, bei allem, was ich tue, auch immer auf das, was ich noch nicht kann, was mir nur unzureichend gelingt, wo ich mich weiterentwickeln muß, um wirken zu können. Und das wird anstrengend. - Und das Element, Entschlüsse fassen zu müssen, bleibt auch. Während sich nämlich in der ersten Lebenshälfte die Dinge meistens noch von selbst ergeben, Freundschaften, berufliche Werdegänge, Interessen, so muß ich das jetzt alles bewußt und mit Willen angehen. Z.B. ergeben sich neue Freundschaften nach der Lebensmitte meist nicht mehr mit der gleichen Selbstverständlichkeit wie zuvor. Jetzt entsteht Freundschaft eigentlich nur noch, wenn ich das will und bewußt herbeiführe. Ich muß jetzt bewußter auf andere Menschen zugehen. War ich früher noch wie getragen von den Umständen, so muß ich mich jetzt selbst tragen, sonst resigniere ich über die Kümmerlichkeit des Daseins. Der junge Mensch kann immer noch die Hoffnung haben, daß *es* besser wird. Jetzt muß *ich* es *selbst* besser machen, damit es besser wird. Insofern bin ich Herr meines Schicksals geworden. Es liegt jetzt in meiner Hand, worauf es mit mir hinausläuft. Man muß sich jetzt gezielt Gedanken machen, aus welchen Quellen man seine Zukunft gestalten will.

Das ist bis ins Körperliche festzustellen. Liegen nicht besondere Krankheiten vor, so erlebt man vor der Lebensmitte seinen Körper nicht. Jetzt aber lastet er zunehmend schwer. Mit etwa 28 Jahren fängt der rein physische Abbau an - übrigens fängt er im Gehirn an -, und jetzt muß bewußt etwas für den Erhalt des Körpers, für die Gesundheit und Beweglichkeit getan werden, sonst wird der Körper schnell zur Last und schränkt ein. Und seelisch ist das eben auch so. In den Jahren nach 28 kann ein seelischer Abbau im Sinne einer um sich greifenden Perspektivlosigkeit beginnen, wenn nicht aktiv Perspektiven erarbeitet werden - und zwar Perspektiven, die über das hinausführen, was die eigene konkrete Person belangt.

Wie der Körper ab der Lebensmitte eine Sklerotisierungstendenz zeigt, eine Tendenz zu versteifen und zu verhärten, so ist es auch im Seelischen. Man muß etwas für seine seelische Beweglichkeit tun, aber eben nicht nur während der Lebensmittekrise, sondern ab jetzt immer. Und die Grundgeste dieser Beweglichkeit ist es, über sich selbst hinauszugehen, ein herzliches Interesse für all das zu entwickeln, was nicht Ich ist. Es geht jetzt um eine kontinuierliche Selbsterziehung.

Hier hat auch seinen eigentlichen Platz, was in den letzten Jahren als Biographieberatung bekannt worden ist. Biographieberatung geht nicht von der Frage aus: Wie hätten Sie Ihr Leben denn gerne? Vielmehr: Wie ist Ihr Leben geworden, und wie können Sie es jetzt sinnhaft weiterführen? Wie können Sie innerhalb des Rahmens, der in der ersten Lebenshälfte entstanden ist, so an sich arbeiten, daß Sie Anschluß an die Dimension des Geistigen, des Sinnhaften gewinnen? Biographieberatung kann eine solche Anleitung zur Selbsterziehung, zum übenden Umgang mit sich selbst sein, wie das eben ab der Lebensmitte angebracht ist.

Einige einfache Beispiele für solch einen Übungsweg: Man kann sich z.B. vier Wochen lang jeden Abend kurz darauf besinnen, wenn man den Tag abschließt, was heute wesentlich war und was heute nicht so wesentlich war. Man kann sich das jeden Abend mit ein paar Stichworten aufschreiben. Macht man diese Übung, kommt man zu einem überraschenden Ergebnis: Es gibt nichts Unwesentliches. Was mir zunächst unwesentlich erschien, erweist sich bei näherer Betrachtung eigentlich als ein kleines Versäumnis meinerseits.

Da ist er also schon wieder, der kleine Hüter. Daß ich heute morgen über den Staubsauger meiner Putzfrau gestolpert bin, scheint zunächst ein unwesentliches Ereignis zu sein. Aber wenn ich es genau betrachte, sagt mir dieses Ereignis, daß ich die Arbeit der Putzfrau nicht ernst nehme und herumlaufe, als wäre sie gar nicht da. Ich habe gar kein Bewußtsein dafür, daß sie anwesend ist. Also nächste Woche, wenn sie wiederkommt, werde ich sie ansprechen und versuchen, ihre Arbeit bewußt wahrzunehmen.

So banal ist das mit der übergeordneten Dimension. Es geht nicht darum, in der Lebensmitte große Fahnen aufzurollen und aus dem Fenster zu hängen, sondern es geht darum, da, wo man steht - oder, in dem Beispiel, wo man stolpert -, sich *ganz* auf das einzulassen, was vorliegt. Dadurch wird, was da ist, erst vollständig, erfüllt sich, gewinnt geistige Substanz.

Eine andere Übung könnte sein, das Alte neu zu tun. Statt also in der Lebensmittekrise alles hinzuwerfen und das Ticket nach Australien zu kaufen, könnte man sich systematisch damit beschäftigen, all das neu anzusehen und neu zu greifen, was man schon immer tut. Dazu ist es sinnvoll, kleine Gewohnheiten, die sich über Jahre eingeschlichen haben, probeweise einmal für 14 Tage zu ändern. Man könnte das Bild im Büro einmal an eine andere Wand hängen, nur für 14 Tage; und dann mal sehen, wie das wirkt. Wenn es dann nach 14 Tagen wieder an seinem alten Platz hängt, wird man es neu sehen; und vielleicht sieht man auch sein Büro neu. - Oder man könnte einmal, nur für 14 Tage, statt morgens beim Frühstück den Kopf in die Zeitung zu stecken, die eigenen Kinder fragen, wie es denn in der Schule so geht. Dann liest man die Zeitung nach 14 Tagen ganz anders. - Oder man könnte einmal, nur probeweise, den grünen Pulli anziehen, den einst die Schwiegermutter geschenkt hat und der nun seit fünf Jahren im Schrank hängt. Nur einmal 14 Tage lang. Vielleicht sieht man dann nicht nur den Pulli anders.

Die Lebensmittekrise hat also ihren Sinn darin, auf die Entschlüsse zu antworten, mit denen wir einst auf die Erde gekommen sind. Sie hat nicht den Sinn, jetzt das Irdisch-Materielle zu verachten. Im Gegenteil, sie soll der Ausgangspunkt dafür sein, daß wir dem Irdisch-Materiellen Sinn geben können, daß wir es vervollständigen, daß wir es zu sich selbst führen, indem wir über das hinausgehen, was wir von uns gewohnt sind.

Nun gibt es aber Ausnahmen: Es gibt Menschen, die schon in sehr jungen Jahren konkret an der Verwirklichung ihrer Ideale arbeiten, offenbar aus einer mitgebrachten Selbstlosigkeit heraus. Und es gibt ältere Menschen, die nach überhaupt nichts streben, die überhaupt keine Lust haben, sich um irgendetwas Übergeordnetes zu bemühen. - Wir können annehmen, daß wir beide Male Menschen vor uns haben, die ein besonderes Opfer bringen. Letztere führen den Materialismus und die Selbstbezogenheit auf die Spitze und führen ihren Mitmenschen damit vor, welche Trostlosigkeit in einem nicht-strebenden Leben entsteht. Und sie können möglicherweise eben dadurch wirken: Sie können Ansporn und Anlaß sein für die anderen, sich selbst zu befragen, was Materialismus und Selbstbezogenheit betrifft. Es ist insofern nicht richtig, Menschen zu verurteilen, die über die Lebensmitte hinaus eine materialistische Gesinnung leben, die also gar nicht aufgreifen, worauf in diesem Kapitel hingewiesen wurde. Sie erfüllen vielleicht auch, indem sie so leben, eine große Aufgabe. Aber es hängt eben von uns ab, ob wir das so aufgreifen, als Ansporn, als Anlaß. Erst dann haben diese Menschen ihre Aufgabe erfüllt, auch ohne daß sie sich dessen bewußt sind.

Und die jungen Menschen, die schon lange vor der Lebensmitte Anschluß an eine geistige Dimension haben und überpersönlich wirken können, opfern vielleicht ihre vollständige Individualisierung, eben auch, um Ansporn zu sein, aber jetzt aus der anderen Richtung. Sie leben etwas dar, was mitreißen soll. Und sie verzichten möglicherweise darauf, ganz, mit Haut und Haar auf die Erde zu kommen, wie es der ersten Lebenshälfte gemäß wäre. Sie arbeiten sich nicht so umfassend in die irdischen Verhältnisse ein, bleiben insofern unvollständig, leben in einer gewissen Einseitigkeit, können aber eben dadurch eine jugendliche Kraft für ihre Ideale zur Verfügung stellen, die der mittelalterliche Mensch nicht mehr hat. Und häufig ist es dann so, daß diese schon jung tätigen und wirkenden Menschen früh sterben oder schwer krank werden. Besonders wenn es sich um Künstler handelt, kann man den Eindruck haben: Sie wollten die Erde eben nur kurz berühren, die Menschen aufblicken lassen zu den Idealen - und dann gehen sie wieder.

So stehen also auch Ausnahmen noch in dem Sinnzusammenhang der Lebensmittekrise.

5. Die Bedeutung der Jahrsiebte

Man kann die Lebensmittekrise auch als eine Konsequenz aus der Wirkung der Jahrsiebte erachten. Bei dem Rhythmus der Jahrsiebte handelt es sich um eine aus der Ebene der Lebenskräfte, des Biologischen stammende Gliederung der biographischen Entwicklung. Er ist ein Entwicklungsrhythmus, der von innen kommt - im Gegensatz z.B. zum Mondknotenrhythmus, der von außen, aus kosmischen Abläufen auf den Lebensgang einwirkt. Er konstelliert nicht die zeitliche Gliederung äußerer Ereignisse wie der Mondknoten oder wie die in Kapitel 3 (siehe S. 35) erwähnten Zeitstrukturen. Vielmehr ist die Sieben eine ursprünglich aus der Entwicklung des Organismus selbst hervortretende Zahl. Sie bewirkt von innen her, sowohl beim Kind wie beim Erwachsenen, im Verlauf von etwa sieben Jahren einen *Bewußtseinswandel*. Diesen Bewußtseinswandel kann man auffassen als eine stufenweise Annäherung des aus der geistigen Welt kommenden Ich an die irdischen Verhältnisse bis zur Lebensmitte und ein wiederum stufenweises Zurücktreten des Ich von den äußerlichen Verhältnissen ab der Lebensmitte. So sind die Jahrsiebte Inkarnationsstufen bis zur Lebensmitte, Exkarnationsstufen nach der Lebensmitte.

Es hat also keinen Sinn, die Wirksamkeit der Jahrsiebte in äußeren Ereignisabfolgen zu suchen. Die Jahrsiebte gliedern die Entwicklung des menschlichen Bewußtseins von innen her. Die Rhythmen dagegen, die in Kapitel 3 besprochen wurden, sind kosmische Rhythmen, keine biologischen. Sie bilden Kräfteverhältnisse der geistigen Welt im Irdischen ab, indem sie sich in der zeitlichen Struktur der äußeren Ereignisabfolgen vergegenwärtigen. Die Aussage: „Alle sieben Jahre hatte ich einen Unfall", mag genauer Beobachtung entsprechen, hat aber nichts mit *diesem* Jahrsiebte-Rhythmus zu tun. Ebenso tritt der jeweilige Bewußtseinswandel auch nicht abrupt, als umschriebenes Ereignis ein, sondern er kommt allmählich, findet in der Mitte eines Jahrsiebts einen Höhepunkt, und bereits im dritten Drittel eines Jahrsiebts kündigt sich dann schon das Bewußtseinsthema des nächsten an. Die Siebenjahres-Zeiträume selbst, die Themen der jeweiligen Bewußtseinshaltung können auch als unterschiedliche und folgerichtige Interesse- oder Fragerichtungen aufgefaßt werden. In jedem Jahrsiebt stehen andere Erlebnisqualitäten im Vordergrund. Es gibt hierfür bereits eine Reihe von Beschreibungen,[11] so daß hier die Jahrsiebte nicht noch einmal im einzelnen charakterisiert werden müssen. In vier Stufen gliedern die Jahrsiebte in der ersten Lebenshälfte das Einleben des Ich in die irdischen Verhältnisse. Im ersten Jahrsiebt geht es um den Aufbau, um die *Ordnung des Leibes*, die das Ich sich nach und nach zu eigen macht, damit sie ihm als Instrument dienen kann. Im zweiten Jahrsiebt steht die *Ordnung des Gewohnheitslebens* im Vordergrund: Klare und wißbare Verhältnisse geben dem Ich die Sicherheit, in der sozialen Welt Fuß zu fassen. Im täglichen Lebensvollzug verbindet sich das Ich mit der Erde. Im dritten Jahrsiebt wird die *Ordnung der Seele* als eigene erlebbare Ordnung gesucht. Diese Phase beginnt bekanntlich mit einem heftigen Protest gegen die bis dahin von den Eltern und Lehrern übernommene Ordnung. Der Jugendliche will jetzt eigene Wege gehen, die ihm selbst angemessene seelische Haltung zur Welt finden. Im vierten Jahrsiebt geht es um die *Ordnung des Handelns*. Der junge Erwachsene versucht nun, ausgehend von seinem Verstand, berufliche und soziale Handlungskompetenz zu entwickeln.

Im gleichen Zuge, wie das Ich sich in diesen vier Stufen mit der Erde verbindet, löst es sich zunehmend von seiner geistigen Herkunft, so daß mit 28 Jahren ein gewisser Endpunkt erreicht ist. Das Ich ist dann vollständig auf der Erde angekommen. *Die sich von innen ergebende und wie selbstverständlich einstellende Entwicklung ist nun zu Ende.* Das zeigt sich, subjektiv freilich gar nicht bemerkt, daran, daß der körperliche Abbau bereits zu diesem Zeitpunkt, mit 28 Jahren, einsetzt - und zwar ironischerweise zuerst im Gehirn, dem Organ, dessen Tätigkeit im vierten Jahrsiebt im

Vordergrund stand, wo es um die intellektuelle Durchdringung und „Behandlung" der Welt ging.

Der Bewußtseinswandel im fünften Jahrsiebt, an dessen Ende die Lebensmittekrise eintritt, besteht nun darin, daß dieses Ende des Inkarnationsvorgangs und die damit verbundene Ferne von der geistigen Welt allmählich, sehr allmählich ins Bewußtsein treten - subjektiv als der sich einschleichende Zweifel erlebt, wie oben beschrieben (siehe S. 50 f.). So kann die Lebensmittekrise als eine Schwelle an *der* Stelle der Entwicklung aufgefaßt werden, an der die Bewußtseinswandlung in eine andere Richtung umschlagen sollte. Die nun folgenden Jahrsiebte bringen, wenn der Lebensmittekrise nicht ausgewichen wird, eine zunehmende Bewußtseinserweiterung in Richtung übergeordneter, überpersönlicher, vielleicht auch spiritueller oder religiöser Gesichtspunkte und Erfahrungen.

Im Unterschied zur ersten Lebenshälfte handelt es sich in der zweiten um Entwicklungs-*Möglichkeiten*. Die Lebensmittekrise kann auch umgangen, „verdrängt", gleichsam überschrien werden durch herbeigeführte dramatische äußere Ereignisse - spontane zweite Heirat, Wechsel der beruflichen Existenz etc. Dann können die anschließenden Jahrsiebte ihre bewußtseinswandelnde Kraft nicht in der richtigen Weise entfalten. Insofern handelt es sich beim Jahrsiebte-Rhythmus nicht um einen autonomen Rhythmus wie beim Mondknoten, dessen strukturierende Gestaltungskraft nicht vom Bewußtseinsniveau des Betreffenden abhängt.

Aus dem Zusammenhang zwischen den Jahrsiebten und der Lebensmitte ergeben sich verschiedene Spiegelungen, wenn man die Lebenskurve als u-förmige Kurve darstellt. Dann können verschiedene Entsprechungen zwischen den Seelenhaltungen der ersten und der zweiten Lebenshälfte deutlich werden - je nachdem, ob man den Spiegelungspunkt im 35. oder 28. usw. Lebensjahr ansetzt. Aus der Kurve aber Spiegelungen äußerer Ereignisse entnehmen zu wollen, ergibt jedoch keinen Sinn. Falls es sich nicht um durch das biologische Alter vorgegebene äußere Ereignisse wie Schuleintritt, Pensionierung etc. handelt, kann die Kurve nur Entsprechungen von Seelenhaltungen, Interessenrichtungen oder Bewußtseinsstufen zeigen. Die Kurve und die auf ihr sichtbaren seelischen Entsprechungen zwischen der ersten und zweiten Lebenshälfte haben deshalb auch nichts mit der in modernen Lebensläufen anzutreffenden Symmetrie zwischen Ereignissen der ersten und der zweiten Lebenshälfte zu tun. Man findet eine solche Symmetrie besonders ausgeprägt bei dem ungarischen Musiker Béla Bartók,[12] aber z.T. auch in „Jedermanns-Biographien". Spiegelungspunkt ist dann immer ein Zeitpunkt oder eine Zeitspanne in der Lebensmitte, und die sinnhaft zusammengehörenden Ereignisse gliedern sich paarig um ihn - z.B. zehn Jahre vor dem Spiegelungspunkt erste Heirat, zehn Jahre danach zweite Heirat. Hier geht es also nicht um die Jahrsiebte, sondern um ein übergeordnetes Gestaltungsprinzip, das sich ebenfalls ganz unabhängig vom Bewußtseinsniveau eines Menschen durchsetzt.

6. Die vierfache Ich-Frage -
Zur biographischen Bedeutung der Pubertät

Viermal im Lebensgang steht der Mensch vor der aus dem Innern erwachsenden Frage: Wer bin ich eigentlich? In stiller Art prägt diese Frage zum ersten Mal das Erleben des fünfjährigen Kindes. Im 5. Lebensjahr entsteht dem Kind ein Bewußtsein von der Polarität der Geschlechter. In sein Erleben tritt die Tatsache, daß die elterliche Hülle aus zwei verschiedenen Menschen besteht, die polar aufeinander bezogen sind. Es wächst ein feines Empfinden dafür, daß, was bisher als einheitliche elterliche Hülle erlebt wurde, einen leichten Riß, eine Aufspaltung in ein weibliches und ein männliches Element zeigt. Natürlich weiß das Kind schon zuvor, daß es Männer und Frauen gibt, aber Geschlechtsunterschied und Geschlechtspolarität treten noch nicht in sein Erleben. Das vierjährige Kind kann die Oma noch fragen: Oma, bist du ein Junge, oder bist du ein Mädchen? Das sechsjährige nicht mehr.

Als Folge dieses leisen Verlustes der Ureinheit und der Wahrnehmung einer grundsätzlichen Spaltung der Menschen in männliche und weibliche tritt die Frage auf: Und was bin dann ich? Bin ich männlich oder bin ich weiblich? - Selbstverständlich weiß das Kind die Antwort. Aber dieses Wissen tangiert noch nicht das Bild, das es von sich selbst hat. Noch der knapp fünfjährige Knabe kann nach einem Marktbesuch zu Hause verkünden: Wenn ich groß bin, werde ich Marktfrau! - Der Junge, der über diese erste Identitätsfrage hinaus ist, will jetzt Obstverkäufer werden. Und er wird dann immer, wenn er auf den Markt zum Einkaufen mitgenommen wird, genau beobachten, was die Männer und was die Frauen auf dem Markt tun.

Damit ist also im 5. Lebensjahr - in der Psychoanalyse als ödipale Phase bekannt - ein erster Schritt zur Bestimmung der eigenen Identität getan. Ich bin ein Junge. Ich bin ein Mädchen.

Im 9. Lebensjahr ist das Kind wieder, jetzt aber mit ganz anderem Akzent, vor die Frage nach der eigenen Identität gestellt. Jetzt beschäftigt es sich mit der Frage, inwieweit es eine Verlängerung oder Fortsetzung der Eltern ist und inwieweit eigenständige Person. Das nimmt häufig die Form der Findelkindphantasie an: „Eigentlich stamme ich aus einem Königshaus. Meine Eltern, Könige in einem fernen Land, mußten mich aussetzen. Die Leute, die vorgeben, meine Eltern zu sein, haben mich gefunden und großgezogen. Ich muß herausfinden, wo meine eigentliche Heimat und was, demzufolge, meine eigentliche Aufgabe ist, worin mein eigener Lebensweg liegt."

Dahinter steht die Wahrnehmung eines Widerspruchs: Ich stamme zwar angeblich leiblich von meinen Eltern ab, aber im Kern meiner Person bin ich ein ganz eigener. Woher kommt mein Ich? Mein Ich kann nicht einfach eine Fortsetzung meiner Eltern sein. - Diese sich oft nur unterschwellig abspielenden Überlegungen wirken sich vorübergehend im Bewußtsein des Kindes so aus, daß es etwas auf Distanz von seinen Eltern geht. Die Eltern werden jetzt kritisch betrachtet. Das Kind hat Einsamkeitserlebnisse. Manche Kinder beschäftigen sich nun mit der Möglichkeit des Todes und stellen sich vor, wie es wohl wäre, wenn sie alleine leben würden, ohne die Eltern.

Auch hier geht die Frage: „Wer bin ich?" von einem Verlusterlebnis aus: Eltern, die Familie, die häuslichen Abläufe, das täglich Erlebte - all das wird nicht mehr mit der gleichen Selbstverständlichkeit wie zuvor gesehen. Das neunjährige Kind tritt seiner Welt *gegenüber*. Bislang hat es *darin* gestanden. Ich und die Welt sind zweierlei. Es gibt einen Riß, einen Spalt zwischen mir und der Welt - konkret: den Eltern und Lehrern. Wer in diesem Zusammenhang bin ich? Ich bin offenbar ein *eigenes* Individuum, bin letztlich nur auf mich gestellt.

Das Kind beantwortet die Identitätsfrage jetzt aber noch nicht inhaltlich. Noch will es sich nicht selbst inhaltlich bestimmen. Vielmehr geht es um das Urerlebnis, daß ich überhaupt ein Ich bin, und zwar ein anderes als alle anderen. - Die Identitätsfrage versinkt dann wieder. Was aber zurückbleibt, ist ein Spielen und Experimentieren mit dem Unterschied von Innen und Außen, von

6. Die vierfache Ich-Frage - Zur biographischen Bedeutung der Pubertät

Ich und Welt. Mein Ich ist innen, die Welt ist außen. Man kann also Geheimnisse haben, kann lügen und sich verstellen. Darin bekräftigt sich und wird handhabbar das elementare Trennungserlebnis, das das Ich der Welt gegenüber hat.

Sodann setzt mit 12 Jahren die inhaltliche Frage nach der eigenen Individualität mit einem Paukenschlag ein: *Alles*, was bisher vertraut war, nicht nur Eltern, Lehrer und familiäre Gewohnheiten, auch der eigene Körper, wird fremd. Nichts mehr ist selbstverständlich. Eine tiefe Kluft trennt auf einmal von allem, was bisher getragen hat, selbst von der eigenen Leiblichkeit. Wer bin ich also? Wer bin ich, wenn sich mein Ich offenbar nicht von meiner Familie, nicht von meinen Lehrern, nicht einmal von meinem Leib her bestimmt und trägt, so wie bisher? Mein Ich ist offenbar nur ganz äußerlich und allenfalls in einer für die Vergangenheit gültigen Weise an Familie, Schule und Leib gebunden. Was kann also stattdessen und eigentlich meine Individualität werden?

Es ist charakteristisch, daß der junge Mensch diese Frage nicht aus der Vergangenheit beantworten will, sondern *radikal aus der Zukunft*. Das jetzt erst in sein eigenes Bewußtsein eintretende Ich sieht betont ab von der Vergangenheit - mein Elternhaus ist verstaubt und verknöchert, meine Schule ist muffig, und in meinem Leib bahnen sich ungeahnte Dinge an - und will sich ganz in die Zukunft hinein orientieren. Jetzt erst beginnt ein eigenes Schicksalswollen. Von nun erst sucht der Mensch bewußt Schicksals- und Beziehungsgestaltung aus eigenem Vermögen. Vorher waren Schicksal und Beziehungen vorfindlich. Jetzt kann man sie wollen und - vor allem - nicht wollen. Bislang hat man mit den Kindern gespielt, die eben in der Nachbarschaft wohnten. Jetzt will man sich seine Freundschaften aussuchen. Bislang hat man weitgehend desinteressiert und tatenlos zugesehen, wenn die Eltern das Kinderzimmer renoviert und neu eingerichtet haben. Jetzt will man das selbst machen, jetzt hat man dazu eigene Vorstellungen. Bislang hat die Mutter mich eingekleidet, und mir war nur wichtig, ob es zweckmäßig war. Jetzt stelle ich mir meine Kleidung selbst zusammen.

Natürlich ist es aus der Sicht des Erwachsenen eher amüsant, manchmal nervenaufreibend, daß der junge Mensch seine Individualität nun über Kleidung und Bilder an der Wand finden will. Es ist eben ein Anfang, unbeholfen, aber deshalb nicht ungültig. Die vehemente Art, mit der sich der pubertierende Mensch oft gegen alles stellt, was Vergangenheit ist - und deren Repräsentanten sind eben in erster Linie die Eltern -, enthält einen richtigen Kern. Ich weiß zwar noch nicht genau, wer ich bin, aber ich weiß, daß ich nicht das bin, was bisher selbstverständlich so erschien, auch wenn es von meinen Eltern so geprägt worden war. *Ich bin Zukunft.*

So kann man die Pubertät als den eigentlichen Beginn der bewußten Biographie betrachten. Erste, unbeholfene, oft unrealistische Lebensentwürfe tauchen auf. Erste biographisch bedeutsame Entscheidungen werden getroffen - man möchte bald aus der Schule gehen, um Handwerker zu werden, man möchte den und den Vereinssport betreiben. Das Individuum fängt an, sein Leben selbst zu leben. Fängt an - es ist wie beim Laufenlernen. Man fällt tausendmal hin, bevor man wirklich laufen kann. Aber anders kann man nicht laufen lernen. Der junge Mensch tut sicher viel Unbedachtes und Unausgegorenes, setzt sich Gefährdungen aus, radikalen Tendenzen, wechselt täglich seine jeweils absolut richtige Meinung. Aber anders kann der bewußte Griff nach dem eigenen Schicksal nicht ruhig und sicher werden.

In dieser Phase tauchen nun auch die Ideale auf. Der junge Mensch sucht Ideale - nicht als abstraktes Gedankengut und nicht als bloß Gepredigtes. Vielmehr hat er die Sehnsucht, daß es Menschen geben möge, die für sie angefeindet werden und schließlich mit ihnen obsiegen. Das Ich sucht sich in der Pubertät im Idealischen. Das äußerlich sperrig Auffallende ist oft nur das Geheimzeichen für etwas Idealisches. Die Lederstiefel stehen für Freiheit, der Lippenstift für Hingabebereitschaft, die Rockmusik für Gelassenheit im Sturm und der kurze Haarschnitt für Autonomie, zum Beispiel. - Es ist eine tiefe Tragik, daß der Erwachsene den Pubertierenden so wenig ernstnimmt. Eltern, Lehrer und die Tante aus dem Fränkischen sind nur entrüstet über das Aussehen des bis dahin so adretten Kindes. Und sie betrachten die Pubertät als eine Art vorübergehende Krankheitserscheinung. Danach ist, hoffentlich, alles wieder gut. Würde man ansprechen, bestätigen und aufgreifen, was der junge Mensch an Idealen sucht, wie er konkret-sinnlichen Anschluß daran sucht, wie er Schicksalsentwürfe ausprobiert, so könnte mancher biographische Umweg, manche Einengung des Lebenshorizonts, manche Klischeefixiertheit in den Lebensabläufen vermieden werden. Selbst der Erwachsene noch nimmt sich in der Erinnerung daran nicht ernst. Die eigene Pubertät wird teils verschämt, teils belustigt als eine Art verlängerte Faschingszeit angesehen. Dann erst wurde es ernst.

Das täuscht. Ernst war es oft schon vorher: ständigen Entwertungen und Anfeindungen ausgesetzt zu sein, wenn man gerade eben begonnen hatte etwas zu entwickeln, von dem man selbst noch gar nicht weiß, worauf es hinausläuft. Es ist etwa so, als wollte man einem einjährigen Kind, das gerade laufen lernt, einreden, es sei eine spinnige Idee, laufen zu wollen. Es sollte dies besser unterlassen, und im übrigen sei es einfach lächerlich und ärgerlich, immer diese unbeholfenen Gehversuche mit ansehen zu müssen. Die Pubertät ist ein Beginn - und häufig schon ein Ende. Viele trauen sich später nicht mehr, eigenes zu wollen, Ideale zu suchen, die es zu leben lohnt.

Erst beim vierten Mal, in der Lebensmitte, wenn noch einmal die Frage auftaucht: „Wer bin ich eigentlich?" ergibt sich oft ein Rückgriff auf Pubertätsideale. Wie im Kapitel über die Lebensmitte (siehe S. 46 ff) beschrieben, stellt sich in dieser Phase die Identitätsfrage als nagender Zweifel ein: Ist *das* denn alles, was ich bisher erreicht habe? Soll *darin* mein Leben auch weiterhin bestehen? Bin ich schon das, was ich mir bisher an Besitz, Fähigkeiten und Einfluß erworben habe? Oder bin ich noch etwas grundsätzlich anderes?

Und wie in der Pubertät sieht auch jetzt diese Frage nach dem eigenen Ich betont ab von der Vergangenheit und sucht die Zukunft. Bis jetzt war ich der, der sich dies und jenes erworben, erarbeitet und erobert hat. Aber wer bin ich morgen? Was bin ich darüber hinaus? Das Ich beginnt jetzt, seine geistige Dimension zu suchen.

Und wieder ergibt sich die Ich-Frage aus einem Verlusterlebnis: Ein Riß ist eingetreten zwischen meinem innersten Ich und
dem äußeren Kleid, das dieses Ich sich bisher geschaffen hat. Und
eine Ahnung davon kommt auf, daß das eigentliche Wesen des Ich
nicht seine irdisch-äußere Erscheinung ist, sondern die Sphäre
des Über-sich-hinaus-Gehens sucht.

Viermal also fragt das Ich nach sich selbst. Es fragt aus sich
heraus - Identitätsfragen und -zweifel, die durch äußere Ereignisse angeregt sein können, kommen natürlich hinzu. Jedesmal geht
dem ein Riß, ein Bruch im Verhältnis zur Welt voraus. Und jedesmal ist die Ich-Frage an die Zukunft gestellt. Das Ich hat Zukunftscharakter.

7. Der Doppelgänger

Der Doppelgänger spricht die Sprache der Gewohnheit - derjenigen Gewohnheit, die unbemerkt entsteht, die sich einschleicht und unbemerkt auswirkt. Diese Art der Gewohnheit wirkt sich immer einengend, verhärtend, festlegend aus. Das können wir aus Distanz, als Unbeteiligte oder hinterher so bemerken. Was wir erleben, wenn solche Gewohnheiten am Werk sind, ist Sicherheit und Selbstverständlichkeit. Es ist oft sehr schwer, beratend einem Menschen erkennbar zu machen, wie sehr er eineengt und festgelegt ist von Gewohnheiten des Denkens, Fühlens oder Handelns, die ihm - wie man sagt - in Fleisch und Blut übergegangen sind.

Man sagt zu Recht: Die Gewohnheiten haben eine übergroße Neigung zur Verfestigung, zur Verhärtung, ja zum Erstarren. Es gibt bei jedem von uns geradezu einen *Leib* aus Gewohnheiten. Er ist fast physisch. Man kann ihn in der Biographieberatung eigentlich nur anpacken, indem man Vorschläge macht, bestimmte Gewohnheiten vorübergehend, und sei es nur für 14 Tage, zu ändern. Dann kann Bewußtsein und Wille in eine Gewohnheit kommen, die sich vor Jahren eingeschlichen haben mag. Die bewußt und willentlich gesetzten Gewohnheiten befreien geradezu aus der Einengung durch die einschleichend entstandenen Gewohnheiten. Sie befreien an dieser Stelle vom Doppelgänger.

So sieht ein Lehrer, ein ganz harmonischer und gefühlvoller Mensch, sich zu Hause zunehmend in Konflikte zwischen der Tochter und seiner zweiten Frau hineingezogen. Jeden Tag, wenn er nach Hause kommt, hat es wieder Streit gegeben zwischen den beiden, und immer wieder übernimmt er die Position des Schiedsrichters und Schlichters. - Ihm wird in der Biographieberatung die Übung vorgeschlagen, möglichst genau, *bevor* er den Streit zu schlichten sucht, den Streitanlaß zu erfragen und für sich kurz aufzuschreiben. Nach zwei Wochen mit dieser einfachen Übung wird ihm klar, was weder er noch die beiden streitenden Frauen bisher gesehen haben: Streitanlaß war immer ein Satz, ein Einwurf von ihm am Vortag. So hat er z.B. einmal einen Streit zu schlichten versucht, indem er u.a. sagte, beide sollten doch am Nachmittag einmal etwas getrenntere Wege gehen - die Tochter, sie war 17, sollte ihre Schularbeiten in ihrem Zimmer machen und die Frau im Garten arbeiten. - Am nächsten Tag - er ist, wohlgemerkt, gar nicht anwesend - entsteht genau hierüber wieder ein Streit: Die Tochter geht gleich nach dem Essen in ihr Zimmer, die Stiefmutter rennt ihr hinterher und beschimpft sie, weil sie sich zurückziehe. - So stellt sich heraus, daß der gemeinsame Nenner der Konflikte zwischen Tochter und Stiefmutter *er* war. Er erkannte nun, daß er, vordergründig schlichtend, immer neuen Zündstoff in die Beziehung zwischen den beiden Frauen brachte. Und er erinnerte sich, daß es in ihm schon immer eine ungelebte Streitlust und Aufmüpfigkeit gab, die er aber in dem sehr harmonischen Elternhaus nie ausleben durfte, auch als Jugendlicher nicht. Er war es, der sich - unbewußt - die Gewohnheit gebildet hatte, Tochter und Ehefrau statt seiner zum Streit zu bringen.

Dieses Beispiel zeigt erstens, wie geschickt solche Inszenierungen des Doppelgängers sein können. Es zeigt zweitens, daß es nicht irgendwelche Gewohnheiten sind, die ein Eigenleben entwickeln und sich verfestigen, die man mit dem Doppelgänger in Verbindung bringt. Vielmehr handelt es sich um Gewohnheiten, die damit zu tun haben, daß man etwas meidet - eine Erkenntnis, eine negative Konsequenz, eine Selbsteinsicht etc. Besonders in der Kindheit und Jugend, wenn der Einfluß von erziehungsehrgeizigen Erwachsenen noch stark ist, aber auch im Erwachsenenleben ernährt sich der Doppelgänger von dem, was wir an uns nicht wahrhaben wollen oder dürfen.

Der Doppelgänger ernährt sich von dem, was das Ich nicht wahrhaben will, und kann es eben deswegen zur unbemerkten Gewohnheit werden lassen. Dadurch bekommt er erst seine für jeden Menschen individuelle Gestalt. Im Laufe des Lebens zieht er alles an sich, was das Ich nicht wahrhaben will, was es meidet, was es verdrängt. Was vom Ich nicht durchdrungen ist, verselbständigt sich im Unbewußten. Seelenvorgänge, in denen das Ich nicht anwesend sein möchte, gerinnen, verhärten, werden Teil des Gewohnheitsleibes und damit verfügbar für den Doppelgänger. Auch mitgebrachte Prägungen wie die persönliche Temperamentsmischung werden als primäre Teile des Gewohnheitsleibes dann Nahrung für die verfestigende Tendenz des Doppelgängers, wenn sie im weiteren Leben nicht vom bewußten Ich durchdrungen werden. So heftet sich der Doppelgänger an alles, was in der Versenkung verschwinden will, und er wird zum Gegenbild unseres Bewußtseins und unseres bewußten Selbstbildes. Er ist ein

Wesen, das seine Physiognomie aus unserer Selbsttäuschung gewinnt. Der Begriff „Schatten", wie er in der Jungschen Psychologie verwendet wird, scheint hier zutreffend, weil der Doppelgänger tatsächlich darin lebt, daß das Licht unseres Bewußtseins nicht überall hin leuchtet. Sein Wesen liegt in der Verdichtung und Erstarrung von seelischen Vorgängen.

Von dieser Ebene aus kann der Doppelgänger Krankheiten bewirken. Das aus dem Bewußtsein abgespaltene Seelische wird verdichtet und in die biologischen Abläufe des Leibes eingearbeitet - ein Feld der Psychosomatik.

Der Doppelgänger wirkt sich in vielfältiger Weise aus. Fragt man, wie er eigentlich erlebt wird, so ist zunächst zu sagen: eben gar nicht. Darin lebt er ja, daß er nicht direkt als solcher erlebt wird. Und gerade deswegen, weil er eben dieses Merkmal des Verborgenen besitzt, kann er so wirksam sein. Er versucht, in alles hineinzuschlüpfen, was vom bewußten Ich nicht durchdrungene Gewohnheit ist; daher führt die Tendenz der Gewohnheiten zur Verfestigung. Ferner lebt der Doppelgänger in den uns selbst ursprünglich unangenehmen Teilen unseres Temperaments, die wir in unser Selbstbild nicht aufnehmen wollen. Und er tobt sich besonders gerne in Beziehungen und Partnerschaften aus, also gerade da, wo sich im Zwischenmenschlichen unbemerkt Gewohnheiten bilden. So kann, was man als störend am Partner erlebt, eine Wirkung des eigenen Doppelgängers sein. Man projiziert Aspekte des eigenen Doppelgängers auf den Partner - oder auf das eigene Kind, die Kollegin etc. - und reagiert auf ihn genauso, wie man ursprünglich in sich selbst auf ihn reagiert hat: Man bekämpft ihn, haßt ihn, will ihn nur weg haben. So kommt es im Extremfall geradezu zu „Doppelgängerehen": Zwei Menschen vertreten füreinander den Doppelgänger des anderen und bekämpfen sich deshalb jahrelang gegenseitig. Aber eigentlich bekämpfen sie sich selbst.

Solche Doppelgängerehen sind ohne fremde Hilfe meist nicht auflösbar. Man fragt sich, warum diese beiden Menschen sich nicht trennen, da sie sich doch nur noch hassen. Aber tatsächlich kann man sich ja von seinem Doppelgänger nicht trennen. Man braucht in einer solchen Konstellation den anderen als Leinwand für den eigenen Film. Die Beziehung zwischen zwei solchen Menschen verfestigt sich immer mehr. Der Gewohnheitsleib kann von sich aus den Griff nicht lockern. Man ist solange in solche Verhältnisse festgezurrt, wie man kein Bewußtsein in die tatsächlichen Zusammenhänge bringt. Das klar urteilende, nicht selbstbezogen urteilende Bewußtsein ist das einzige, was diesen erstarrenden Griff lockert.

Aber nicht nur in Beziehungen mit anderen, auch im Umgang mit sich selbst kann man das Wirken des Doppelgängers erleben. In allem, was ängstigt, seelisches Erleben angstvoll einengt, in allem Sicherheitsdenken liegt eine Wirkung des Doppelgängers. Auch in der Depression, im ständigen Kranksein kann er sich auswirken - er ist in allem, was uns, aus uns selbst heraus, systematisch einengt. - Er hat eine besondere Nähe zur „kalten" Intelligenz. Das materialistische Denken, die mechanische Intelligenz sind besonders von dem Doppelgänger geprägt. Das ist erkennbar an der Neigung der mechanischen Intelligenz zur Verfestigung, zum Sicheren, zum Sicher-haben-Wollen, zum Sicher-wissen-Wollen, zur definitorischen Festlegung. Es geht hier um ein Denken, das abschließt, statt beweglich zu machen.

Es gibt aber auch noch direktere, dem Erlebnis nähere Wirkungen des Doppelgängers. Da er aber auch hier - mit einer Ausnahme, von der sogleich die Rede sein soll - als solcher nicht erkannt wird, sinkt er sofort wieder zurück in die indirekte Wirksamkeit, wie sie hier skizziert wurde. Der Doppelgänger nistet sich besonders in alles hinein, was vom bewußten Ich nicht durchdrungene Gewohnheit ist. In Situationen nun, in denen solche Gewohnheiten plötzlich nicht mehr greifen, plötzlich aussetzen, kann der Doppelgänger auf einmal wie entblößt vor uns stehen. Das ist dann ein Schreckerlebnis, als würde man als Dieb auf frischer Tat ertappt. - Eine Angestellte geht mit einem Kollegen immer besonders harmonisch, man könnte auch pointierend sagen: süßlich um, kritisiert an ihm aber ständig seine Aggressivität und seinen Zynismus. Eines Tages wird es dem Kollegen zu bunt und er schleudert ihr entgegen: „Du bist ja selbst so destruktiv mit deiner Süßlichkeit." In diesem Moment hat die Angestellte ein Erlebnis wie bei einem elektrischen Schlag. Sie spürt physisch, wie kurz, nur für einen Moment sich etwas von ihr löst, und sie sieht, fast sinnlich wahrnehmbar, sich selbst in häßlicher, zynischer, aggressiver Fratze. Es ist ein Schock. Sie sieht auf einmal ihren Schatten und erlebt, wie dieser Schatten nach ihr greift. Möglicherweise erfaßt sie, daß sie das selbst ist. Es kann aber auch beim Eindruck eines unbestimmt Dämonischen bleiben. Nach wenigen Sekunden ist das Erlebnis vorbei, und zurück bleibt eine tiefe Erschütterung und Verunsicherung.

Eine andere Situation, in der der Doppelgänger, wenn auch nicht so dramatisch und plötzlich, hervortritt, ist die Lebensmitte-Situation (siehe Kapitel 4, S. 46 ff). Sie ist ja dadurch charakterisiert, daß, was bislang selbstverständlich, sicher und gewohnt war, hinterfragt wird, daß sich Zweifel einschleichen, ob man sich eigentlich in dem, was man bisher gelebt hat und von sich kennt, schon erschöpft, oder ob man im Tiefsten vielleicht noch gar nicht vollständig ist. Und hier kann nun, mehr schleichend als plötzlich, wiederum der Doppelgänger vor das innere Auge kommen: Die eigenen Versäumnisse werden zunehmend bewußt. Man sieht sich in immer klareren Umrissen von seiner Schattenseite. - Auch dies kann ein niederschmetterndes Erlebnis sein, das zu Depressionen und chronischen Krankheiten führen kann, wenn man sich nicht bewußt und gezielt damit auseinandersetzt.

Von diesem Beispiel aus ergibt sich ein Blick auf die eigentliche Funktion des Doppelgängers. Er hat die Funktion eines „Hüters der Schwelle". Was in der Lebensmitte von alleine geschieht, wird auf dem Schulungsweg, wenn man sich durch gezielte Selbsterziehung für das Geistige zu öffnen versucht, bewußt und mit Willen erreicht.[13] Auf dem Schulungsweg nähert man sich bewußt dem eigenen Doppelgänger und setzt sich, wie es auch Aufgabe der Lebensmitte ist, willentlich mit ihm auseinander. Man erkennt ihn als solchen, man anerkennt, daß man *auch* diese häßliche Figur voller Selbsttäuschung und Versäumnisse ist, und anerkennt sie als Teil des eigenen Erdenwesens. *Dies* ist so eine Art Eintrittskarte in das Verstehen des Wirkens der geistigen Welt. - Und es mag einsichtig erscheinen, daß in diesem Zusammenhang vom „Hüter der Schwelle" gesprochen wird, denn die Anerkennung des Doppelgängers als Teil des eigenen Wesens macht den Menschen vollständig, und erst aufgrund dieser Vollständigkeit kann sich der Blick für das Wirken der geistigen Sphäre öffnen.

In der Lebensmitte ist es biographiegesetzliche Aufgabe, damit zu beginnen, sich auf sich selbst als geistiges Wesen zu begründen und von äußeren Sicherheiten frei zu machen. Aber dieser Zugang zum eigenen Höheren Ich ist bewacht von dem „Hüter der Schwelle". Er steht an der Schwelle zwischen mir als irdischem, an äußeren Gegebenheiten haftendem Wesen und meinem geistigen Wesenskern. In dem Maße nun, wie an einer solchen Schwelle - es kann auf dem Schulungsweg, es kann in der Lebensmitte, es kann aber auch bei biographischen Brüchen sein, wenn plötzlich Gewohnheiten zusammenbrechen - der Doppelgänger mit *der* Bewußtheit erkannt und durchdringen wird, die den ganz normalen Selbstbetrug abbaut, wandelt sich der Doppelgänger und wird Gewissen.

Offenbar steht in allen Kulturen, jeweils natürlich in anderem mythologischen Gewand, vor dem Eintritt in die geistige Welt ein Hüter. Er wacht darüber, daß ich die Selbsttäuschung ablege und nur als vollständiges Wesen, das sich in seiner Ohnmacht anerkennt, den Blick auf das Wirken der geistigen Welt lenke.

Der vollständige Eintritt in die geistige Welt ist der Tod. Kurz vor dem Tod löst sich der Doppelgänger vom Leib des Sterbenden. Der Doppelgänger, soweit er nicht von Bewußtheit durchdrungen und damit Gewissen geworden ist, kann nicht in die geistige Welt eintreten. Schon bei alten Menschen kann man manchmal erleben, wie der Doppelgänger sich zunehmend verselbständigt. Etwas Häßliches, Boshaftes gar, Erstarrtes ergreift dann immer mehr Besitz von Denken, Fühlen und Verhalten des betreffenden Menschen. Möglicherweise ist das besonders dann der Fall, wenn der Betroffene sich nie mit seinen Schattenseiten auseinandergesetzt hat. Man meint, hier eine Art letztes Aufbäumen des Doppelgängers vor sich zu haben. Und erst ganz kurz vor dem Eintritt des Todes, wenn der Betroffene es weiß und annimmt, daß er stirbt, erleben wir an dem Sterbenden ganz Ruhevolles, Friedevolles. Jetzt ist er wie erlöst von seinem Doppelgänger.

Und doch ist zu vermuten, daß auch der Sterbende ihn nicht eigentlich los wird. Denn schließlich dürften die Ziele und Aufgaben, die sich eine Individualität für ihren weiteren Erdengang stellt, gerade aus den Versäumnissen und Unvollständigkeiten des gehabten Erdengangs hervorgehen.

8. Über das Wirken geistiger Wesen in der Biographie

Bei solch einem Thema ist es unumgänglich, daß man hier als Normal-Sterblicher auf entsprechende Ausführungen weiterblickender Menschen zurückgreift. Rudolf Steiner hat sich vielfältig über Engel geäußert,[14] Hans-Werner Schroeder hat eine Zusammenfassung der christlichen Engellehre vorgelegt,[15] und eindrucksvoll ist der Einblick, den das Buch „Antwort der Engel" vom Wollen dieser Geistkräfte gibt.[16] Einen ganz anders akzentuierten Blick in die Engelwelt erlaubt die strenge und systematische Schrift des Dionysius Areopagita „Die Hierarchien der Engel und der Kirche".[17] Manfred Schmidt-Brabant gibt in „Das Wirken von Geistwesen in der Biographie" einen Überblick über das Wirken der Engel im Lebenslauf.[18] Über weitere geistige Wesen, die Elementarwesen, bekommt man einen systematischen Überblick anhand der Schrift von Hagemann.[19] Diese Arbeiten müssen hier nicht referiert werden. Vielmehr ziehe ich aus ihnen heran, was mir für das Verständnis moderner Lebensläufe notwendig und für die Führung eines heutigen Lebens handhabbar erscheint.

Zunächst ist die Aufmerksamkeit auf den Engel in seiner Doppelfunktion zu lenken. Der persönliche Engel - jeder Mensch hat einen persönlichen Engel, der ihn durch alle Inkarnationen begleitet - geleitet das Höhere Ich durch den Lebensgang - und zwar nur dieses. Das Alltags-Ich, die erdgebundene Seite unserer Wesensglieder, sowie den physischen Leib „sieht" der Engel, so kann man annehmen, nicht. Er hat das Höhere Ich, seine Ziele und Impulse, unter die es sich stellt, im Blick.

Mit diesem Blick auf das Höhere Ich führt der Engel in den Kindheitsjahren den Menschen zunächst schützend durch die Ereignisse. Zunehmend tritt er jedoch aus der Führung des äußeren Lebens zurück, versucht dann beim jungen Menschen Ideale zu wecken, denen dieser nachstreben kann, und sieht schließlich beim erwachsenen Menschen seine Wirkungsmöglichkeit darin,

Situationen herbeizuführen, in denen der betreffende Mensch Gelegenheit findet, sich seinem eigentlichen Wesenskern zu nähern. Das sind insbesondere krisenhafte Situationen und Situationen der liebenden Begegnung.

Der Erwachsene ist dem Engel gegenüber aber frei insofern, als er nun die in solchen Situationen liegenden Möglichkeiten, Anschluß an den eigenen Ich-Kern zu finden, aufgreifen kann oder nicht. Was wir mit solchen, vom Engel im Dienste unseres Höheren Ich geschaffenen Konstellationen machen, das ist uns ganz frei überlassen. Im allgemeinen neigen wir dazu, solche Gelegenheiten in dem Sinne zu verschlafen, daß wir, statt mit klarem Bewußtsein, mit Gefühlen reagieren, d.h. wir handeln zumeist nach Sympathie und Antipathie, nach Lust und Unlust. Das sind mit Sicherheit nicht die Kategorien des Engels. Indem wir damit mit der erd- und vergangenheitsgebundenen Seite unseres Wesens reagieren, werden die Möglichkeiten des Engels, auf unser Leben einzuwirken, zunehmend eingeschränkt; besonders dann, wenn wir aus Gewohnheiten handeln, sind wir dem Engel eher fern - so muß man annehmen.

Man kann diesen Sachverhalt auch noch anders betrachten und, in der Sprache der anthroposophischen Menschenkunde, folgendes Bild skizzieren: Unsere Biographie als Zeitgestalt bildet auf der Ätherebene eine Art Ätherleib, einen Korpus aus Gewohnheiten des Fühlens, Denkens und Handelns, der das unterste Wesensglied unseres Engels, die ihm äußerst mögliche Verdichtungsform ist. Im Laufe des Lebens wird dieser Äther- oder Gewohnheitsleib zunehmend fester, differenzierter in sich selbst, immer festgelegter. Insofern mag den Engel dieser Gewohnheitsleib, als den wir unsere Biographie auch betrachten können, auch schmerzen. Wie uns unser physischer Leib ab der Lebensmitte zunehmend schmerzen und damit einengen kann, so mögen wir uns vorstellen, wie unsere Gewohnheiten, unser Alltags-Ich, unsere Gefühls- und Reaktionsmuster für den Engel vergleichbar dem sind, was uns Bandscheibenschmerzen, Arthrose etc. sind. Verhärtungen und Abnutzungen unseres physischen Leibes schränken unsere

Beweglichkeit ein. So wird die Beweglichkeit des Engels im Geleiten unseres Höheren Ich zunehmend eingeschränkt.

Das ist nicht weiter zu beklagen. Denn die andere Seite davon ist die Tatsache, daß wir durch diese Engelferne der Möglichkeit nach immer freier und eigenverantwortlicher werden können. Das Ziel unseres Erdendaseins ist es ja nicht, möglichst nur das zu tun, was der Engel für richtig hält, sondern freie und unserer selbst bewußte Individuen zu werden. Es gibt irdische Gesichtspunkte, die der Engel gar nicht kennt, die wir aber, um frei handeln zu können, mit einbeziehen müssen. Es gibt Seiten unseres Wesens, die der Engel vermutlich gar nicht unmittelbar wahrnehmen kann. Alles, was mit Selbstbezogenheit und mit materialistischer Gesinnung zu tun hat, kann er wohl nicht sehen. Er sieht nur den geistigen - Rudolf Steiner sagt: den „frommen" - Gehalt dessen, was wir tun, denken und fühlen. Hieraus ergibt sich aber auch eine Möglichkeit, sich willentlich zum Engel in Beziehung zu setzen. Die Frage: „Was will mein Engel von mir?" ist ziemlich müßig. Sie ist direkt für den Normalsterblichen auch gar nicht beantwortbar, und wenn überhaupt, so kann man sich fruchtbar mit ihr zumeist nur im nachhinein beschäftigen.

Um tatsächlichen Anschluß an den Engel zu bekommen, empfiehlt es sich eher, die Frage umzudrehen und darauf zu blicken, was mein Leben überhaupt und mein Handeln speziell in einer konkreten Situation für den Engel bedeuten mag. Was bedeutet ihm meine Lebensführung, mein Ringen oder auch Nicht-Ringen, mein Ausweichen? Man kann so zu einer meditativen Übung kommen, indem man mit gewisser Regelmäßigkeit, vielleicht abends, am Abschluß eines Tages, in aller Ruhe zu fragen versucht: Wie wirkt das nach oben, wie ich mein Leben führe? Wo ich mich aufraffe, mag so etwas wie Helligkeit nach oben entstehen, und dort, wo ich aus- und zurückweiche, mag sich so etwas wie Verdunkelung nach oben bilden, ein Mißton. Wähle ich hingegen den schwierigeren, bewußteren Weg, ertönt vielleicht ein Wohlklang.

So kann eine Art Fürsorge für den Engel wachsen. Auch ein Aspekt meiner Biographie! Natürlich ist der Engel nicht auf meine

Biographie angewiesen oder ist gar von ihr abhängig, aber man kann annehmen, daß es auf ihn Auswirkungen hat, wie ich lebe. In dem Maße also, wie der Mensch sich zu sich selbst aufrafft, kommt er in eine größere Nähe zu den Wirkensmöglichkeiten des Engels. Vom Engel aus betrachtet mag so ein Leben wirken wie ein Kunstwerk auf uns Menschen. Vielleicht kann man sagen, um es noch zu steigern: Dem Engel ist es ein Bedürfnis, daß mein Leben ein Kunstwerk wird, etwas in sich Zusammenstimmendes, etwas, das in sich Harmonie trägt. Freilich wird zu bedenken sein, daß für den Engel Harmonie vermutlich etwas anderes ist als für uns Irdische. Vielleicht ist für den Engel Harmonie so etwas wie das innere Zusammenstimmen der einzelnen Töne - während wir Irdische ja mehr auf die Schönheit des einzelnen Tones oder Klanges achten, was das Empfinden unserer Lebenswirklichkeit betrifft.

Nehmen wir solche Überlegungen nicht moralisch, sondern ganz konkret: Nehmen wir an, Herr D begegnet einer Frau und verliebt sich. Er verliebt sich vielleicht so, daß er es dieser Begegnung wegen für denkbar hält, sich von seiner Ehefrau zu trennen, um sich mit diesem Menschen partnerschaftlich oder gar ehelich zu verbinden. Es würde nun wahrscheinlich nicht sehr weit führen, wenn Herr D nun fragen würde: „Was will mein Engel, indem er mich in diese Begegnung führt?" Solches Fragen könnte besonders dann geradezu in die Irre führen, in die Selbsttäuschung, wenn - wie zu erwarten - selbstbezogene Aspekte mitschwingen, die etwa so zu formulieren wären: Kann ich Anhaltspunkte dafür finden, daß mein Engel möchte, daß ich mich scheiden lasse, um mit diesem Menschen zusammenzuleben? Darf ich? - Und es kann dann die Hoffnung im Hintergrund stehen, daß man sich ja nicht schuldig machen würde mit einer Trennung, wenn der Engel sie will. Man möchte also, indem man fragt: „Was will jetzt der Engel von mir?" gerne Verantwortung abgeben. Und das ist es ganz bestimmt nicht, was der Engel will.

Mehr Sinn macht es deshalb umgekehrt: Was mag es für meinen Engel bedeuten, wenn ich mich in dieser Begegnung nun so und so verhalte, wenn ich jetzt in dieser Situation mit meiner Ehefrau so und so umgehe - offen oder verheimlichend etc. Wenn Herr D sich auf so eine Frage systematisch einläßt - systematisch heißt jeden Abend zehn Minuten -, so bekommt er mit der Zeit ein Gespür dafür, an welcher Stelle seine Lebensführung für den Engel dunkel wird und an welcher Stelle hell. Und jetzt erst ist Herr D in der freien Situation, etwas zu entscheiden.

Im allgemeinen wird man das Bedürfnis haben, so zu handeln, daß es hell für den Engel wird. Man kann sich aber auch so entscheiden, daß es dunkel wird für ihn. Mit dieser Entscheidung ist man frei und alleine. Der Engel wird uns solche Entscheidungen nicht abnehmen. Indem wir frei zu entscheiden versuchen, handeln wir ichhaft. *Und das ist es, was der Engel wollte.* In welchen Taten sich das manifestiert, ist geradezu zweitrangig. Eine Trennungsentscheidung kann ebenso ichhaft sein, wie eine Entscheidung zum Verbleib in der Ehe unter Umständen wenig Ich-Kraft enthalten kann. Von außen kann man das nicht beurteilen.

Beratend kann man diesem Sachverhalt noch eine andere Form geben. Menschen wie Herr D leiden in solchen Situationen häufig daran, daß sie keinen klaren Willen in die eine oder andere Richtung empfinden. Man kann ihnen deshalb empfehlen, die Willensfrage - will ich bei meiner Ehefrau bleiben, oder will ich mich mit der neuen Freundin verbinden? - zunächst zur Seite zu stellen und stattdessen systematisch abzuspüren - das kann auch durch künstlerisches Gestalten geschehen -: Welche der beiden sich anbietenden Lebenssituationen hat intimer mit mir zu tun? Welche fordert mich mehr heraus, fordert mehr von mir, berührt und fordert mich mehr in meinem *ganzen* Wesen?

Es könnte z.B. sein, daß Herr D nach wochenlanger Beschäftigung mit dieser Frage zu dem Bild kommt, mit dem jetzt gerade geliebten Menschen würde eine gewisse Einseitigkeit entstehen, weil man sich vielleicht in vielen Wesenszügen entspricht. - Es kann sich aber auch so ergeben, daß Herr D erkennt, eine Lebenssituation mit dem neu geliebten Menschen würde Herausforderungen und Verantwortungen mit sich bringen, von denen er empfindet, daß sie ihm zutiefst entsprechen. Bei ruhig und langsam beginnenden Begegnungen kann so etwas naheliegen. Solche Fragen können beratend bewegt werden. Entscheiden aber muß Herr D schließlich selbst.

Eingangs war bereits von der Doppelfunktion des Engels die Rede. Der Engel, der in der Engelhierarchie an unterster Stelle steht, hat auch eine Aufgabe „nach oben", d.h. den über ihm stehenden Engelwesen gegenüber. Der Engel steht nicht nur im Dienste unseres Ich, er steht auch im Dienste übergeordneter, menschheitlicher Impulse und Ziele der geistigen Welt. Er empfängt diese Impulse von oben und gibt sie, indem er das einzelne Ich leitet, an den Menschen zum Tenor der Gestaltung seiner Biographie weiter. Es stehen aber nicht alle Menschen in der gleichen Weise unter den Impulsen der geistigen Welt. Vielmehr scheint eine Art Wechselwirkung zu walten. Der Engel nimmt den geistigen Extrakt dessen wahr, was wir fühlen, denken und tun. Diesen gibt er an die über ihm stehenden Hierarchien weiter, und je nach dessen Qualität antworten die Hierarchien mit Impulsen, die ein bestimmter Mensch aufnehmen soll. Insbesondere nachtodlich wird auf diese Weise wohl festgelegt, in welchem Volk, in welcher Zeitsituation und unter welchen geographischen Bedingungen sich ein Ich wieder inkarnieren und seine nächste Biographie ergreifen kann.

Nun wirken auf unser Leben nicht nur Engel und, durch sie vermittelt, Erzengel und Archai ein, sondern auch noch andere Arten geistiger Wesen, Kräfte des Bösen, von denen im nächsten Kapitel gesprochen werden soll (siehe S. 82 ff), und weiterhin Wesen, die nur einen Ätherleib haben, aber versuchen, sich von Seelischem, von Astralischem also, zu ernähren, das nicht ichdurchdrungen ist. Wir berühren hier wiederum das Thema des Doppelgängers (siehe Kapitel 7, S. 68 ff). Im einzelnen sind es Elementarwesen, die begierig alles aufgreifen, was - positive oder negative - Erregung des Gefühls ist. Sie verstehen nicht, worum es sich handelt, heften sich aber an die damit freiwerdende seelische Energie und arbeiten sie in eine Strebensrichtung unseres Ätherleibes um, in Gewohnheiten zu denken und zu handeln. Von daher rührt offenbar das Eskalierende, das Sich-Festfahrende unserer Seelenregungen, aber auch unseres sozialen Umgangs.

Nehmen wir an, Herr E rege sich immer wieder über den gleichen Menschen auf, und nehmen wir an, er nähme das nicht zum Anstoß, über sich zu reflektieren und mit Ich-Kraft zu versehen. Dann entgleitet ihm das, und die Elementarwesen stürzen sich darauf wie Raben auf herumliegende Körner oder fallengelassene Brotkrumen. Begierig nehmen sie das auf und sind insofern an Herrn E geheftet. Sie werden ihn veranlassen, sich auch im Denken und gewohnheitsmäßigen Handeln immer antipathischer gegenüber den Mitmenschen zu verhalten. Sie ziehen ihn damit ab von dem, was in dieser Begegnung als Entwicklungsmöglichkeit liegen mag. Sie verhärten, sie vereinseitigen und karikieren das Verhältnis und schmieden damit an Herrn E.s Schicksal mit.

In diesem Beispiel könnte es sein, daß Herr E seine Antipathie verallgemeinert, z.B. auf alle Menschen, die so eine Nase haben wie der, über den er sich ständig aufregt, und dadurch viele Begegnungsmöglichkeiten von vornherein zerstört. Und wenn Herr E dann noch andere Menschen davon überzeugen kann, daß alle Leute mit so einer Nase Idioten sind, dann geht die Wirkung ins Soziale. Rudolf Steiner spricht in diesem Zusammenhang von „Geistern der Vorurteile", die dann zu „epidemischer Ablehnung" bestimmter Menschengruppen führen. Erkennbar wird die verhärtende und eskalierende Wirkung solcher Elementarwesen.

Unsere Gefühle können also ein substantielles Eigenleben entfalten, das, auf uns zurückwirkend, unsere Biographie beeinflußt. Es gibt so etwas wie Karma innerhalb *eines* Lebens. Unsere Taten, insbesondere unsere inneren Taten können sich noch in diesem Erdenleben auf uns auswirken. Hierbei können wir, wie in diesem Beispiel - ein weiteres läßt sich bei Hagemann unter dem Stichwort „Phantome" finden[20] -, von einer Mitwirkung der Elementarwesen ausgehen, während die Wirkung unserer Taten von einem Erdenleben zum nächsten über den Engel vermittelt zu sein scheint. Ein merkwürdiges Bild: Auf beiden Ebenen bringen uns die geistigen Wesen etwas von uns zurück.

9. Versuch über das Böse in der Biographie

Wann eigentlich ist eine Tat, ein Vorgang, ein Sachverhalt „böse"? Spontan denkt man, es ist böse, wenn z.b. ein Mann seine Frau verprügelt, und ist gut, wenn z.b. ein Erwachsener einem Kind freundlich den Kopf streichelt. Das kann auch so sein. Trotzdem scheint es angebracht, mit solchen Urteilen zurückhaltend zu sein, weil sie im konkreten Einzelfall nicht erkenntnisfördernd sind und deshalb auch nichts hergeben für die Frage, wie mit solchen als „böse" oder „gut" beurteilten Taten oder Situationen eigentlich umzugehen ist. Die moralische Beurteilung ist ein Ende, kein Anfang; sie bringt nichts in Bewegung.

Also was dann? Wenn man sich mit dem konkreten Einzelfall beschäftigt - d.h. dem spezifischen Gesamtzusammenhang solcher scheinbar „böser" oder „guter" Vorgänge -, dann kann man den Eindruck gewinnen, daß das „Gute" einen bösen Zusammenhang und das „Böse" einen guten Zusammenhang haben kann. In den beiden erwähnten Beispielen war es so, daß der Mann, der seine Frau über Wochen immer wieder verprügelte, keinen anderen Ausweg mehr sah als eben diesen, sich von seiner ihn ständig kontrollierenden, durch ständige Leidensmiene festhaltenden und dominierenden Frau zu distanzieren. Es war eine Verzweiflungstat. Die Frau trennte sich nach diesen Übergriffen ihres Mannes von ihm, was dann für die beiden Kinder und für ihn sichtbar eine große Befreiung war. Alle Familienmitglieder, nach einiger Zeit auch die Frau, lebten nach der Trennung auf und entwickelten Fähigkeiten und Wesenszüge, die bis dahin durch den krampfartig engen, nur mit schlechtem Gewissen zusammengehaltenen Familienverband unterdrückt, unerlöst geblieben waren. Das „Böse" - die aggressiven Ausbrüche des Mannes - hatte also eine gute, befreiende Wirkung. - Mit dieser Sichtweise wären also „Böse" und „Gut" vertauscht.

Nun kann man aber auch dabei nicht stehenbleiben, daß man sagt, es war gut, daß da Böses geschah. Die Angelegenheit ging nämlich weiter: Zwei Jahre nach der Trennung wurde der Mann, als er gerade im Rahmen der Besuchsregelung seine Kinder abgeholt hatte, in einen Unfall verwickelt, und eines der Kinder wurde schwer verletzt und blieb zeitlebens behindert. - Jetzt hatte das gute Böse also doch wieder eine böse Folge. Und welche - gute oder böse - Bedeutung mag nun wieder die Körperbehinderung des Kindes haben - für das Kind selbst, für seine Eltern, die Umgebung, ja für seine zukünftigen Schicksale? So kann man das also ad infinitum weitertreiben, und die Beurteilungskriterien für Böse und Gut lösen sich auf, je weiter man den Blick faßt.

Sucht man von hier aus, vom Blick auf solche ganz alltäglichen Vorgänge, einen Verständnishorizont, so kann es sinnvoll sein, die ersten Kapitel der Vortragsreihe „Die Evolution vom Gesichtspunkte des Wahrhaftigen" von Rudolf Steiner durchzugehen.[21] Er spricht dort über den allerersten Ursprung des Bösen in der geistigen Welt und macht deutlich, daß die Entstehung des Bösen für die weitere Entwicklung gut, richtig ist und daß das Nur-Gute böse im Sinne von entwicklungshinderlich sein könnte. Das ist jedenfalls die Schlußfolgerung, die man daraus ziehen kann.

Und um das zweite Beispiel aufzugreifen: Ist es gut, daß ein freundlicher mittelalterlicher Mann einem neunjährigen Jungen, der etwas verloren auf der Straße steht, den Kopf streichelt, wenn man weiß, daß mit dieser so schönen Geste eine monatelange Geschichte sexuellen Mißbrauchs beginnt? - Und welche Folgen hatte das für den mißbrauchten Jungen? Nur pathologische - oder sind dadurch vielleicht auch positive Dinge entstanden?

Also was ist das Wesen des Bösen im menschlichen Leben? In der Anthroposophie gibt es eine griffige Zweiteilung: Man unterscheidet das Luziferisch-Böse vom Ahrimanisch-Bösen. Man sieht das Luziferische in der Tendenz zur illusionären Übersteigerung, in einer gewissen Verachtung der Beschränktheit, Banalität und Festgelegtheit des alltäglichen Lebens. Aber: die Sehnsucht nach dem Geistigen, die Sehnsucht, das Alltäglich-Irdische in Werken der Kunst zu erlösen, ist eben auch luziferisch. Kunst und das Streben nach dem Geist würde es nicht geben, wenn es nicht luziferische Tendenzen gäbe. - Und das Ahrimanische ist in der Tendenz zu sehen, am Irdisch-Materiellen zu haften, sich in sich selbst zu verhärten, sich in der äußeren Seite seines Ich - Besitz, sozialer Stand etc. - zu verkrampfen. Ahrimanisch ist die Angst, das Enge, Endgültige. Aber ohne das ahrimanische Element gäbe es keine Technik, gäbe es kein einziges festes Haus, gäbe es keine Verbindlichkeit, keine Tradition und kein Ernst-Nehmen des Alltags.

Also man hat nicht den Eindruck, sehr weit zu kommen, wenn man das, was in der begleitenden Beratung von ratsuchenden Menschen zu erfahren ist, einfach in luziferische und ahrimanische Tendenzen einteilt. Denn was soll man damit machen? Möglicherweise kommt man etwas weiter, sowohl in der Frage nach dem Wesen des Bösen im menschlichen Leben wie auch in der Frage, wie man sich eigentlich dazu stellen soll, wenn man zum Ausgangspunkt eine Episode aus dem Neuen Testament heranzieht: die Heilung des Mannes von Gerasa: „Und sie kamen an das andere Ufer des Sees, in das Gebiet der Gerasener. Und als er aus dem Schiffe stieg, kam ihm auf einmal aus den Gräbern heraus ein Mensch entgegen mit einem unreinen Geist. Er hatte seine Behausung in den Gräbern, und keiner hatte ihn mehr zu fesseln vermocht, nicht einmal mit Ketten. Schon oft war er mit Fesseln und Ketten gebunden worden, aber er hatte stets die Ketten zerrissen und die Fesseln durchgerieben; keiner hatte die Kraft, ihn zu bändigen. Er trieb sich immer bei Nacht wie bei Tage in den Gräbern und auf den Bergen umher, schreiend und sich selbst mit Steinen schlagend. Als er Jesus von weitem sah, kam er gelaufen und warf sich vor ihm nieder und schrie mit lauter Stimme: Was ist zwischen mir und dir, Jesus, du Sohn des höchsten Gottes? Ich beschwöre dich bei Gott, quäle mich nicht! Jesus hatte nämlich zu ihm gesprochen: Du unreiner Geist, verlasse diesen Menschen! Und er fragte ihn: Wie heißt du? Und er antwortete: Mein Name ist Legion, denn wir sind viele. Und die Geister baten ihn inständig, er möge sie nicht aus dem Lande vertreiben. Es weidete dort am Hange des Berges eine große Herde von Schweinen, und sie baten ihn: Laß uns in die Schweine fahren. Und er ließ es zu. Und die unreinen Geister fuhren aus und fuhren in die Schweine, und die Herde stürzte sich den Abhang hinab in das Meer. Es waren an zweitausend Tiere, die im Meere ertranken." (Markus 5,1-13, übers. von Emil Bock) Da ist also einer vom Bösen besessen, und Christus heilt ihn. Wie macht er das? Er fragt den Dämon nach seinem Namen. Darauf sagt der Dämon: Mein Name ist Legion. - Was soll das heißen? Es ist eben gar kein Name. „Legion" kann gar nicht eine Individualität bezeichnen, also ein in sich geformtes Wesen. „Legion" ist vielmehr das Gegenteil eines Namens: Es ist ein Zahlwort, ein unbestimmtes Zahlwort. - Und dann fährt der Dämon in zweitausend Schweine, so heißt es da. Also der Dämon bestand aus zweitausend Teilen.

Noch einmal: Der Dämon wird nach seinem Namen gefragt, seinem Wesen, und er antwortet: Mein Wesen besteht aus zweitausend Teilen. Ich habe mein Wesen darin, in Tausende von Teilen zu zerfallen, zu zerstieben. Ich bin das Element der Auflösung, des Zerstiebens, der *Auflösung eines Zusammenhangs in seine Teile*. Ich wirke auflösend, desorganisierend, und löse mich in Tausende von Teilen auf, wenn ich erkannt bin. (Hat nicht Rumpelstilzchen ähnlich reagiert?) Solange ich nicht erkannt bin, suche ich einen Zusammenhang, einen Zusammenhalt für meine Tausendteiligkeit, eine Form, indem ich mich in etwas Geformtes einschleiche. Dann reiße ich die Verfügung über die Form an mich, löse sie ab von ihrem natürlichen Zusammenhang, und dadurch wird die Form - hier der Mensch, den ich besetzt habe - selbst destruktiv: Der Besessene schlägt sich selbst mit Steinen und wird gefährlich für seine Umgebung. Ich kann mir selbst keine Form geben. Stattdessen niste ich mich in ein Vakuum, eine Hohlform ein, bekleide mich mit der Individualität eines Menschen. Werde ich aber von einem Ich erkannt, so zerstiebe ich.

Das Böse hat also etwas zu tun mit Auflösung, mit der Zerstörung individueller (intrapsychischer) und zwischenmenschlicher Zusammenhänge. Das Böse löst Teile aus einem Ganzen und führt zur Vereinseitigung. Der Ur-Zusammenhang, den das

Böse auflösen will, ist der Zusammenhang des Menschen mit seiner geistigen Herkunft. Das ist die Ur-Sünde, die Ur-Sonderung, die Ur-Auflösung, wenn wir dabei auf den Menschen blicken. Von da aus nimmt dieser Auflösungsimpuls des Bösen verschiedene Formen an. Es will uns z.B. von unseren Mitmenschen sondern. Es will, daß wir uns in uns selbst abschließen - wir werden selbstbezogen, egoistisch. Das Luziferische und das Ahrimanische sind insofern „böse", als sie - auf zwei verschiedenen Wegen - uns vereinseitigend in die Absonderung drängen. Das luziferische und das ahrimanische Element haben insofern eine böse Funktion, die Tendenz, auch sich selbst, ihr Wirken aus dem möglichen - und zwar konstruktiven - Gesamtzusammenhang zu lösen und ihren rechtmäßigen Wirkungskreis zu überschreiten. So bindet uns das Ahrimanische einseitig an das Sinnlich-Materielle und bewirkt, daß wir uns insofern auflösen, als wir uns an eine *Vielzahl*, eben an eine Legion von äußeren Dingen binden und uns selbst als *Summe* dessen definieren, was wir besitzen, was wir können etc. Also wir definieren uns insofern als Zahlwort anstelle eines in sich geformten individuellen - und das heißt eben: unteilbaren - Gesamtzusammenhangs. Das Ich, das sich als Summe seines materiellen und sozialen Besitzes, seiner Fähigkeiten und Eigenschaften definiert, ist das Gegenteil eines Individuums, das Gegenteil eines geistigen Wesenskerns des Menschen.

Auf anderem Wege führt das Luziferische dazu, uns als Zahlwort anstelle einer in sich geformten Individualität zu definieren. Es löst unser Fühlen und Denken vom konkret Vorhandenen ab und übersteigert den Blick auf unsere Möglichkeiten. Wir haben dann das erhebende Gefühl, wir *könnten* dies oder jenes sein oder tun: Ich wäre ja ein prima Arzt, wenn nur meine Patienten nicht so stur wären. Ich könnte ja nach Florida gehen und dort ein spirituelles Therapiezentrum aufmachen, wenn ich nur Geld hätte. Ich hätte tausend, zweitausend Möglichkeiten. - Sieht man da nicht die zweitausend Schweine rennen? In der luziferischen Tendenz berauschen wir uns daran, zweitausend - mindestens - Möglichkeiten zu haben. Wir fassen uns also als eine Zahl auf, eine sehr große Zahl - mit ganz vielen Nullen. - So macht uns das Luziferische innerlich zur „Legion", das Ahrimanische dagegen äußerlich.

Das Böse hat also offenbar sein Wesen darin, sich und den Menschen, den es ergreift, aus einem Zusammenhang zu lösen und in die Aufspaltung zu führen. Es wird damit ein erster Blick darauf frei, was ein Sinn des Bösen sein kann: Daß wir in diesem aufspaltenden, absondernden Zug, den wir alle an uns und zwischen uns erleben, die Herausforderung sehen, uns zu einer Ganzheit, einer bewußtseinsgestifteten Ganzheit zu entwickeln. Es geht nicht darum, eine Ganzheit zu sein, sondern eine Ganzheit zu *werden*. Und um dazu einen Anstoß zu haben, brauchen wir offenbar diese auflösenden Tendenzen. So kann Rudolf Steiner sagen: „Es gibt kein absolut Böses. Alles Böse entsteht dadurch, daß etwas, was in irgendeiner Weise gut ist, in einer anderen Weise in der Welt verwendet wird."[22] Wenn ein Gutes, Richtiges aus seinem Zusammenhang, in den es gehört, herausgelöst wird, so wird es böse. *In diesen ursprünglichen Zusammenhang*, der in paradiesischen Zeiten einmal von sich aus bestand, *ist das Böse zurückzuführen*. Dann ist es geheilt. Dann sind wir geheilt.

Fast jedes Märchen spricht davon. Erst durch den Auftritt des Bösen erhält das Märchen seine Entwicklungsdynamik. Ohne das Böse bliebe alles beim alten.

Das heißt nun aber nicht, das Böse also geschehen zu lassen oder sogar gezielt zu tun. Das Böse wird erst dann erlöst, d.h. in einen konstruktiven Zusammenhang geführt, wenn ich mich ihm ich-haft - und eben nicht passiv geschehen lassend - gegenüberstelle. Das Böse nistet sich eben da ein, wo wir nicht ichhaft sind, wo wir innerlich nicht präsent, nicht geistesgegenwärtig sind - wo wir es nicht nach seinem Namen fragen. Das Böse kann sich nur da einnisten, wo eine Art Bewußtseins-Dämmerung herrscht. Die Geistesgegenwart, das Ichhafte besteht ja darin, daß ich im gegebenen Augenblick den Zusammenhang überblicke, der mir jetzt mit meiner Lebenssituation vorliegt. Das Höhere Ich hat sein Wesen darin, Bezugspunkt - nicht Mittelpunkt - des jeweils konkret gegebenen Zusammenhangs zu sein. Das Höhere Ich, der geistige

Wesenskern ist das Anti-Böse, es bleibt bei sich und überblickt, in welcher Situation es steht. Wenn ich einen Zusammenhang erkenne oder intuitiv überblicke und so handle, daß Zusammenhang entsteht, heile ich das Böse, dessen Wesen offenbar gerade im Auflösen von Zusammenhängen besteht.

Das Böse einfach nur vermeiden, nichts damit zu tun haben zu wollen, führt zu einer Bewußtseinsdämpfung gegenüber seinen auflösenden, vereinseitigenden Umtrieben. Und gerade deshalb kann es sich einnisten. Das Böse hat eine um so stärkere Macht, je mehr man ihm aus dem Weg gehen will. So etwa eine Ratsuchende, verheiratet, zwei Kinder, die sich verliebt. Nach allgemeinen Moralprinzipien wäre es nun gut, wenn sie dem Bösen - also hier: dem Schuldig-Werden - aus dem Weg ginge, verzichten und sich die Verliebtheit versagen würde. Tatsächlich hat sie verzichtet. All das, was die Verliebtheit in ihr berührte und aufrührte und sie in der Ehe nicht leben konnte, versagte sie sich. Wie gut, könnte man sagen. Nun aber wird ihre Ehe zur Hölle. Es wird ihr immer deutlicher, wie wenig von dem, was in ihr lebt, in der Ehe zum Tragen kommen kann. Sie fühlt sich zunehmend beengt, es kommt zur Trennung, zur Auflösung der Ehe. - Was ist hier gut und was böse? Wollte diese zusätzliche Begegnung sie nicht vollständiger werden lassen?

Kann es sein, daß die Aufgabe dieser Frau weder in einem Verzicht auf die neue Begegnung noch in einer sofortigen Trennung vom Ehemann gelegen hätte, sondern darin, den *Zusammenhang* zu finden und zu leben, der zwischen allem und zwischen allen Beteiligten liegt? Daß die Aufgabe in einer solchen Situation darin liegt, eine Form für die neue Begegnung zu finden und eine neue Form für die Ehe, in der beides vereinbar ist? Eine solche Aufgabe kann man nur individuell und in möglichst offenem Austausch mit allen Beteiligten angehen. Da helfen keine moralischen oder traditionellen Gesichtspunkte, eben weil sie nicht individuell sind. - Auch die Moral kann böse werden, wenn sie nämlich in einen Zusammenhang gebracht wird, in den sie nicht gehört. Es gibt keine Rezepte für solche Situationen, aber wir erleben, daß man individuell darum ringen kann, neue Formen des Zusammenhangs zu finden. Das geht natürlich nur in Offenheit und im Austausch aller Beteiligten, die *einen Zusammenhang untereinander herstellen.* Tut man es heimlich, dann vermeidet man den Zusammenhang, und dann ist es böse, eben deswegen.

Rudolf Steiner weist darauf hin, Aufgabe des Menschen im Bewußtseinsseelenzeitalter sei die Auseinandersetzung mit dem Bösen. Ein gewichtiges, ein riskantes Wort. Er hat nicht gesagt, Aufgabe des modernen Menschen sei die Vermeidung des Bösen. Also lautet die Aussage: Wo es denn auftaucht, da gilt es, wach und ichhaft sinnstiftend zu handeln. Ichhaft heißt, daß man die auflösenden Tendenzen erkennt und die Dinge in einen *neuen* Zusammenhang überführt. Das Böse vermeiden zu wollen, hieße nur, den alten Zusammenhang krampfhaft aufrechtzuerhalten.

Hat das Böse den alten Zusammenhang schon angenagt, dann *ist* er eben defekt. Dann kommt es darauf an, einen neuen Sinn, einen neuen Zusammenhang zu stiften. *Der Teufel kennt das Neue nicht,* weil er keine Phantasie und keine Möglichkeit hat, sich selbst eine Form zu geben. Er kann nur in vorhandene Formen, vorhandene Zusammenhänge sich einzunisten versuchen. Dem ist zu begegnen, indem neue Formen, neue Zusammenhänge, neue Ganzheiten gedacht und geschaffen werden da, wo die alten angenagt sind. Und dieses Neue kann nur aus dem Ich, aus dem Impuls der Aufrichtung, an den das Ich der Möglichkeit nach immer Anschluß hat, kommen. Der Teufel hat kein Ich, sein Name ist Legion. Er wird erlöst, wo wir ihm unser Ich entgegensetzen und das, was er spaltet, in einen neuen Zusammenhang überführen.

Das ist ganz konkret gemeint. Den Lebenslauf mit einem Ratsuchenden durchzugehen, hat sinnstiftenden Charakter. Die Verfehlungen, Irrtümer, Fehlentscheidungen in einen Gesamtzusammenhang zu stellen, ist ein Anfang dieser Arbeit am Bösen. Und wo der Ratsuchende an sich selbst übt, wo er in die Selbsterziehung im Sinne einer bewußten Alltags- und Lebensführung einsteigt, da schafft er handelnd am Sinnzusammenhang seines Lebens. Das ist nie ein für alle Mal zu lösen, sondern nur im Augenblick.

Es gibt ein objektiv, überpersönlich Böses, das ist da und dazu tragen wir manchmal auch noch bei. Und es gibt ein persönlich Böses, dem gegenüber sind wir handlungsfähig, heilungsfähig. Haben wir an jemandem einen destruktiven Impuls ausgelebt, ihn seelisch verletzt, dann hat dieser Vorgang eine objektive Seite. Sie wird, wie Christus das angesichts der Ehebrecherin getan hat, in die Erde eingeschrieben. Aber der Vorgang hat auch eine persönliche Seite: Statt nur aus Schuldgefühlen zu jammern, können wir ein neues Interesse für das Opfer entwickeln, willentlich einen neuen Interessen- und Wärmezusammenhang zum Opfer der Destruktion stiften. Und dann ist an dieser Stelle das persönlich Böse erlöst.

Das Gewissen ist die Stimme unseres Höheren Ich, d.h. die Stimme dessen, der wir sein könnten. Und auch wenn wir zur Wärme dem Menschen gegenüber, den wir verletzt haben, erst durch unsere destruktive Tat in der Lage sind, so sind wir doch dem etwas näher gekommen, der wir sein könnten. Dann kann sichtbar werden, daß die Menschen, denen gegenüber wir uns destruktiv verhalten haben, uns tatsächlich in einem tieferen Sinn ein Opfer brachten: Sie haben sich zum Gegenstand unserer destruktiven, spaltenden Impulse gemacht, damit wir eine neue Stufe zur Ganzheit unserer selbst - und in der Beziehung zu diesem Menschen - erreichen.

Aber das hängt ganz von uns ab, ob das *so* kommt. Es kann, nach einer destruktiven Tat, sich das Böse natürlich auch verselbständigen - wenn ich mich eben nicht ichhaft verhalte, sondern z.B. nachträglich meine destruktiven Impulse rechtfertige, indem ich mir sage, der Betreffende habe es ja nicht anders verdient. Das ist dann eine antipathische, den Zusammenhang, den ich mit ihm habe, vollends auflösende Seelengeste, und dann erst bin ich wirklich ein Opfer des Bösen geworden.

Darin, daß wir uns ständig rechtfertigen für den Mist, den wir jeweils gemacht haben, liegt die moderne Form der Besessenheit; nicht darin, daß wir den Mist tun. Daß wir nicht ichhaft damit umgehen, daß wir Mist gemacht haben, sondern uns innerlich absondern von unserem Höheren Ich durch solche Selbstrechtfertigungen, darin badet sich heute der Teufel.

Diese Einschätzung ergibt sich aus der Arbeit mit Ratsuchenden: Was sich wirklich destruktiv in den Lebensläufen und Beziehungen auswirkt, sind nicht einzelne Taten - aggressive Ausbrüche, seelische Verletzungen, Betrug, Fehlentscheidungen -, sondern die Illusionen und nachträglichen Selbstrechtfertigungen solcher Taten.

10. Das Stauungsphänomen

Eine 30jährige Frau, Mutter zweier Kinder, hatte den Wunsch, Musiktherapeutin zu werden. Aus verschiedenen Gründen mußte sie das aber immer wieder zurückstellen - einmal war kein Geld da, ein ander Mal wurde sie an einer bestimmten Musiktherapeutenschule nicht angenommen, ein weiteres Mal brach sie sich die Finger der rechten Hand, als dann doch ein Ausbildungsgang beginnen sollte. Schließlich war sie ganz verzweifelt und entschied sich für einen bürgerlichen Beruf. Sie meinte, „das Schicksal" wolle es nicht, daß sie Musiktherapeutin wird.

Aber auf so etwas richtet sich der Wille des „Schicksals" wahrscheinlich nicht. Vielmehr kann man zunächst aus dieser Stauung des Wunsches, Musiktherapeutin zu werden, eine Frage heraushören: Wie ernst ist es dir mit diesem Wunsch, Musiktherapeutin zu werden? Bist du bereit und in der Lage, mit Hindernissen umzugehen, die auf dem Weg dahin liegen? Willst du Musiktherapeutin werden oder Musiktherapeutin sein?

Man könnte also in einer solchen Stauung geradezu das Gegenteil vermuten zur resignierenden Interpretation: „Das Schicksal will nicht, daß ich Musiktherapeutin werde." Möglicherweise will das Schicksal, das ja auch hier nur das eigene Höhere Ich ist, daß die Betreffende sich ernsthaft auf den Weg macht, als Musiktherapeutin wirken zu können. - Im vorliegenden Fall war es so, daß diese Frau nach Jahren durchaus zufriedenstellender Tätigkeit in einem bürgerlichen Beruf erkannte, daß die Arbeit der Musiktherapeutin ein Werden - wie jeder künstlerische und soziale Beruf -, ein ständiges Werden fordert. Und das ist nur an Widerständen möglich. Die Sache selbst will in einer bestimmten Weise ernstgenommen werden. Gerade künstlerische Tätigkeiten und Tätigkeiten, die den Umgang mit geistigen Gesichtspunkten verlangen, vertragen keine selbstbezogenen, selbstgefälligen Motive. Das ergibt sich nicht aus moralischen Gesichtspunkten, sondern daraus, daß die Sphäre des Geistigen sich sofort verschließt, wenn man sich ihr auch nur mit einer Tingierung von Selbstbezogenheit nähert. Das Geistige kann nur objektiv da sein. - Nachdem diese Frau dergleichen lange in sich bewegt und innerlich schon darauf verzichtet hatte, Musiktherapeutin zu werden, ergab sich unerwartet die Möglichkeit, an einer neuen Musiktherapeutenausbildung teilzunehmen. Und nun klappte es auch.

Man kann also den Eindruck haben, daß solche Stauungsphänomene Kraft und Ernsthaftigkeit ausbilden wollen. Wo etwas zunächst gewünscht, aber noch nicht um der Sache selbst willen gewollt wird, wenn die Bereitschaft noch nicht da ist, um das Gewünschte zu ringen, dann kann es zu solchen Stauungen kommen. Und entweder ist man dann frustriert und gibt resigniert auf, oder man verdichtet den Wunsch zu einem Willen, und dazu bedarf es der Anerkennung von Widerständen.

Möchte man den Gesichtspunkt erneuter Erdenleben hinzunehmen, so kann man das Stauungsphänomen noch umfassender sehen: Es kommt durchaus häufig vor, daß Sehnsüchte nach einem bestimmten Beruf, einer bestimmten Lebensweise, einer bestimmten Art von Partnerschaft sich innerhalb des einen Erdenlebens nicht erfüllen. Man könnte angesichts solcher Erfahrungen zu der Auffassung kommen, daß sich so Kräfte und Willensstrebungen bilden und verdichten, die dann erst in einem nächsten Leben wirksam werden können, daß sie dann aber eben deswegen wirksam werden können, weil sie sich so lange, nämlich ein ganzes Leben lang, angesammelt haben.

Es ist sehr wichtig, diese Dinge nicht moralisch zu nehmen - d.h. der Betreffende, der eine solche Stauung erlebt, sollte sie nicht moralisch nehmen und der Beratende schon gar nicht. Der moralische Gesichtspunkt führt zu einem kausalen, zweckgerichteten Denken, das die Sphäre des Geistigen nur ganz unbeholfen berühren kann. Und dann wird man auch das Wünschen von dem Wollen unterscheiden müssen. Es geht beim Stauungsphänomen nicht einfach darum, daß ein Wunsch nicht in Erfüllung geht, vielmehr darum, daß das, was objektiv und unabhängig von den all-

10. Das Stauungsphänomen

täglichen, selbstbezogenen Wünschen besteht und wichtig ist, zusammenpassen muß mit den inneren und äußeren Lebensumständen. Dieses Zusammenpassen entsteht nicht schon dadurch, daß es gewünscht wird. Vielmehr ist der Ausgangspunkt die Sache selbst. Was erfordert sie objektiv? Erst nachdem diese Frage bewegt wurde, kann die zweite Frage gestellt werden: Passen die objektiven Anforderungen mit dem, was man, wie man eben ist und noch werden kann, zusammen?

Man kann sich einen Partner wünschen. Eine Partnerschaft kommt aber nicht zustande - so nehmen wir einmal an. Dann ist es nur normal und menschlich verständlich, daß man sich darüber zergrübelt und damit hadert, daß das „Schicksal" *mir* keine Partnerschaft zugesteht. Aber ein weiterführender Gesichtspunkt ist das nicht. Vielmehr ist hier offenbar jemand vor die Frage gestellt, was Partnerschaft überhaupt, objektiv ist? Gerade weil es nicht so selbstverständlich klappt, einen Partner zu finden, ist man vor diese Frage gestellt. - Man kann dann zu Auffassungen kommen, die es einsichtig machen mögen, daß man - zumindest jetzt - nicht in der Verfassung ist, sich in das zu begeben, was Partnerschaft objektiv ist oder erfordert. Vielleicht erkennt man, daß man elementare Freiheiten aufgeben müßte, daß man sich ständig erklären müßte, daß die eigene Autonomie laufend bedroht wäre. Dann vernimmt man in der Tatsache, daß die ersehnte Partnerschaft noch immer nicht zustandegekommen ist, auch einen Willen: Ich will in erster Linie meine Autonomie behalten.

Die Biographieberatung versucht, eine solch subjektive Zuspitzung - „Ich bekomme keinen Partner" - zu objektivieren. Was erfordert Partnerschaft? Was kann man da erwarten? Was wird man hingeben müssen? Welche Bedürfnisse bestehen objektiv? Oft sind es widersprüchliche Bedürfnisse: Ich möchte mich anlehnen können. Und: Ich möchte meine Autonomie behalten. Dem Betroffenen ist dann zu raten, für einen überschaubaren, vorher festzulegenden Zeitraum *bewußt* in dieser Spannung zu leben. Man könnte ihm vorschlagen, für drei Jahre ganz bewußt seine Autonomie zu leben und zu sichern, jeweils aber darauf zu blicken, daß es jetzt ein Verzicht auf das Bedürfnis nach Anlehnung ist. - Nach drei Jahren zieht man Bilanz. Jetzt könnte der Ratsuchende das Gegenteil tun: bewußt Situationen des Anlehnens aufsuchen und zulassen und jeweils darauf blicken, daß er jetzt seine Autonomie zurückstellt. Im Normalfall wird es sich so entwickeln, daß schon innerhalb der ersten drei Jahre der Betreffende auf seine Autonomie teilweise verzichten kann, eben weil er sie bewußt lebt und damit ernstnimmt. Und dann ist er wirklich offen für eine Partnerschaft.

Das ist ein Beispiel aus der Beratungspraxis, wie man aktiv mit dem Stauungsphänomen umgehen kann. Die Hindernisse, die zur Stauung führen, wollen ernstgenommen sein. Man geht auf sie zu, handhabt sie bewußt und willentlich, statt sie einfach nur zu beklagen und weghaben zu wollen. Damit soll aber nicht der Eindruck erweckt werden, als funktioniere das immer so. Das wichtigste scheint zu sein, daß man aus dem Klagen herauskommt und stattdessen Fragen stellt - Fragen, die das Wesen der ersehnten Sache selbst betreffen, statt sich von dem quälenden „Warum bloß" lähmen zu lassen.

Eine Biographie ist wie ein Kunstwerk aufzufassen. Da ist ein Urbild, ein Geistiges, das im Irdischen real und wirksam werden möchte. Im Kunstwerk stellt es sich als Gemälde, als Musikstück, als Skulptur, als Literatur dar, im menschlichen Leben als Komposition des inneren Zusammenhangs der biographischen Vorgänge. Da das Irdische aber prinzipiell anderer Natur ist als das Geistige, gibt es eine Schwelle, eine Art Bruch beim Eintritt des Geistigen ins Irdische. Dies führt dazu, daß das Geistige nie vollständig irdisch werden kann. Es bleibt immer etwas zurück in der geistigen Sphäre. Am biographischen Phänomen der Polarisierung ist dieser Sachverhalt gut ablesbar. Etwas Urbildliches - hier das Höhere Ich mit seinen Zielen und Aufgaben - kann sich in eine polare Zweiheit aufspalten, wenn es das Irdische berührt. Der geistige Impuls ist in der Geistessphäre immer eine Einheit, eine Ganzheit, immer etwas in sich Vollständiges. In der Berührung mit dem Irdischen aber wird er zur polaren Einseitigkeit, die ihren Gegenpol sucht. Das Urbildliche spaltet sich in eine Doppelheit, deren einer Pol da ist, der andere noch nicht.

Der Mensch lebt in seinem Lebensgang zunächst einseitig den einen Pol. Im allgemeinen erkennt er erst im Laufe des weiteren Lebens die Aufgabe, die in der Einseitigkeit liegt: wieder vollständig zu werden in Ergänzung des Gegenpols. In diesem Erarbeiten des Gegenpols - nicht in dem Gegenpol selbst - liegt dann die Annäherung an das ursprünglich vom Urbild Gemeinte. Man ergänzt arbeitend eine Einseitigkeit, ein Temperament, eine spezialisierte Fähigkeit, eine festgelegte Gewohnheit, um die polare Einseitigkeit. Und insofern man dadurch über sich, sein Alltags-Ich hinausgeht, wird an dieser Stelle etwas vom Urbild, von der Individualität real und irdisch.

Bei der französischen Bildhauerin Camille Claudel lag eine ausgeprägte Veranlagung zur Autonomie vor, schon beim Kind. Das war der eine, von Anfang an reale Teil ihrer Doppelheit. Ihr Lebensgang bestand dann zu einem wesentlichen Teil darin, daß sie sich mit dem anderen Pol - Unterordnung, Aufgabe der Selbständigkeit, Hingabe - auseinandersetzen mußte. Sie bekämpfte diesen Gegenpol, erlitt ihre Niederlagen an ihm, erlebte sich hineingezogen in Situationen und Phasen der Fremdbestimmung. Und ihr Leben endete in einem extremen Ausgeliefertsein an das, was sie immer zu meiden bestrebt war: an die Fremdbestimmung. - Auch hier gab es kein Happy-End: Der Ausgleich zwischen beiden Polen wurde nie erreicht. Wohl aber hat sie ihrem Wesen und ihrer Kunst gerade dadurch Gestalt gegeben, daß sie sich diesem Ringen mit der Einseitigkeit gestellt hat.[23]

Durch solche zunächst gegebenen Einseitigkeiten entstehen Spannungen, Spannungen gegenüber dem, was noch nicht ist. Darin liegt ein Entwicklungsmotor: über die gegebene Einseitigkeit hinauszugehen und sich mit dem Gegenpol als dem anderen, d.h. zunächst fremden Teil des eigenen Wesens vertraut zu machen - statt es als das Fremde im anderen Menschen oder im äußeren Schicksalsgang Liegende zu bekämpfen. Da kann Urbildliches real werden.

Z.B. der Choleriker: Er will alles sofort, schnell und mit Kraft anpacken. Er kann sich nicht vorstellen, daß man auch anders zuwege kommt. Nun hat er - schicksalhaft, wie er zu Recht empfindet - ständig mit Phlegmatikern zu tun. Wenn er es genau betrachtet, sucht er sich zu Freunden geradezu auffällig oft Phlegmatiker aus. Aber eigentlich „nerven" ihn Phlegmatiker. Sie brauchen, aus seiner Sicht, eine Ewigkeit, bis sie in die Gänge kommen. Wenn dringende Angelegenheiten anstehen - und es stehen immer dringende Angelegenheiten an, die sofort in Angriff genommen werden müssen - machen die Phlegmatiker erst einmal ein Mittagsschläfchen. Beim Essen schlürfen sie noch andächtig die Suppe, während der Choleriker schon längst den Nachtisch erledigt hat, um die Hände für weitere Aufgaben frei zu haben.

Es wird also eine gewisse Einseitigkeit mitgebracht - ein ausgeprägter cholerischer Zug. Nun zieht es den Betreffenden, in einer Mischung aus Empörung und heimlicher Bewunderung, zu der anderen, polaren Einseitigkeit hin. Es ärgert ihn einerseits, daß es den anderen Pol überhaupt gibt, andererseits sucht er ihn, wenn auch ihm selbst oft unbewußt, geradezu auf. - Man sieht, wie eine Ergänzung, ein Ausgleich, eine Vervollständigung des eigenen irdischen Wesens in der Auseinandersetzung mit dem Gegenpol gesucht wird. Das Urbild rückt dadurch etwas näher - während es nicht darum geht, in unserem Beispiel, zusätzlich zum Cholerischen das Phlegmatische zu entwickeln oder statt des einen Temperaments das andere zu leben. Das Entscheidende scheint dies: sich vom Gegebenen aus auf den Weg machen, wobei der Gegenpol die Richtung vorgibt. Indem man sich auf den Weg macht, erreicht man sich selbst in einer erhöhten, vollständigeren Form. Das eigene Urbild realisiert sich auf dem Weg.

Daß es sich bei solchen Einseitigkeiten wie den Eigenheiten des Temperaments nicht einfach um psychologisch-kausal erklärbar entstandene Eigenschaften handelt, sondern daß sich hier etwas Wesenhafteres ausspricht, wird daran deutlich, daß sich solche Polaritäten bzw. Ein-Poligkeiten auch noch im Physischen ausdrücken. Das urbildliche Ich prägt nicht nur das Seelische, sondern auch den Körper (siehe Kapitel 2, S. 31 f.). So haben Choleriker häufig im Stoffwechsel einen gewissen Überschuß, etwas Aufgeputschtes. Sie haben immer warme Hände, sind immer zur Tat bereit. Sie haben oft ein suchtartiges Bedürfnis nach Kaffee und suchen die Herausforderung im Extremsport. Stoßen sie mit ihrem Taten- und Erledigungsdrang auf Hindernisse, so reagieren sie bis ins Körperliche: Sie werden depressiv bis zur psychiatrischen Behandlungsbedürftigkeit, mit allen entsprechenden Veränderungen im Leberstoffwechsel.[24] Dagegen sind bei Phlegmatikern häufig Bindegewebsschwächen und Beschwerden im asthmatisch-allergischen Kreis zu finden. Der Phlegmatiker weiß sich oft nicht anders gegen die Umtriebigkeit, die Schnelligkeit und das Fordernde der Welt zu wehren als durch physische Abwehr: Er bekommt Hautausschlag oder asthmatische Anfälle, wenn er gedrängt wird. Die Neigung dazu ist ebenso mitgebracht wie die entsprechende Einseitigkeit im Seelischen. Der Phlegmatiker hat eine suchtartige Neigung zum Tee, und wenn er überhaupt Sport treibt, dann sucht er nicht die Herausforderung, sondern die streßfreien Wassersportarten: Das Gleiten und Getragen-Sein im Wasser ist das Richtige für ihn.

Ein anderes Beispiel für einen Abdruck der Ein-Poligkeit im Physischen ist die Linkshändigkeit. Sie geht oft einer großen Neigung und Begabung für den Rückblick einher. Linkshänder sind oft Traditionalisten, auf Hegen und Bewahren des Vergangenen eingestellt. Gerne ergreifen sie dann den Beruf des Archäologen, Museumsleiters, oder sie werden zumindest Vorsitzende von Brauchtumsvereinen. Diese rückwärts gewandte Tendenz drückt sich auch in der Linkshändigkeit aus. Die nach rechts, auf die rechte Hand gerichtete Aufmerksamkeit steht in allen Kulturen und Völkern, selbst bei Völkern, die von rechts nach links schreiben, für die Tat, die Zukunftsorientierung.[25] Auch in szenisch angelegten Bildern ist das dargestellte Geschehen von links nach rechts komponiert. - Der Linkshänder richtet seine primäre Aufmerksamkeit in die andere Richtung, nach links. Beim Schreiben geht seine Aufmerksamkeit dem Vorgang nicht voraus, sondern hinterher. Das ist überhaupt die seelische Grundhaltung der meisten Linkshänder: erst die Dinge geschehen lassen und dann interessiert hinterhergehen. - Auch das ist eine bis ins Leibliche gehende Einseitigkeit, die ihren Gegenpol ebenso scheut wie sucht. Linkshänder wird man unter Revolutionären wohl nicht finden. Andererseits suchen sie diesen Gegenpol, spürend, daß Neues nicht aus der Vergangenheitsfixierung entstehen kann.

An solchen Beispielen mag auch deutlich werden, daß man sich in Typisierungen bewegt, solange man solche mitgebrachten Einseitigkeiten anschaut. Man kennzeichnet damit noch nicht das Individuum. Als mitgebrachte Temperamentseigenschaften und Fähigkeiten sind diese ein-poligen Einseitigkeiten zunächst die individuelle Ausstattung. In ihr formuliert sich zunächst das auf die Erde kommende Individuum - als Ergebnis vorangegangener Erdenleben, so können wir annehmen. „Typisch" werden solche

Eigenarten erst dann, wenn sie einfach ausgelebt werden. Sie werden dann Alltags-Ich und sind insofern durch eine gewisse Festgelegtheit gekennzeichnet. Im Laufe des Lebens, durch Anstöße an sich selbst, oft in Krisen, nicht immer mit bewußter Reflexion, tauchen Möglichkeiten, Impulse auf, über diese mitgebrachte Ausstattung hinauszugehen. Jetzt individualisiert sich der Mensch wieder. Das Individuelle entsteht auf dem Weg.

Das eigentliche Beispiel der Polarisierung des Höheren Ich in einen erscheinenden und in einen noch verborgenen Teil ist die Geschlechtertrennung. Man ist auch in dieser Hinsicht, und gerade hier, bis ins Physische einseitig. Und auch hier wird es nicht das Ziel dieser primären Einseitigkeit sein, nun statt Mann Frau zu werden oder umgekehrt oder beides zu sein, sondern es geht beim Mann darum, *auch* Weibliches zu entwickeln im Seelischen und im Denken, um die Einseitigkeit und Begrenztheit des eigenen Seelischen und Denkens zu erfahren und sich damit auseinanderzusetzen. Darin gibt sich das Individuum Gestalt, daß es fragend, experimentierend, den Gegenpol suchend mit dem Typischen seiner Ausstattung umgeht.

So ist es ein Aspekt der Lebensgänge, daß sie Gegensätze zu verbinden suchen, bestrebt sind, im einzelnen Menschen bestehende Einseitigkeiten durch die Bewegung zum Gegenpol in ihre Urbildlichkeit zurückzuführen. Eine Einheit, ein vollständiges Individuum zu werden, ist etwas anderes als eine Einheit, ein vollständiges Individuum zu sein. Ersteres ist es, was Wandlung schafft.

Von persönlichen Eigenschaften, ihrer Verhärtung zum Typenhaften oder ihrer Individualisierung durch die Bewegung zum Gegenpol hin abgesehen, finden wir in den Biographien überhaupt dieses Spaltungsprinzip: Ein Ideal spaltet sich, wenn ein Mensch in seinem konkreten Leben damit in Berührung kommt, zunächst in einen sogleich erscheinenden Teil und in einen zweiten, erst später, meist mühsam zur Erscheinung zu bringenden Teil. So stößt jemand als junger Erwachsener aufgrund eines Gesprächs auf die anthroposophischen Ideale und Ideen. Fasziniert steigert er sich sogleich in die Schriften Rudolf Steiners hinein, in denen er nun findet, was er doch so lange schon gesucht hatte: ein geistiges Menschen- und Weltbild. Was nun zunächst aber real wird, das ist - in diesem Fall - ein zunehmender Fanatismus und ein Missionsbedürfnis bis hin zur Neigung, Freunde und Bekannte einer Zwangsbekehrung zu unterwerfen. Diese lassen sich das nicht gefallen und wenden sich ab. Das soziale Leben des jungen Mannes beschränkt sich bald auf den mit großem Ernst durchgeführten Einkauf im Bio-Laden und auf das giftige Gespräch mit einigen Eltern des Waldorfkindergartens (wo er ein Praktikum macht), weil sie nicht hundertprozentig dem Waldorfideal entsprechen. - Diese Phase zog sich in diesem Fall acht Jahre hin.

Man sieht, wie zunächst nur ein Teil des anthroposophischen Impulses aufgegriffen wird, nämlich der erkenntnisgesättigte, und dann auf unsoziale Weise „durchgedrückt" wird. Dem Betreffenden - und seinen bedauernswerten Freunden - erschien Anthroposophie als ein durch Erkenntnisse Rudolf Steiners begründetes Regelwerk, „wie man's richtig macht". Erst nach acht Jahren, in der Begegnung mit einer Currywurst mampfenden Zweigleiterin, wurde dem jungen Mann deutlich, daß er sich jetzt um das genaue Gegenteil bemühen sollte: um einen herzenswarmen und freilassenden Umgang mit seinen Mitmenschen. Er erkannte, daß ein geistiges Menschenbild, ein urbildliches Ideal, sich nicht realisiert, indem man dogmatische Normen durchsetzt und Menschen verachtet, die sich dem nicht beugen wollen. Es realisiert sich durch das herzliche Interesse am Fremden. - So etwa waren die Gedanken des jungen Mannes nach acht Jahren. Und damit stand ein Weg vor ihm. Ihn zu gehen, würde erst den Einschlag des geistigen Menschenbildes in diesem Leben individualisieren. Erst jetzt wird die Begegnung des jungen Mannes mit der Anthroposophie individuell.

Dieses Beispiel mag auch ein charakteristisches Erlebnismoment zeigen, das auftritt, wenn jemand dazu kommt, die polare Einseitigkeit als solche zu erkennen und über sie hinauszugehen zu wollen: das Element der Überraschung. Die Berührung der Gegensätze, das Aufscheinen des Gegenpoligen kann angezeigt und begleitet werden von dieser Stimmung der Überraschung. Die über die Einseitigkeiten hinausgehende Seele berührt eine andere Ebene, an die sie in diesem Zusammenhang noch nie gedacht hatte. Die Lösung der Gegensätze, die Überwindung der Einseitigkeit rührt nicht von logisch und kausal gedachten Konstruktionen her, sie rührt aus einer anderen Welt, eben der Welt der Urbilder. Plötzlich ist das relativiert, was sich bislang nur als Entweder-Oder dargestellt hat. Das menschliche Gesicht ist plötzlich wichtiger als die Frage nach Mann oder Frau. Das Urbild überrascht. Es ist eine Überraschung, in Berührung zu kommen mit dem, was man doch schon immer gesucht hat.

12. Das Verdoppelungsphänomen

Herr X, der in Heidelberg wohnt, trifft eines Tages auf der Straße einen alten Schulfreund, den er seit 15 Jahren nicht mehr gesehen hat. Es stellt sich heraus, daß der Schulfreund nur auf der Durchreise ist. Er wohnt in Bayern und wollte nach Köln. Auf der Autobahn wurde ihm schlecht, er hatte das Bedürfnis, eine längere Pause zu machen, und entschloß sich, da er kurz vor Heidelberg war, in die Stadt zu fahren und in Ruhe Mittag zu essen. Man unterhält sich angeregt, trinkt noch einen Kaffee zusammen und geht angesichts des amüsanten Zufalls beschwingt auseinander. - Vier Wochen später bricht sich Herr X einen Arm. Als er im Flur eines Krankenhauses auf die Röntgenaufnahmen wartet, kommt derselbe Schulfreund daher. Wieder ist man, aber jetzt anders, überrascht. Der Schulfreund ist wiederum zufällig hier. Er ist Pharmareferent und besucht in Vertretung eines erkrankten Kollegen einige Ärzte in diesem Krankenhaus. Die Stimmung zwischen den beiden ist ganz anders als beim ersten zufälligen Wiedersehen. Zwar scherzt man ausführlich über den erneuten Zufall; im Hintergrund aber steht eine Ratlosigkeit, ja, die Stimmung hat etwas Angespanntes, und man ist erleichtert, als Herr X zur Röntgenaufnahme vom Flur geholt wird. Man verabschiedet sich mit der gegenseitigen Versicherung, daß man sich unbedingt demnächst anrufen werde. Aber keiner ruft an. Sie sehen und sprechen sich niemals wieder.

Man fragt sich, worauf eine solche Ereignisverdoppelung hinauswill. Auch die Beteiligten haben beim zweiten Zusammentreffen das unbestimmte Gefühl, daß die Situation eine Bedeutung hat. Aber welche? Sie sind ratlos und überspielen das mit Scherzen. Etwas Gereiztes liegt in der Luft. - Es dürfte schwierig sein, eine allgemeingültige Lösung dieses Rätsels zu finden. Immerhin kann man die große Zahl der Beispiele für solche Verdoppelungen, wie sie im Rahmen der Biographieberatung berichtet werden, etwa so zusammenzufassen versuchen: Eine Ereignisverdoppelung scheint auftreten zu können, wenn ein Sinnzusammenhang neu in ein Leben eintreten möchte, oder, und das scheint der häufigere Fall zu sein, wenn ein unabgeschlossener Sinnzusammenhang abgeschlossen werden möchte - wenn ein bestimmtes biographisches Leitthema sich abschließend realisieren möchte.

Letzteres sei durch folgendes Beispiel illustriert: Herr Y trifft irgendeinen Menschen im Zug, ohne ihm viel Aufmerksamkeit zu schenken. Tage später liest er einen Roman, in dem genau das beschrieben ist, was Herrn Y, am Rande, aber eben doch, an seinem Gegenüber im Zug aufgefallen war: Etwas Dunkles, irgendwie Unheimliches hatte diesen Mann umgeben. Herr Y hatte sich damit nicht weiter befaßt, denn bei näherem Hinsehen wirkte sein Gegenüber dann auch wieder ganz normal. In dem Roman liest nun Herr Y über einen gutgekleideten, höflichen Mann, der etwas Dunkles und Unheimliches ausstrahlt, ohne daß man genau wüßte, worin es besteht. Während Herr Y den Roman liest, klingelt das Telefon. Ein früherer Schulfreund, der gerade in der Nähe ist, meldet sich, er will Herrn Y treffen. Herr Y geht zum vereinbarten Restaurant, aber in einer ihm selbst unerklärlichen, ungemütlichen Stimmung. Als er, angekommen, den ehemaligen Schulkameraden vor sich sieht, steigen Haßgefühle in ihm auf, diffuse Gedanken an Rache. Man tauscht Erinnerungen aus. Auf dem Nachhauseweg fällt es Herrn Y erstmals wieder ein: Dieser Schulkamerad hatte einst sein Abitur auf seine, Herrn Y.s, Kosten bestanden. Er wollte in der Klausur einen Spickzettel von ihm haben. Herr Y wurde dabei erwischt, der Schulkamerad hat sich herausreden können. - Herr Y erlebte damals einen unbändigen Haß in sich. Da er aber den Betreffenden nach dem Abitur, das er teilweise hatte nachmachen müssen, aus dem Auge verlor, geriet dieser Haß in Vergessenheit, ohne daß er je hätte „an den Mann gebracht" werden können. Stattdessen war von da an etwas wie Mißgunst in Herrn Y.s Leben entstanden. Herr Y konnte es nicht ertragen, wenn andere, und dann womöglich noch auf billige Weise, zu Anerkennung gelangten. Jetzt, durch das Wiederauftauchen des Schulkameraden, ist die Ausgangssituation wieder präsent, und Herr Y kann im Gespräch mit seiner Frau seinen Haß auflösen.

Wenn das Schicksal Humor hat, greift es auch noch zu solchen Details: Der Mann im Zug hatte den Daumen in Gips. Der ehemalige Schulfreund hatte bei dem Treffen die Hand geschient, nachdem er sich den Tag zuvor einen Finger schwer verletzt hatte.

Verdoppelungen werden von den Beteiligten oft auch als diffus bedrängend erlebt. „Das Schicksal" will etwas von mir - aber was? Ein Gefühl des Ärgers und der Peinlichkeit macht sich breit.

Inhaltlich bestehen die Verdoppelungen zumeist darin, daß sie Menschen zusammenbringen, die noch nichts oder nichts mehr miteinander zu tun zu haben meinen. Und das Gefühl der Peinlichkeit entsteht, weil das Verdoppelungsereignis mit gewisser Aufdringlichkeit, die man aber nicht zu deuten weiß, zwischen den Beteiligten Nähe schafft, über deren Natur man ebenfalls keine Klarheit hat.

Im ersten Beispiel stellte sich im Verlauf der Biographieberatung heraus, daß die geschilderte Ereignisverdoppelung zu einer Zeit auftrat, als die Ehefrau von Herrn X schwer krank war und dies u.a. zur Folge hatte, daß seit Monaten kein intimer Verkehr mehr möglich gewesen war. Herr X sah sich in dieser Zeit in der Situation, sich alleine und mehr innerlich mit seiner Sexualität auseinandersetzen zu müssen. Aufgrund flüchtiger Erlebnisse in der Jugendzeit erwog er dabei auch tangential die Möglichkeit homosexueller Kontakte. Der Gedanke daran war ihm aber selbst peinlich, und er verwarf ihn wieder. - Der Jugendfreund nun, den er also ganz unwahrscheinlicherweise zweimal hintereinander in Heidelberg getroffen hatte, war äußerst attraktiv, wohlgepflegt und vielleicht - schon immer - eine Spur zu adrett gekleidet. Herr X erinnerte sich, daß er als Jugendlicher vorübergehend und nur von ferne in den Jugendfreund verliebt gewesen war. - Nun taucht dieser Sinnzusammenhang, dieser „rote Faden", der mit der geschlechtlichen Identität zu tun hat und offensichtlich unabgeschlossen, ungeklärt ist, wieder auf in einer Situation, in der Herr X sexuell auf sich gestellt ist. Er wird also die Frage nach seiner geschlechtlichen Identität erneut aufwerfen und damit zu Klarheiten oder Entschlüssen kommen müssen. Es ist anzunehmen, daß die Ereignisverdoppelung darauf hinaus wollte. (Was dieselbe Ereignisverdoppelung für den Jugendfreund bedeutet hat, konnte nicht rekonstruiert werden.)

Andere Verdoppelungen liegen zeitlich noch dichter und sind unauffälliger: Zwei Kolleginnen verabschieden sich vor dem Urlaub. Dann treffen sie sich aber zufällig im Supermarkt noch einmal, und eine halbe Stunde später auf der Kirmes am Marktplatz wieder. - Nichts Bewegendes - und trotzdem, wenn man der Sache nachgeht, stellt sich heraus, daß ein stiller beidseitiger Vorwurf im Raume stand, wegen eines Konferenzverlaufs am Vortag. Aber keine der beiden Frauen wollte so kurz vor den Ferien die Angelegenheit noch aufgreifen. Die „Angelegenheit" war aber hartnäckiger und setzte sich durch, indem sie noch zwei Aussprachemöglichkeiten herbeiführte. Auch hier wurde die zweite Begegnung als peinlich empfunden, bis sich eine der beiden Frauen ein Herz faßte und die unerledigte Angelegenheit zur Sprache brachte - auf der Kirmes am Marktplatz. Man bereinigte die Sache - und war sich schließlich einig, daß sie nur hier, auf der Kirmes am Marktplatz bereinigt werden konnte.

Man kann an solchen Verdoppelungs- und ähnlichen Phänomenen (siehe nächstes Kapitel, S. 108 ff) sehen, daß wir die biographischen Ereignisse, auch die scheinbar banalen Alltagsvorgänge, objektiver nehmen müssen. Damit ist gemeint, daß sie eine Art Eigenleben - ja man möchte fast von einem Eigenwillen sprechen - zu haben scheinen. Die Sinnstrukturen haben eine eigene Dynamik, besonders wenn es darum geht, daß eine Sinnstruktur versucht, Fuß zu fassen oder sich abschließend zu realisieren.

Psychologische Erklärungen, etwa unbewußte Manipulationen, die zu solchen Verdoppelungen führen könnten, greifen m.E. wohl zu kurz, weil sie nicht erklären können, wie sich Zusammenhänge über räumliche und zeitliche Distanzen hinweg so präzise konstellieren und realisieren. Es muß hier vielmehr eine Ebene wirksam sein, für die räumliche und zeitliche Distanzen keine Rolle spielen. Das kann nur eine geistige Ebene sein. Als dieser zugehörig sehen wir die in der Biographie zur Geltung kommenden Sinnstrukturen. In diesem Sinne kommen solchen Ereigniskonstellationen und -abläufen, in denen sich Sinnstrukturen realisieren, größere Objektivität zu, als sich dies vom Psychologischen aus ergeben würde. Die Psychologie kann nur die Erlebnisseite, die subjektive Seite bedenken, solange sie nicht eine geistige Wirkensebene annimmt - wie wir sie ansatzweise in der Psychologie Carl Gustav Jungs finden.[26]

13. Über das schrittweise Eintreten von Ereignissen

Ein ähnliches Phänomen wie die Ereignisverdoppelung (siehe Kapitel 12, S. 103 ff) ist das schrittweise Eintreten von Ereignissen. Es gibt manchmal eskalierende Ereignisserien, in denen die Verwirklichung eines Sinnzusammenhangs drei-, vier-, sogar fünfmal ansetzt, bis sie gelingt. Die Atmosphäre der Zuspitzung ist hier charakteristisch. Im folgenden Beispiel setzte ein wesentliches biographisches Ereignis, nämlich der Tod eines jungen Menschen, unter Einbeziehung anderer Menschen mehrfach an, bis die Konstellation so war, daß sich das Beabsichtigte vollziehen konnte.

Ein 18jähriges lernbehindertes Mädchen, das in einer Jugendbildungsstätte, im gleichen Stadtteil wie unsere Beratungsstelle gelegen, betreut wurde, mußte auf seinem täglichen Weg in unseren Stadtteil immer über eine bestimmte Brücke fahren. Es war im Winter 1984. Alles war verschneit und vereist. Eines Tages stand in der Zeitung zu lesen, daß jemand auf der Brücke mit dem Auto einen Unfall hatte, ohne daß es zu größeren Schäden kam. Zwei Tage später erlebte ich selbst mit, wie ein Autofahrer ins Rutschen kam und gegen das Brückengeländer fuhr. Er war leicht verletzt. Wenige Tage später fuhr das Mädchen - ein Freund von ihm steuerte das Auto - auf dem Weg in unseren Stadtteil wieder über diese Brücke; das Auto rutschte, krachte gegen das Geländer, durchbrach das Geländer; das Mädchen stürzte auf die darunterliegenden Eisenbahnschienen und wurde schwer verletzt. Der Freund kam mit ein paar Schrammen davon. - Das Mädchen befand sich damals in einer ambivalenten Ablösesituation von seinem Elternhaus. Seine Adoptivmutter, die das Kind innerlich nie angenommen hatte, fand erst jetzt, als das Mädchen schwerverletzt auf der Intensivstation lag, einen inneren Zugang zu dem Kind und pflegte es Tag und Nacht aufopferungsvoll. Sie wurde erst jetzt seine Mutter. Nach drei Wochen starb das Mädchen.

Ein Ereignis - die Lösung von der Mutter, die zunächst keine Mutter gewesen war - stellt sich allmählich, wie schrittweise ein. Es kommt dann zu dem, was eigentlich gemeint war zwischen Mutter und Kind, es kommt zu einer inneren Verbundenheit. Und jetzt kann sie sich auch lösen. Das Mädchen stirbt. Es war zum Zeitpunkt seines ersten Mondknotens (siehe Kapitel 3, S. 35 ff).

Die geistige Aufgabe, eine innere Verbindung zu finden, drängte offenbar mit Macht ins Irdische, tangierte zunächst ganz andere Menschen, mit denen eigentlich nur über die Örtlichkeit eine Verbindung bestand. Dann war die Aufgabe erfüllt, und das Mädchen konnte abtreten.

Zweierlei fällt auf: Die Sinngestalt, die sich hier verwirklichen wollte, war ambivalent. Sie hatte zwei entgegengesetzte Spannungspole - die Lösung von der (Adoptiv-) Mutter *und* die Verbindung mit ihr. Betrachtet man auch andere Beispiele solch schrittweiser Ereigniszuspitzung, so möchte man annehmen, daß eben dies ein typisches Merkmal ist: Eine schrittweise Ereigniseskalation ist dann zu erwarten, wenn die Realisierung suchende Sinngestalt zwei entgegengesetzte Strebensrichtungen enthält.

Die Biographie von Béla Bartók, dem ungarischen Komponisten, zeigt ebenfalls, in sehr auffälliger Weise, dieses Gestaltungselement der immer nachdrücklicher auftretenden Ereignisdurchsetzung.[27] Der argentinische Dichter und Literat Jorge Luis Borges hat dieses Phänomen in „Der Traum Coleridges" künstlerisch eindrucksvoll gestaltet.[28]

Das zweite, was auffällt, ist die Einbeziehung fremder Schicksale, womit die Frage nach der Verknüpfung von Schicksalen überhaupt aufgeworfen wird - ein Thema, dessen Erörterung die Kompetenz verlangt, in karmische Zusammenhänge Einblick nehmen zu können. Es ist auf jeden Fall nicht anzunehmen, daß in die beiden vorhergehenden, glimpflich verlaufenen Unfälle beliebige Menschen einbezogen waren. Wie bei der Ereignisverdoppelung möchte man solchen schrittweise eskalierenden Ereignissen eine gewisse Objektivität, eine Art Eigenleben zusprechen: Als ob es schon länger festgestanden hätte, daß das Mädchen an dieser

Stelle, an der Brücke sterben würde - als ob das Ereignis schon an Ort und Stelle gewesen wäre, bevor das Mädchen selbst darein verwickelt wurde. Wenn es so ist, warum kommt das Ereignis dann nicht sofort, beim ersten Ansatz auf den Punkt? Der Grund könnte eben darin liegen, daß es sich um eine ambivalente Sinngestalt handelt. Es ist eine Schicksalslinie da, die die Lösung von der Adoptivmutter sucht; und es ist eine Schicksalslinie da, die die seelische Verbundenheit mit ihr, das Angenommen-Sein sucht. Im alltäglichen Lebensvollzug war beides zusammen nicht zu erreichen. Es spielte ein Wollen und ein Nicht-Wollen eine Rolle. Das Ereignis hatte, so mag man sich das bildlich vorstellen, mit Widerständen zu kämpfen. Erst diejenige Ereignisform, die beide Schicksalslinien zusammenführen konnte - der schwere Unfall mit tödlichem Ausgang -, führte zur Realisierung der Sinngestalt. *Die Ereignisstruktur spiegelt also den unbewußten Konflikt wider.*

Mit einem anderen, harmloseren Beispiel kann dies noch verdeutlicht werden: Frau B will ihr Auto verkaufen - ein älteres „Liebhaberauto", wie sie es selbst nennt, mit Charakter, aber durstig. Sie will es aber auch nicht verkaufen: Die „vernünftigen" neueren Autos sind ihr langweilig. Eines Tages, sie steht gerade an einer Kreuzung und wartet auf Grün, überlegt noch, verkaufen oder nicht verkaufen, da fährt ihr ein junger Mann hinten seitlich auf; er hat sie zu spät gesehen. Ein kleiner Unfall, über die Versicherungen schnell geregelt.

Wenige Tage später: Frau B begibt sich morgens zu ihrem Auto und muß feststellen, daß es mutwillig beschädigt wurde. Der Lack ist auf allen Seiten verkratzt, und Kleber wurde in die Schlösser geschmiert. Sie läßt das Auto in die Werkstatt bringen. Als letzter Arbeitsgang soll es dort in die Waschanlage. Während des Waschens bricht der Bolzen eines Druckluftanschlusses. Mehrfach durch die Halle rasend zerbeult er das Auto wie Hagelschlag und durchschlägt schließlich eine Scheibe.

Bei den beiden letzten Ereignissen ist Frau B gar nicht dabei. Beim ersten war sie passiv. Es ist in allen drei Fällen nicht mög-

lich, daß sie unbewußt diese Unfälle und Beschädigungen herbeigeführt hat. Vielmehr muß man annehmen, daß ihr ambiva-
lenter Konflikt sich externalisierte, aus der Sphäre des Innerseeli-
schen heraustrat und in die objektiven, äußeren Ereignisabläufe
eingriff.

So etwas ist oft zu beobachten. Muß man deswegen aber
annehmen, daß jeder Konflikt zu solchen dramatischen Ereignis-
zuspitzungen führt? - Natürlich nicht, ein Element des Nicht-wahr-
haben-Wollens gehört dazu. Bei dem Auto-Beispiel handelte es
sich darum, daß das Liebhaberauto tatsächlich das Geschenk
eines früheren Liebhabers von Frau B gewesen war. Sie wollte es
nun im Zusammenhang mit ihrer bevorstehenden Hochzeit mit
einem anderen Mann verkaufen. Dieser war ein ordentlicher Mann
mittleren Alters mit imposanten Karriereaussichten: Es stand zu
erwarten, daß er es zum Oberinspektor bei der Eisenbahn bringen
würde. Der frühere Liebhaber dagegen: ein Bildhauer, chaotisch,
temperamentvoll, untreu. Man ahnt, daß es nicht um das eine
oder andere Auto ging, sondern um die Entscheidung zwischen
zwei Schicksalslinien, die eine näher dem Herzen, die andere
näher dem Kopf. Gerade weil Frau B die Tragweite oder Symbol-
trächtigkeit des Auto-Konflikts nicht bewußt war, konnte sich jene
diffuse Angespanntheit einstellen, die eine typische Voraussetzung dafür zu sein scheint, daß sich ein Konflikt in objektives
Geschehen umsetzt.

Ein älterer Mann, er ist Maler, lebt alleine, etwas menschen-
scheu, ist zu dem Fazit gekommen, daß die Menschen ihre Aggressionen abbauen müßten, dann gäbe es überall Friede. Er versucht
dies seit längerem für sich zu praktizieren. Er begegnet selbst noch
der Gemüsefrau mit ausgesuchter Freundlichkeit, er entschuldigt
kleine Unverschämtheiten, die er hin und wieder von seiten seiner
Kollegen - er arbeitet als Kunstlehrer an einer Schule - hinnehmen
muß. Mit zunehmender Willenskraft versagt er sich jede Aggression. Eines Tages bricht in seiner Wohnung - er lebt in einem alten,
schlößchenähnlichen, teilrenovierten Haus - ein Wasserrohr. Ein
Teil seiner Bücher steht unter Wasser. Zwei Wochen später bricht

13. Über das schrittweise Eintreten von Ereignissen

an der Fassade eine Regenrinne herunter und ruiniert ihm das Bild, das er unter dem Vordach auf die Staffelei gesetzt hatte. Vier Wochen später bricht bei einem orkanartigen Gewitter der größte Teil des Dachstuhls ein. Die gesamte Habe des Malers ist beschädigt.

Im Gespräch mit dem Betroffenen wird zunächst deutlich, daß das aggressive Element in dem Maße von außen über ihn hereinbricht, wie er es aus seinem Inneren zu verbannen versucht. Der Vater des Malers hatte die entgegengesetzte Philosophie: Setze dich durch, zeige deinen Ärger, das ist gesund. Der Vater war darin ebenso beeindruckend wie einschüchternd. Es konnte deutlich werden, welche Aufgabe darin liegt, sich so einen Vater „gesucht" zu haben. Die weitere Aufgabe ist es nun sicher nicht, Aggressionen zu vermeiden. Darauf weisen auch die geschilderten Ereignisse hin, die als Antwort auf das zuvor aufgestellte Aggressionstabu verstanden werden können. Die Aufgabe schien eher, einen eigenen Weg der Aggressionshandhabung zu finden. Konkret ließ sich das im vorliegenden Fall so angehen, daß der Maler an dem Bild ansetzte, das ihm die abgerissene Regenrinne halb zerrissen hatte: Er legte Farbe auf einen Karton, ritzte ihn ein und klebte dahinter wiederum einen eingefärbten Karton. Es entstand eine ganz neue Arbeitsserie. Die schalkhaften, eskalierenden Attacken unterblieben sofort, als er das Individuelle und für ihn Zukünftige am Aggressionsthema erkannte.

Wie können wir eine Biographie so verstehen, daß wir in ihrer Gesamtheit die Handschrift eines einmaligen, unverwechselbaren Menschen, eines Individuums erkennen? Wir erreichen auf der Suche nach dem Individuellen kaum etwas, wenn wir eine Biographie als ein Sammelsurium von Ereignissen auffassen. Ereignisse erscheinen zunächst nicht als besonders individuell. Vielmehr nähern wir uns dem individuellen Element einer Biographie, wenn wir nach den Sinnzusammenhängen fragen, die sich zwischen den Ereignissen entfalten. Diese Sinnzusammenhänge erschließen sich im konkreten Lebensvollzug zumeist nicht ohne weiteres, sondern erst, wenn man - als Betrachter, von außen also, oder als Betroffener, nach Abschluß bestimmter Lebensphasen - aus einer gewissen Distanz versucht, auf die Gesamtheit eines solchen Lebensgangs zu blicken. Es ist, als würde man ein Werk der Kunst betrachten, der modernen Kunst insbesondere. Auch ein Werk der Malerei oder der Musik erschließt sich in seiner Einmaligkeit nicht durch Auflistung seiner Elemente (Farbkleckse, Formen), sondern indem man den inneren, sinnhaften Zusammenhang dieser Elemente aufsucht.

Die Parallele zwischen Kunstwerk und biographischer Gesamtgestalt reicht sehr weit. Auch das Kunstwerk ist absolut individuell; es ist nur einmal da, auch wenn es, äußerlich gesehen, viele ähnliche Kunstwerke gibt. Ebenso ist eine Biographie absolut individuell, auch wenn es zu jeder Biographie in vielen anderen Biographien ähnliche Ereignisse und Abläufe gibt. - Und das Einmalige des Kunstwerks wird kaum dadurch zugänglich, daß man es auf ähnliche Werke derselben Epoche „zurückführt", der gleichen Stilrichtung etc. Ebenso bekommt man das Einmalige einer Biographie nicht in den Blick, wenn man sie „zurückführt" auf andere Biographien, sagen wir der Verwandten, der Zeitgenossen oder der Vorfahren etc. Die innere Begründung dafür, den Lebensgang als ein Kunstwerk aufzufassen, liegt darin, daß beide eine bestimmte Erwartungshaltung beim Betrachter fordern, um sich in ihrer Individualität zu erschließen: Wie vom Kunstwerk kann vom Lebensgang angenommen werden, daß er die irdische Widerspiegelung eines geistigen Urbildes ist. Auch das Kunstwerk ist sichtbarer (oder hörbarer) Ausdruck eines nicht-sichtbaren Wesentlichen. So ist die der Biographie angemessene Annäherungsweise nicht erklärend, herleitend oder zurückführend, angemessen ist es vielmehr, den Lebensgang dadurch verstehen zu wollen, daß man sich eine *Imagination* von ihm bildet.

Die Imagination verdichtet das Wahrgenommene zu einem *inneren* Bild, so daß das Wesentliche des Wahrgenommenen innerlich anschaubar wird (die zugehörigen methodischen Fragen werden im 3. Teil, siehe S. 149 ff aufgegriffen). Wie ein Kunstwerk nehmen wir die Biographie als *Phänomen* - so wie sie ist. Wir zerlegen sie nicht in ein Ursache-Wirkungs-Gefüge - darin liegt ein Unterschied zur psychologischen Erkenntnisarbeit-, und wir analysieren sie auch nicht sogleich mit Blick auf Ähnlichkeiten oder Bedingungsähnlichkeiten in anderen Biographien - darin liegt ein Unterschied zur soziologischen Erkenntnisarbeit. Worauf wir uns mit dieser inneren Verdichtungsarbeit richten, das ist der Versuch, durch die Alltäglichkeit eines Menschen hindurch - nicht von ihr absehend, sondern von ihr ausgehend - auf seinen geistigen Wesenskern zu blicken, d.h. auf seine Lebensziele, seine ureigensten Aufgaben, die er aus sich selbst hat, und auch seine Aufträge, die er von einem über das Einzelmenschliche hinausgehenden Gesichtspunkt bekommen haben mag.

Bei dem Versuch, sich ein inneres, eben verdichtetes Bild der biographischen Sinnzusammenhänge eines konkreten Menschen zu machen, blickt man ständig auf den Abstand zwischen dem, was ist - das gewordene Alltags-Ich -, und dem, was noch nicht ist - das Höhere Ich oder Urbild. Von da aus ergibt sich nun, wenn man das Individuelle in den Biographien verstehen möchte, die prinzipielle, erste und immer wieder zu stellende Frage: *Worauf will das hinaus?* Welcher Entwicklungskeim liegt in einem Ereignis, einer Begegnung, in bestimmten Lebensumständen? Was könnte aus dem, was jetzt reale Tatsache ist, der Möglichkeit nach *werden*? Das mag auch eine dem modernen Kunstwerk gegenüber angemessene Frage sein. Auch das innere Wesen des Kunstwerks spricht sich mehr in dem aus, worauf es hinauswill, als in dem, wo es herkommt. So kann man in Anbetracht des Gemäldes oder im Anhören des Musikstücks eines modernen Komponisten fragen: Was sucht der Künstler mit diesem Werk? Welches wird sein nächstes Werk sein? In welchem Zusammenhang seines Schaffens steht dieses Werk, und inwiefern geht es über das bisherige Werk hinaus? So erlebt man das Kunstwerk mehr als Wegweiser denn als Protokoll einer Reise und wird ihm möglicherweise auch gerechter. Denn man hat es dann im inneren, betrachtenden Erleben als etwas, das mitten in seiner Wirksamkeit steht.

Diese den Gestaltungswillen in seinem ständigen Schaffen sich vergegenwärtigende Imagination entspringt also nicht einer erkenntnistechnischen Marotte, sondern folgt dem Wesen dieses die Biographie gestaltenden Willens selbst: In einem Gemälde bereits das nächste zu sehen, das der Maler erst noch schaffen wird, in einem geschilderten Ereignis das zu ahnen, was dadurch an Zukünftigem frei werden möchte, das entspricht dem Wesen biographischer Entwicklung selbst. Denn worauf es hinauswill, das ist, wenigstens als Hinweis, meist in seiner Anfangssituation veranlagt. Das Augenmerk sorgfältig und detailliert darauf zu richten, unter genau welchen Umständen z.B. eine Begegnung, eine Lebensphase oder eine berufliche Tätigkeit beginnt, läßt in der Konstellation dieser Anfangssituation bereits einen Hinweis darauf finden, worauf dieses Ereignis im Lauf der Zeit hinauswill. Die Anfangssituationen sagen, worum es geht. Sie sprechen vom Sinn eines Ereignisses, noch bevor es sich entfaltet hat.

Besonders deutlich erscheint dieses Phänomen im Zusammenhang mit dem Anfang einer Biographie überhaupt, mit der Geburtssituation. Nicht um Erklärungen für Späteres zu haben, sondern um ein genaues Bild dieser Ausgangssituation zu bekommen, hat es sich in der Biographieberatung als fruchtbar herausgestellt, sich

14. Zur Signatur der Geburtssituation

vom Ratsuchenden seine Geburtssituation und überhaupt die Lebensumstände, in die er hineingeboren wurde und die zum Zeitpunkt seiner Geburt wirksam waren, genauestens darstellen zu lassen bzw. - sofern man sich mit Biographien verstorbener Menschen beschäftigt - detailliert in Erfahrung zu bringen. Umstände der Schwangerschaft, der Geburt, die Situation der Ehe der Eltern damals, die Lebensverhältnisse (ländlich/städtisch) etc. ergeben insgesamt ein Bild von der Ausgangssituation eines Menschen, das oft mit erstaunlicher Klarheit bereits davon spricht, was sich später an Lebensthemen herausstellt. Im Sinne einer bildhaften, szenischen Darstellung, von einem ebenso kraftvollen wie feinen Gestaltungswillen durchorganisiert, kann sich bis in scheinbar nebensächliche Einzelheiten hinein in einer solchen Ausgangssituation etwas von dem Wesentlichen formulieren, um das es später in dem hier erst beginnenden Lebensgang gehen wird. Es kündigt sich, wie von einem weit vorausblickenden Regisseur fein gewoben, in der Geburtssituation schon etwas von den „roten Fäden" an, die dann in der betreffenden Biographie sich allmählich und über Jahre und Jahrzehnte hin entfalten und verknüpfen werden.

Dies ist nicht irgendwie mirakulös, sondern zeigt einfach, daß die Instanz, welche die Biographie ausgestaltet, schon von allem Anfang an gestaltend anwesend ist und schon zu Beginn weiß, worauf sie hinauswill. Ja, vielleicht weiß sie es am Anfang noch besser als später. Denn später verstrickt sich eine individuelle Biographie ja immer mehr mit anderen Biographien. Jene Instanz, die wir als das Höhere Ich des betreffenden Menschen auffassen können, muß wohl zunehmend Abweichungen, zumindest vorübergehende Abirrungen von den ursprünglichen Lebenszielen und das Auftauchen von Hindernissen für Entwicklungsziele hinnehmen, so daß das Hereinsprechen, das Hereinwirken des Höheren Ich in die Lebensumstände wahrscheinlich im Lauf der Jahrzehnte schwieriger wird. So ist es eigentlich kein Wunder, daß der Anfang sagt, worum es geht - während das Ende hierüber zumeist nicht so gesprächig ist.

So berichtet jemand davon, daß bei seiner Geburt sehr viele Menschen, Verwandte und Freunde, anwesend waren. Er weiß nicht wieso, aber so wurde es immer wieder in seiner Familie erzählt, und es gibt auch ein Foto, das diesen Umstand dokumentiert. Bei seinen Geschwistern war diese besondere Geburtssituation nicht gegeben. Wie sich später herausstellte, zeigte sich darin, daß er sozusagen in ein Publikum hineingeboren wurde - ein Lebensthema des Betreffenden: Er kam als Jugendlicher, dann als Erwachsener immer wieder in Lebenssituationen, in denen er nicht alleine, für sich sein konnte, Situationen, die nicht die von ihm gewünschte Intimität hatten, er vielmehr immer von Zuschauern umringt war oder auch für andere da zu sein hatte. Wenn er als Jugendlicher badete, stürzte seine Mutter ins Badezimmer und frisierte sich ausgiebig. Wenn er mit seiner Freundin zusammen sein wollte, waren ständig deren jüngere Geschwister dabei etc. - Das Lebensthema, um das es hier geht, liegt nun nicht darin, daß sich so ein Grundmuster einfach ständig wiederholt - weil es eben schon in der Geburtssituation aufscheint. Vielmehr liegt das Lebensthema, von dem hier schon das szenische Arrangement der Geburtssituation spricht, darin, daß sich der Betreffende bewußt und mit Willen einen Intimraum, eine Abgrenzung gegenüber Zudringlichkeiten *erarbeiten* muß, was anderen Menschen ganz natürlich gegeben, geschenkt ist. - Die Frage, warum jemand mit solch einem Lebensthema ankommt - er kommt immer auch noch mit vielen anderen Themen -, ist zwar spannend, aber für einen Normalsterblichen wohl nicht zu beantworten. Es ist, auch wenn man die hierher gehörenden methodischen Hinweise Rudolf Steiners einbezieht, nicht ersichtlich, wie man dabei über Spekulationen hinauskommen soll.

Zur Geburtssituation gehört auch eine genaue Darstellung der alltäglichen Lebensumstände, in die ein Mensch hineingeboren wurde. Wie war die Wohnung der Eltern? Gibt es erste Geruchserinnerungen? Welche Muster hatten die Tapeten? Welche Atmosphäre war da? Welche Menschen - mit welchen Beziehungen untereinander - lebten im elterlichen Haushalt zum Zeitpunkt der Geburt? - Oft ist es hilfreich, ergänzend diese Geburtssituation auch malen zu lassen. Man kann den Ratsuchenden in der Biographieberatung dann bitten, die sprachliche Schilderung seiner Geburtsumstände um eine bildliche zu ergänzen (Collage etc.), die in Farbe und Form noch einmal zum Ausdruck bringt, was in dieser Geburtssituation lebte. Oft ist es dann so, daß erst anhand eines Vergleichs der bildlichen mit der sprachlichen Schilderung das (ein) Lebensthema erkennbar wird.

So schildert z.b. jemand in goldenen Worten einen idyllischen Lebenszusammenhang auf dem Lande, in den er hineingeboren worden sei. Dann malt er aber ein Bild, bei dem uns ins Auge springt, daß *er* von dieser Idylle völlig isoliert war. Er malt sich, natürlich ohne sich dies bewußt so ausgedacht zu haben, als völlig alleine stehenden Menschen, während rundum die Idylle darin besteht, daß überall zwei oder mehrere Menschen etwas miteinander tun oder wenigstens einfach zusammen sind. Daß er einsam daneben steht, darin klingt ein „roter Faden" seiner späteren Biographie an: Er wird ein Außenseiter, der nur solange nicht alleine ist, wie er die Träume der anderen mitträumt, der aber sofort, auch äußerlich, einsam wird, sobald er die Träume der anderen aus der Distanz betrachtet und durchschaut. Jahrzehntelang kämpfte er gegen dieses Muster an, nicht direkt teilhaben zu können, bis er dann in späteren Jahren die in diesem Muster liegende eigentliche Aufgabe erfaßte und aufgriff: Er wurde Kriminalschriftsteller, der seine mehr zum Beobachten und Durchschauen als zur Teilhabe neigende Lebensrolle fruchtbar machte. Indem er diese Rolle nicht mehr einfach nur erlitt, sondern sie gestaltend aufgriff, sich aktiv in diese Rolle stellte, konnte er die in ihr liegenden kreativen Möglichkeiten verwirklichen - und damit verwirklichte er sich selbst. Er wurde recht berühmt und hatte darüber nun ganz andere soziale Kontakte mit Menschen, die jetzt *ihn* wirklich meinten. Und so war er auf diesem Weg auch weitgehend frei geworden davon, für andere nur solange interessant zu sein, wie er ihre Träume mitträumte.

Man würde es wahrscheinlich *live* der Geburtssituation nicht ansehen, inwiefern sie Hinweise enthält auf später sich entfaltende Lebensthemen. Ganz selten sind so speziell ungewöhnliche Umstände oder situative Details gegeben, daß man immerhin Vermutungen daran knüpfen möchte. Um ein amüsantes Beispiel zu erwähnen: Was soll man davon halten, wenn sich dem gerade Neugeborenen durch eine Verkettung komischer Nebenumstände in den ersten Sekunden nach der Geburt ein Wellensittich auf den Kopf setzt? Die einen werden es als witzigen Zufall betrachten, daß der Betreffende als Erwachsener Zoologe wurde und eine Kapazität in der Vogelkunde, die anderen werden da einen gewichtigen sinnhaften Zusammenhang sehen. Um der letzteren Fraktion etwas den Rücken zu stärken, sei noch darauf hingewiesen, daß dem Betreffenden erst Jahre nach seiner Berufswahl dieser exquisite Geburtsumstand bekannt wurde. Aber wie auch immer - wer, wenn er als Zeuge dieser Geburtssituation beigewohnt hätte, wäre damals auf die Idee gekommen, daß hier ein bedeutender Ornithologe soeben das Licht der Welt erblickt hat?

Daß sich dieser Zusammenhang zwischen bestimmten szenischen Attributen der Geburtssituation und später sich entfaltenden Lebensthemen erst nachträglich bemerkbar macht, erscheint verdächtig und läßt die Angelegenheit wenig „wissenschaftlich" erscheinen. Andererseits mag gerade hierin wiederum eine Konsequenz der inneren Nähe zwischen Biographie und Kunstwerk liegen: Während ein Bild gemalt wird, erkennt eigentlich noch niemand, und offenbar auch der Maler nicht, welche Sinnzusammenhänge sich darin verdichten. Vielmehr stellen sie sich *später*, wenn man damit lebt, allmählich heraus. Es scheint dies ein Beleg für den Zukunftscharakter des geistig Urbildlichen zu sein: Etwas wird irdisch, da es aber ursprünglich geistiger Natur ist, kann es nie ganz irdisch werden, es kann nur hereinwirken ins Irdische; etwas bleibt zurück, bleibt unverwirklicht, bleibt Zukunft und sucht deshalb *später* - beim Bild im späteren Umgang, bei der Biographie in ihrer späteren Entwicklung - immer wieder, sich weitergehend im Irdischen zu verwirklichen. Und meist bleibt doch ein Rest von Nicht-Verwirklichtem, so daß eben hier unsere Ausgangsfrage - Wo will das hin? - ihren eigentlichen Anknüpfungspunkt hat.

Schon der Geburtssituation also gibt das Ich Gestalt. Dies ist das erste Beispiel für die in Kapitel 2 (siehe S. 29 ff) dargestellte

14. Zur Signatur der Geburtssituation

zweite Ebene der Ich-Wirkung. Es wurde dort dargelegt, daß das Höhere Ich eines Menschen nicht nur in diesen - in sein Willensleben und seine Leiblichkeit, in seine Ideale und Impulse - einstrahlt, sondern auch seine Umgebung mit-überstrahlt. Das zeigt sich darin, daß das Höhere Ich Ereignisse mitkonstelliert, Begegnungen herbeiführt etc., die den Betreffenden an seine Lebensziele und „roten Fäden" heranführen sollen. Das erste Mal entfaltet das Höhere Ich die entsprechende Wirksamkeit offenbar in der Konstellation der Geburtssituation. Man kann sich vorstellen, von wie langer Hand so etwas sich vorbereitet.

Ein junger Mann, der in seinem Wesen etwas Altväterliches hatte, dem jedenfalls immer wieder vorgeworfen wurde, er verhalte sich wie ein Großvater, sah zwanghaft sein ganzes Leben unter einem Satz stehend, den sein Großvater direkt bei seiner Geburt gesprochen hatte: „Jetzt habe ich endlich einen Freund." Tatsächlich entwickelte sich rasch eine außerordentliche Nähe zwischen dem kleinen Jungen und seinem Großvater, die aber nicht die Nähe zwischen Opa und Enkel war, sondern die zwischen brüderlichen Gesprächspartnern. Der Junge wurde schnell altklug und sprach eben, wie der Gesprächspartner eines älteren Mannes, nicht wie ein Kind spricht. Es wurde ein Signum seiner ersten Lebenshälfte, der vernünftige Gesprächspartner zu sein. So versäumte er es, der unvernünftige, selbst wollende, auch einmal egoistische Partner zu sein. Erst als er dieses aufgriff - ein unvernünftiges Kind sein zu dürfen —, indem er Jazzmusiker wurde und seine bürgerliche Laufbahn eines Verwaltungsinspektors an den Nagel hing, hatte er seinen roten Faden gefunden.

Man möge an diesem Beispiel sehen, welch umfassende Vorbereitung notwendig ist, damit der Großvater dieses Kindes, das das Schicksal hat, keine Freunde zu haben, genau zu der Stunde bei seiner Tochter vorbeikommt, zu der sie gebiert - der errechnete Termin lag fünf Tage später -, um dann diesen, für das Kind so schicksalsschweren Erleichterungsseufzer zu tun.

So wirkt und spricht das Höhere Ich schon am Anfang der Biographie. Der Anfang sagt, worum es geht.

15. Sprache des Anfangs II –
Die Bedeutung der landschaftlichen Herkunft

Wenn wir von einem geistigen Menschenbild ausgehen, so können wir annehmen, daß das Ich sich unter sozialen, menschlichen und geographischen Gesichtspunkten den Ort sucht, von dem aus es seine künftige Biographie entfalten möchte. Das Ich sucht sich die Ausgangsbedingungen, von denen es annehmen kann, daß sie besonders geeignet sind für die Ziele und Aufgaben, die es auf die Erde mitbringt. Dazu gehören auch die geologischen und landschaftlichen Verhältnisse, in die ein Mensch hineingeboren wird. Auch in dieser Wahl spricht sich etwas aus von dem, worum es einer beginnenden Biographie gehen soll. So gehört zu den Fragen über die Ausgangssituation einer Biographie (siehe Kapitel 14, S. 113 ff) auch dies: In welche Landschaft und Geologie wird da ein Mensch hineingeboren?

Wenn man sich z.b. die Geologie des Neckartals im Schwäbischen vergegenwärtigt, so fällt ihre sehr differenzierte Schichtung aus ganz feinen geologischen Elementen auf: Kiesel, Ton, Muschelkalk. An Menschen, die dort geboren sind - also im Raum Heilbronn, Stuttgart, Tübingen -, ist zu bemerken, wie sich das Gestaltungselement dieser speziellen Geologie in ihren Seelen widerspiegelt. Sie nehmen etwas von dieser Geologie in ihr Seelenleben auf, und daraus gehen dann Dichter und Philosophen hervor, deren Lebenswerk fein ziselierte, differenziert geschichtete Empfindungs- und Denkarten sind: Hölderlin, Mörike, Oetinger, Schiller, Hegel. Und man findet hier, wenn es nicht ins Dichterisch-Philosophische geht, den schwäbischen Tüftler. Es ist wohl kein Zufall, daß dieser Landstrich heute ein Zentrum der elektronischen Feintechnologie ist. - Kommen Lebensunsicherheiten hinzu, so findet man hier Menschen mit sehr differenzierten Wahnkrankheiten - die Tüftelei und Vielschichtigkeit verkehrt sich dann ins Wahnhafte. Sich den differenziertesten und verzweigtesten Vermutungen zu überlassen, einen abwegigen Gedanken bis zu seiner Verdrehung ins Skurrile so unnachsichtig und in allen seinen Konsequenzen zu verfolgen - das geht dann leicht ins Paranoide, und das gehört auch zum Schwäbischen. Nirgendwo gedeihen so viele Sekten mit den ausgearbeitetsten religiösen Vorstellungen wie hier.

Ganz anders geartet sind die Menschen im Ruhrgebiet. Ihnen liegt nun diese schwäbische Gedanken- und Empfindungstüftelei überhaupt nicht. Hier sucht man das Gerade, Eindeutige, Direkte. Etwas Mineralisches liegt im Wesen der Menschen hier. Sie suchen die mineralische Klarheit und Geradlinigkeit. Hier ist als seelische Geste etwas zu finden, was im Ruhrgebiet auch im Boden liegt: Dadurch, daß das mineralisierte Pflanzliche, die Kohle, aus der Erde geholt wird, werden - so mag man sich das bildlich vorstellen - jede Menge Elementarwesen frei, die in den Gewohnheitsleib und die Denkart der Menschen hier schlüpfen und ihnen einen Zug ins Schroffe, aber auch ins Grundehrliche geben; einen gewissen Zug ins Physische, ins Stein-Werden, einen Zug ins Eckige, aber auch Realistische. Hier also werden Menschen geboren, die sich im diesmaligen Erdengang etwas an Phantasie und Gemütsweichheit erarbeiten wollen.

Gestaltungskräfte eines Landstrichs, welche die umgebende Natur prägen, tragen also auch zur Denk- und Empfindungsart seiner Menschen bei.

„Jedem Anfang wohnt ein Zauber inne." - Man hat oft das Erlebnis, daß am Anfang einer Begegnung, am Anfang einer gemeinsamen Initiative, am Anfang einer neuen Arbeit dasjenige besonders nahe ist, worum es geht, was jetzt zu realisieren begonnen
werden soll. Am Anfang, so kann man empfinden, ist anwesend,
was sich in dem aussprechen möchte, das jetzt beginnt. Aber
schon kurz danach, oft schon wenige Wochen später, geht dieses
Gefühl, in etwas Neues und Wesentliches erhoben zu sein, wieder
verloren. Der Alltag überdeckt den frühen Zauber, und bald hat
man den Anschluß an die erhöhte Gegenwart im Anfangen verloren. Enttäuschung, Frustration oder schiere Routine drängen sich
in den Vordergrund, und oft weiß man schon bald nicht mehr,
wofür man da vor kurzem angetreten ist.

Das ist so und scheint seine Richtigkeit zu haben. In Fortführung des in Kapitel 14 Dargelegten können wir davon ausgehen, daß in Anfangssituationen der eigentliche Sinn dessen sich
ausspricht, was da werden möchte. Später scheint es dieser Sinn
schwerer zu haben, sich bemerkbar zu machen. Je mehr Routine
und Alltäglichkeit sich breitmachen, um so strukturierter, geschlos-
sener, festgelegter wird der Vorgang und um so schwieriger
scheint es für die Ebene des geistig Urbildlichen zu sein, sich
direkt in den irdischen Vorgängen darzustellen. - Seine Richtigkeit
dürfte dies insofern haben, als es in der Biographie des Menschen
nicht darauf ankommt, geistig Gewolltes - auch wenn es das vom
eigenen Höheren Ich Gewollte ist - einfach und direkt auszuleben
oder umzusetzen. Vielmehr geht es in der menschlichen Biographie darum, das geistig Gewollte, die aus karmischen Gründen
mitgebrachten Ziele und Aufgaben, in die irdischen Verhältnisse
hineinzuarbeiten. Erst so wird Wandlung möglich. Es *müssen*
Widerstände und Hindernisse auftreten, gegen die etwas erarbeitet, errungen werden kann. So erst erfüllt der Mensch die Aufga-

be, das Geistige mit dem Irdischen zu verbinden. So erst wird er seiner geistig-physischen Doppelnatur gerecht. - Dies jedenfalls ist anzunehmen, wenn man von einem geistigen Menschenbild ausgeht. Deshalb ist es interessant und aufschlußreich, sich die Umstände der Situation genau vor Augen zu führen, unter denen eine bestimmte biographische Phase beginnt. Gerade das scheinbar Nebensächliche spricht oft am deutlichsten.

Wie z.B. war genau die Situation, wie waren die ersten Eindrücke, als sich zwei Menschen erstmals begegneten, die dann später einander heirateten? In diesem Moment des Anfangs wird - in der nachträglichen Betrachtung! - oft schon etwas von dem sichtbar, was dann Aufgabe - und möglicherweise auch Anlaß des Scheiterns - dieser Ehe wird. Es fällt z.b. auf, daß die Trennung offenbar meistens von dem Partner ausgeht, der im ersten Moment der Begegnung ein Abgrenzungserlebnis am späteren Partner hatte. Eine Frau berichtet, daß sie ihren Mann auf der Tanzdiele kennenlernte, als sie gerade hoffte, von einem bestimmten anderen Mann aufgefordert zu werden. Stattdessen forderte sie dann aber derjenige auf, der später ihr Ehemann wurde. Er hatte sie an diesem Abend schon lange beobachtet und sich stark zu ihr hingezogen gefühlt, gerade wegen der Zurückhaltung, die er an ihr wahrnahm. Im ersten Moment nun, als er auf sie zuging, schoß ihr durch den Kopf: „Bloß den nicht!" Aber dann verliebte sie sich doch am selben Abend noch in ihn. Sie heirateten bald, verbrachten einige glückliche Jahre - bis sich bei ihr das Gefühl einschlich, sie müßte noch einen ganz anderen Menschen suchen. Und schließlich tat sie das auch. - Was sie im ersten Moment an ihrem späteren Mann so sehr beeindruckte, das war der Mut, mit dem er auf sie zuging. Sie selbst war in solchen Dingen immer sehr zaghaft - an jenem Abend z.B. zu zaghaft, um auf den Mann zuzugehen, den sie eigentlich im Auge gehabt hatte.

Man sieht, wie beides - der Sinn dieser Begegnung und das Scheitern der Ehe - im ersten Moment szenisch bezeichnet war. Ein Sinn dieser Begegnung, von der wir annehmen können, daß sie „karmisch gewollt" war, lag offenbar darin, aneinander Ergänzung zu finden, in der Auseinandersetzung mit dem anderen eigene Einseitigkeiten zu überwinden. Im Schicksal der Frau mag es gelegen haben, in dieser Begegnung sozialen Mut zu entwickeln; für ihn, der - polar dazu - von ihrer Zurückhaltung und Scheu so sehr beeindruckt war, ging es wahrscheinlich darum, einen Ausgleich zu seiner Einseitigkeit zu finden, die darin lag, immer sofort zupacken zu müssen. - Aber es spricht sich in diesem Moment des Anfangs auch aus, daß diese Auseinandersetzung oder Beziehung keineswegs die Form der Ehe hätte annehmen müssen.

In einem anderen Fall lernte ein junger Mann seine spätere Ehefrau am Telefon kennen. Die Klarheit und Wahrhaftigkeit, die in ihrer Stimme lag, faszinierte ihn. Er selbst war ein Mensch, der sehr viel Unklarheit und Unwahrhaftigkeit in seinem Leben herbeigeführt hatte; und die Ehe scheiterte später daran, daß die Klarheit der Frau den Mann immer mehr in die Verstellung trieb. Statt sich zu der Klarheit zu entwickeln, die er an ihr gesucht hatte, an der er sozusagen teilnehmen wollte, kippte der Umgang mit diesem Lebensthema um. - Die szenische Vorwegnahme der Scheidewegsituation in dieser Begegnung lag - jedenfalls für den Mann - auch hier schon im ersten Telefongespräch, das sie wegen eines gemeinsamen Bekannten geführt hatten und in dem sie ihn mit ihrer Klarheit so beeindruckte, indem sich durch einen technischen Defekt ein Rauschen einstellte, so daß *sie ihn* plötzlich undeutlich, eben unklar hörte - während sich bei ihm als Empfänger das Rauschen nicht bemerkbar machte.

Ein anderes Mal lernt eine Frau einen träumerischen jungen Mann in einer spirituellen Lebensgemeinschaft kennen. Die Situation ist die, daß sie ein Zimmer neben ihm hat. Eines Tages geht sie zu ihrem Zimmer und muß dazu an seinem Zimmer vorbei. Die Tür zu seinem Zimmer steht offen, sie schaut kurz hinein und sieht, wie er gerade seine Koffer packt. Man kommt ins Gespräch. Er blieb daraufhin. Man verliebte sich, heiratete. - Nach zwei Jahren war er verschwunden, offenbar auf der Suche nach der Verwirklichung seiner Träume. „Als ich ihn kennenlernte, packte er gerade die Koffer." Damit ist die Signatur bezeichnet, unter der diese Begegnung stand. Er war ständig, trotz seiner Verliebtheit, drauf und dran, „die Koffer zu packen"; war unruhig auf der Suche nach besseren Welten. Sie dagegen war ständig bestrebt ihn zu halten. Und dies war schon immer *ihr* Bestreben: etwas festhalten zu wollen. Man meint, es geradezu zu hören, was ihr „Schicksal", ihr Höheres Ich im ersten Moment der Begegnung antrieb: Da ist einer, den man loslassen muß. Verliebe dich *und* lasse los. - Die Aufgabe war, loslassen zu lernen, nicht heiraten.

Die Umstände der Situation, in denen das Wesentliche einer Begegnung sich oft schon ausspricht, können derart peripher sein, daß sie gar nicht bewußt im Gedächtnis bleiben. Dennoch erstaunt, wie genau - im Erzählen oder, wenn man darum bittet, im Malen der Anfangssituation - der Betreffende, aber eben ohne sich dessen bewußt zu sein, diesen Hinweis auf das Eigentliche zu bezeichnen vermag. Das Schicksal kommt am Rande. Man sucht es oft in den großen Worten, den dramatischen Ereignissen und den kühnen Handlungen. In ihnen aber spricht sich eher das aus, was erwartet, erhofft und gewünscht wird, weniger das, worum es schicksalhaft tatsächlich geht. Letzteres zeigt sich in der Anfangssituation oft genau, aber eben von der Seite her, am Rande, im Detail.

Fünf Menschen tun sich in gemeinsamer Begeisterung, in feierlichen Akten und Reden zu einem sozialen Projekt zusammen. Am Abend der Einweihung des Projekts holt eine der initiativen Mitarbeiterinnen einen Kollegen von zu Hause mit dem Auto ab. Man ist in Hochstimmung, freut sich auf die neue gemeinsame Aufgabe: ein Waisenheim für ausländische Flüchtlingskinder. Die Mitarbeiterin parkt, läßt den Motor noch laufen, der Kollege steigt aus, geht hinter das Auto, um etwas aus dem Kofferraum zu holen. In diesem Moment würgt sie, selbstverständlich ohne Absicht, den Motor ab. Da sie noch den Rückwärtsgang eingelegt hatte, macht das Auto einen kurzen Satz nach hinten. Der Kollege wird am Knie getroffen, fällt hin, objektiv ist er nicht verletzt, er empfindet aber einen ganz kurzen Moment lang die Angst, überfahren zu werden. - Sie entschuldigt sich sehr, bald ist der Vorfall vergessen, man findet in die Hochstimmung zurück.

Wenige Monate nach diesem feierlichen Anfang beginnt dieselbe Mitarbeiterin, mit einer gewissen Doppelbödigkeit zu intrigieren. Man erlebt sie so, daß man sagt: „Sie ist hintenherum", zeigt also eine freundliche Fassade, hinterrücks aber wirkt sie destruktiv. Machtpositionen werden wichtiger als das Projekt selbst. - Schließlich fühlen sich drei, darunter auch der schon erwähnte Kollege, überfahren; sie meinen, dieser Frau nichts mehr entgegensetzen zu können, und verlassen das Projekt.

Warum eigentlich sind diese fünf Menschen zusammengekommen? Doch nicht, um zu scheitern, möchte man annehmen. Führt man sich noch einmal die Anfangssituation dieser Projekteinweihung ganz genau vor Augen, so findet man einen Hinweis: Die Mitarbeiterin holt den Kollegen ab. Es besteht also, in diesem Moment, in bezug auf die Fortbewegung eine Art Abhängigkeit des Kollegen von der Frau. Daran angeknüpfte Nachfragen bei den Beteiligten ergeben nun, daß besagte Mitarbeiterin tatsächlich die Initiantin des ganzen Projekts war. Es war primär *ihr* Anliegen, daß ein solches Waisenhaus zustandekäme. *Sie* fühlte sich verantwortlich. Und aus ihrer Sicht zogen die anderen mit, übernahmen selbst aber keine Verantwortung. Als der Kollege nun ausstieg an jenem Abend, um das Geschenk für den Festredner aus dem Kofferraum zu holen, war *sie* einen Moment irritiert, weil sie eigentlich die Verantwortung dafür nicht abgeben wollte. - Man sieht, wie hier von vornherein Ambivalenzen um das Thema Verantwortung und Abhängigkeit eine Rolle spielen. Die Anfangsbegeisterung hatte all dies „unter dem Teppich" gehalten. Doch die eigentliche Anfangssituation des Projekts stellte an jenem Abend den ganzen Konflikt schon szenisch dar, der den Beteiligten damals noch längst nicht bewußt war. - Also wofür sind sie zusammengekommen? Offensichtlich, um Wandlung zu finden, jeder für sich, im Bereich von Abhängigkeit und Autonomie, von Unterordnung und Verantwortung. Aber durch die Jubelstimmung, die laut von Gemeinschaftlichkeit sprach, wurde nur übertönt, daß man einander doch sehr fremd war. Man hatte über das Zwischenmenschliche eines solchen Projekts gar nie gesprochen.

Hinterher ist man immer klüger. Was hätte man in diesen Beispielen eigentlich anders machen sollen? - Darum geht es nicht.
So wie es ist, ist es richtig, jedenfalls kann es so geführt werden,
daß es richtig wird. Was die Situation erfordert, ist nicht sogleich
ein anderes Handeln, sondern, daß man nicht so ausschließlich
auf das blickt, was man sich wünscht, vielmehr auf das, was einfach tatsächlich ist. Von da aus können sich dann vielleicht auch
andere Handlungen ergeben.

Wie hängen Begegnung, Partnerschaft und auch Trennung mit der Individualbiographie zusammen? Dazu hier einige Aspekte.

Ein häufiges, freilich zunächst unbewußtes Motiv der Partnerwahl ist die Stellvertretung: Man wählt einen Partner zur Heirat, der in seinen Eigenarten etwas von dem lebt, was im eigenen Urbild angelegt, aber noch nicht verwirklicht ist. Das wäre nicht weiter beachtenswert, wenn nicht gerade dieses Motiv bereits einen häufigen Trennungsgrund enthielte.

Am Beispiel der Wahl eines Partners mit entgegengesetztem Temperament kann man dieses Motiv aus der nachträglichen Überschau etwa so rekonstruieren: Frau B ist Sanguinikerin, meistens heiter, sie kennt tausend Leute, hat aber kaum ernsthafte Freundschaften. Aus schnell entflammbarer Begeisterung fängt sie immer wieder etwas Neues an, neue Sportaktivitäten, neue Hobbies, verliert aber schnell wieder das Interesse. - Nun lernt sie Herrn C kennen. Der ist Melancholiker. Mit Akribie und unerbittlicher Konsequenz verfolgt er die einmal eingeschlagene Richtung. Er weiß gründlichst sämtliche Aspekte und Nebenaspekte eines jeden Sachverhalts zu bedenken zu geben und wägt entsprechend sorgsam seine Entschlüsse ab. Für Frau B ist die etwas gedämpfte, aber zuverlässige Art von Herrn C zunächst wohltuend. Sie erlebt sich wie gefestigt in der Beziehung mit ihm. Man heiratet, weil man sich so gut ergänzt. Aber schon wenige Monate nach der Hochzeit schleicht sich ein dröges Gefühl ein bei Frau B: Ständig und den ganzen Tag und bei jeder Angelegenheit so wohlbedacht mit den Dingen umzugehen, vergällt ihr den Spaß. Sie möchte, wenn sie Lust hat, ins Kino zu gehen, nicht erst erörtern müssen, ob das Haushaltsgeld das auch hergibt. Und wenn sie auf einem Betriebsfest neue Gesichter kennenlernt, dann will sie Einladungen spontan annehmen, statt von ihrem Mann hören zu müssen, daß es doch terminliche Probleme ergäbe, wenn man immer mehr

Bekannte hat. - Was ihr erst als schöne und wichtige Ergänzung zu ihren Eigenarten erschien, wird ihr zunehmend lästig, und bald verachtet sie die Bedenkenmeierei ihres Mannes. Vier Monate später trennen sie sich.

Es ist nicht das Motiv der ergänzenden Partnerwahl selbst, das hier zu Problemen führt, sondern der Umgang damit. Der Ergänzungswunsch bei der Partnerwahl kann wohl erst dann konstruktiv werden, wenn die Bereitschaft besteht, sich das, was der Partner schon hat und lebt, aktiv selbst zu erarbeiten. Wenn man den Partner mit seinen komplementären Eigenschaften nicht als Ansporn und Leitbild nimmt, sondern nur als eine Art Stellvertreter, so mißlingt das Ziel der Partnerwahl. Das Problem entsteht, wenn man den eigenen Bezug und Zusammenhang mit den komplementären Eigenarten damit für abgehakt hält, daß man einen Partner gewählt hat, der sie vertritt. Man will passiv, durch das schiere Verheiratetsein, an der Ergänzung des eigenen Wesens teilhaben und meint, damit sei man schon vollständig. Aber auf diesem Weg ist das eigene Urbild, das zu seiner Verwirklichung tatsächlich der komplementären Ergänzung bedarf, noch nicht erreicht. Dieses Ziel würde man erst auf den Weg bringen - in vorliegendem Beispiel -, indem man sich selbst, übend, etwas vom Gegenpol des eigenen Wesens erarbeitet. Werden die Dinge nicht so ergriffen, kippt die anfängliche Attraktivität des Partners um, und schnell fühlt man sich erschlagen, bedrängt und abgestoßen von dem, womit man sich zunächst so sehnsuchtsvoll verbunden hat. So wird aus dem Motiv der Partnerwahl unversehens das Motiv der Trennung.

Man ruiniert sich schnell die Freude am Zusammenleben, wenn man es auf das stellt, was man tagtäglich am Partner erlebt. Stattdessen wird es immer deutlicher: „... auf Bilder, auf Imaginationen, die sich der Mensch vom Menschen machen kann, auf Anschauen des Seelisch-Geistigen im Menschen, wird auch der unmittelbare persönliche Verkehr gestellt werden müssen".[29] Jede langfristige Verbindung lebt davon, daß die Partner ein Bild vom Urbild des anderen haben, daß sie ein Bild davon haben, welche Möglichkeit im anderen steckt, und daß sie sich, besonders im Konflikt, *darauf* stellen können statt auf das, was sie alltäglich aneinander erleben.

Es liegt eine Tragik darin, daß der Anfang einer Begegnung, die erste Begeisterung, die Verliebtheit spontan und intuitiv ein solches Bild vom Urbild des anderen zeigen kann, daß es aber bald wieder aus dem Blick gerät. Der Blick auf das Urbild des anderen verdüstert sich oft im Beziehungs- und Ehealltag, und dann wirft man insgeheim, später offen dem anderen vor, daß er im Alltag nicht so ist, wie man es von seinem Urbild her erwarten könnte. Die Urbild-Anschauung hat keinen Bestand, sobald regelmäßige Nähe und gemeinsame Gewohnheitsbildung eintreten. Erst in der Krise, der Ehekrise etc., die immer mit vorübergehender innerer Distanzierung zu tun hat, kann der Blick auf das urbildhaft Mögliche des Partners wieder frei werden.

So ist Verliebtheit ein schlechter Grund zum Heiraten, wenn es der einzige ist. Der Ehealltag kann schnell verdecken, worum es bei der Begegnung und Verbindung zweier Schicksalswege eigentlich gehen könnte. Auch Beziehungen haben ein Urbild - so dürfen wir annehmen. Das mit der Begegnung zweier konkreter Menschen urbildlich Gemeinte kann verlorengehen, aus dem Blick geraten oder erst gar nicht in den Blick kommen, wenn man aus Verliebtheit die Verbindung, die Ehe nur ganz persönlich nimmt. Viele Partner finden diesen freien Blick auf die Urbilder des anderen und der Begegnung mit ihm durchaus wieder - oder finden sie nachträglich, aus Anlaß der Schwierigkeiten im Beziehungsalltag. Sie finden diese wesenhafte Ebene dann, wenn sie die Krisen, die sich aus dem gemeinsamen Alltag ergeben, nicht als schnell zu beseitigende Störfälle auffassen, sondern als Anlaß für die Besinnung auf das, worum es eigentlich zwischen ihnen geht. Partnerschaftskrisen schaffen vorübergehend Distanz. Das ängstigt natürlich, ist aber eine gute Bedingung dafür, sich wieder neu und wesentlicher zu finden. In der Verliebtheit dagegen geht jede Distanz verloren bzw. wird, eben weil man verliebt ist und das am anderen urbildlich Geschaute für real hält, gar nicht gewollt. Gerade darüber aber verliert man schnell den Anschluß daran, was man in der Auseinandersetzung mit dem anderen eigentlich finden könnte. Denn die fruchtbare Auseinandersetzung fordert nicht nur Nähe und Zueinanderhalten, sondern auch Distanz. Man sieht Ehe zunächst als Recht, später als Pflicht zur Nähe. Das aber macht es so schwer, den eigentlichen Sinn der Begegnung, das vielleicht auch karmisch mit ihr Gewollte real werden zu lassen.

Diese Distanzpflege in der Beziehung oder in der Ehe widerspricht einerseits den romantischen Vorstellungen, die man so hat; ja schon der Gedanke daran kann Ängste auslösen. Andererseits gibt es inzwischen zahlreiche Beispiele dafür, wie befreiend und erneuernd es sich auf das eheliche Leben auswirken kann, wenn man die Qualität der Ehe nicht nur an der Anzahl der Stunden mißt, die man räumlich zusammen ist. Es geht darum - jedenfalls bei Verbindungen, die schon eine Geschichte haben -, die Andersartigkeit des anderen bewußt und gezielt zu suchen *und zu wollen*. Ein prekärer Gedanke - sehnt man sich doch nach der Gleichheit oder zumindest nach der Angleichbarkeit oder Anpassungsfähigkeit des Partners. Die Erfahrung, daß auch der Ehepartner im Kern seines Wesens eine einzigartige und damit fremde Individualität ist, kann davon befreien, im alltäglichen Zusammenleben ständig Angleichung und Übereinstimmung finden zu wollen. Dann bekommt die Ehe eine geistige Dimension.

Mit anderen Worten: Wir sind einerseits auf der Ebene unserer Alltags-Iche verheiratet und zum anderen auf der Ebene unserer Höheren Iche. Die Verbindung eines Höheren Ich mit einem anderen Höheren Ich wird man, legt man ein geistiges Menschenbild zugrunde, als absolut ansehen müssen. Da gibt es nur ein Entweder-Oder.

Was aber das Alltags-Ich betrifft, so sind wir nur teilweise verheiratet, wenn wir verheiratet sind. Das kann es nicht geben, daß eine Verbindung zwischen zwei konkreten Menschen mit ihren jeweiligen Vorzügen und Schwächen, Fähigkeiten und Unfähigkeiten und Eigenarten rundherum vollständig ist. Die beiden Alltags-

Iche lassen sich nicht vollständig aufeinander abstimmen. Vielmehr ist es real so, daß einige Seiten sich gut zusammenfügen mit bestimmten Seiten des Partners, daß einige andere Seiten vom Partner gut akzeptiert werden oder sogar mit Interesse betrachtet werden können, daß aber darüber hinaus ein Rest von Eigenarten etc. bleibt, die sich nicht zur Deckung bringen lassen, weder im Sinne der Harmonisierung noch im Sinne der polaren Ergänzung. So geht er vielleicht gerne kegeln, und sie liest gerne. Beides hat nichts miteinander zu tun. Da die Partner aber meinen, es müßte miteinander zu tun haben - „Wenn du mich wirklich liebtest, würdest du auch einmal ein Buch lesen" -, entstehen aus Nichtigkeiten tiefgreifende Zerwürfnisse.

Irgendwann blickt man dann nur noch auf solche Verschiedenheiten, nimmt sie persönlich, konstruiert Unvereinbarkeiten daraus und hat nun Stoff für Machtkämpfe - „Was ist wichtiger, Lesen oder Kegeln?" Die Ehe besteht schließlich nur noch darin, daß man sich solche angeblichen Unvereinbarkeiten gegenseitig vorwirft. - Dies alles, weil man den Anspruch hat, auch mit dem Alltags-Ich hundertprozentig verheiratet sein zu müssen. Das geht aber nicht. Man kann sich als konkrete Persönlichkeit nicht vollständig und ausschließlich dem Zusammensein mit einer anderen Persönlichkeit verschreiben. Oder, um es anders zu sagen: die Biographie der Eheleute besteht nicht ausschließlich darin, daß sie verheiratet sind. Jeder der beiden hat vor und während der Ehe persönliche Bestrebungen zu verfolgen, Anteile seiner selbst zu leben, die mit der Ehe gar nichts zu tun haben müssen. Daß er gerne kegeln geht und sie gerne liest, hat mit der Tatsache, daß die beiden verheiratet sind, einfach gar nichts zu tun. Man ist nie *nur* Ehepartner.

Der Partner ist immer auch ein anderer, ein eigener. Zwanghafte Angleichungsversuche oder der Angleichungsdruck - „Wenn ich gerne kegeln gehe, mußt du auch gerne kegeln gehen" - sind destruktiv und bewirken in kurzer Frist das Gegenteil dessen, was sie verfolgen. Der Gleichheitsdruck zerstört die Substanz der Verbindung.

Eine tragfähige Verbindung sucht und will das andere, ja Fremde im Partner, sucht die Auseinandersetzung damit, begleitet es mit herzlicher Phantasie und nimmt es als Anstoß für die weitere Entfaltung des eigenen Weges. Solche Ehen sind haltbar. Sie durchleben Wandlungen, die sich eben aus der Anerkennung der Andersartigkeit des anderen ergeben. Das gilt schon für die elementare Verschiedenheit von Mann und Frau, die die Grundlage jeder Andersartigkeit in der Verbindung der Ehepartner ist. „Wirkliche Verbindung aber kann entstehen, wenn das Männliche im Weiblichen und das Weibliche im Männlichen *das ganz andere* sucht und findet, das ganz Fremde, eben nicht das eigene Bekannte."[30] Man tritt über eine Schwelle, wenn man sich die Individualität des anderen vergegenwärtigt. Substantiell verbindet aber erst dies und nicht schon das Harmonieren einiger Eigenschaften oder Interessen. Erst als Individuen, die sich als solche wahrnehmen und anerkennen, können wir solidarisch sein und ein gegenseitiges Interessenniveau aufrechterhalten. *So* gehören Ich und Du zusammen. „Suche das ganz weit von dir Entfernte, ... das bist du."[31]

Nun ergeben sich daraus auch einige Gesichtspunkte, die für die Auffassung von der Bedeutung einer Trennung in Betracht kommen. Es hängt vom Willen der Beteiligten ab, ob eine räumliche Trennung eine menschliche Trennung ist oder eine besondere Form der Verbindung, nicht vom Einwohnermeldeamt. Es gibt einerseits eine innere, seelische Trennung durch jahrelange Entfremdung und Vereinsamung in der Ehe, auch wenn sie äußerlich völlig intakt erscheinen mag; und es gibt andererseits eine konstruktive Form der ehelichen Verbundenheit, ohne daß die Partner überhaupt oder ständig räumlich zusammenleben. Und dazwischen gibt es alles.

Ohne daß Ratsuchenden Rezepte gegeben werden sollten, können doch Beispiele gedeihlicher partnerschaftlicher und auch ehelicher Verbundenheit bei Wahrung einer gewissen Distanz benannt werden: Manche wählen den getrennten Alltag, eine getrennte Wohnung, sehen sich nur alle zwei Tage, telefonieren viel, schreiben sich. Als Beratender kann man den Eindruck haben,

daß solche Formen der Verbundenheit oft lebendiger, wandlungs-
fähiger und innerlich stabiler sind als die hergebrachte Form. Freilich, wenn dann Kinder da sind, muß ein gemeinsamer mensch-
licher Raum geschaffen werden. Aber dies geht vorüber, und
diese Phase ist ihrerseits gestaltbar und kein Kismet. Wir werden
auf diesem Feld in Zukunft viel experimentieren müssen, denn es
zeichnet sich ab, daß die Wahrung der Achtung vor der Individualität des Partners zunehmend daran gebunden ist, daß man im Alltag nicht *nur* gemeinsame Gewohnheiten bildet. Die Pflege eines
gewissen Eigenlebens, und zwar in Grenzen, die für beide akzeptabel sind, könnte sich als grundlegend für die Haltbarkeit der
Ehen herausstellen.

Es gibt, wenn es um die Alltags-Seite der ehelichen Bindung
geht, nicht nur ein Entweder-Oder. Um die andere Seite des gleichen Mißverständnisses handelt es sich, wenn man meint, man
sei menschlich schon deswegen getrennt, weil der Partner ausge-
zogen ist. Nach gegenseitigen Zerwürfnissen, nach Enttäuschungen u.a. ist es zwar einleuchtender Schritt, wenn einer oder beide
Partner ausziehen wollen, aber eine Trennung ist dies noch nicht.
Man verwechselt dabei Trennung und Getrennt-Sein-Wollen.
Denn seelisch geht die Beziehung, wenn auch meistens mit einseitig negativer Färbung, noch über Jahre weiter. Solange man
dem Partner noch Vorwürfe macht, Forderungen stellt, solange
man noch Gewesenes beklagt und Versäumtes betrauert, solange
man noch Fragen aneinander hat - wenn es auch zornige sind, ja
weil es zornige sind -, haben sich die Partner noch nicht voneinander gelöst.

In der ersten Zeit - mindestens zwei Jahre - nach der räum-
lichen Trennung wird fast immer seelisch noch eine Verbindung
bestehen. Sie muß gelebt werden. Es müssen Formen gefunden
werden, die eine Aufarbeitung, die Aussprachen über das Vergangene und gegebenenfalls ein neues, sicher distanzierteres Interesse ermöglichen. Trennung ist Arbeit mit dem Partner. Eine Trennung ist, wie die Partnerschaft auch, nicht durch Entschluß
herbeigeführt. Sie muß, wenn es irgend geht, gemeinsam, erar-

beitet werden. Dafür braucht es Zeiträume. Wenn die Trennungsarbeit nicht mit dem Partner geleistet werden kann oder soll - weil z.b. eine Frau sich verständlicherweise nicht mehr mit dem Mann zusammensetzen möchte, der sie jahrelang in der Ehe vergewaltigt hat -, dann kann sie auch mit einer beratenden Person durchgeführt werden. Räumliche Trennung und seelische Trennung sind also zwei verschiedene Dinge. Sie haben geradezu kaum etwas miteinander zu tun.

Dies alles enthält keine Wertungen oder Empfehlungen, sondern beschreibt, was in der Beratungsarbeit an Faktischem und an erarbeiteten Lösungen begegnet. Andererseits: auch die Ehe als Institution hat ein Urbild. Es scheint sich wandeln zu wollen. Vielleicht ist dies eine Antwort darauf, daß die Individualbiographien unberechenbarer geworden sind. Jedenfalls erschöpft sich eine Individualbiographie heute nicht mehr darin, daß jemand verheiratet ist - oder vielmehr, um die andere Bedeutung des Wortes „Erschöpfung" heranzuziehen, sie erschöpft sich zusehends darin.

Im allgemeinen nehmen wir die Ehe zu persönlich. Wir fragen nur, was sie uns bringt, und beklagen, daß sie uns einschränkt und eben erschöpft. Eine andere Fragerichtung zeichnet sich ab: Wie kann ich mein individuelles Leben so führen, daß die Ehe als fördernder gemeinsamer Weg, auf dem eine geistige Substanz entstehen kann, die aus einem Individualweg nicht hervorgehen kann, möglich wird? Was bin ich für die Ehe - und was bin ich nicht für die Ehe? Wo überfordere ich mich, welche Seiten meiner Person wollen sich schlecht in das Verheiratetsein fügen? Und wo überfordere ich den Ehegedanken? Wo den Partner? Wieviel Ehe ist heute zwischen meinem Partner und mir konkret möglich? Sind wir nicht frei, dies zu gestalten und es eben dadurch ständig zu erweitern?

Es soll hier darauf ankommen, den Blick, der bisher nur auf das einzelne Individuum gerichtet war, etwas zu weiten und zu fragen: Wie steht eigentlich der einzelne und wie steht seine Entwicklung in der Zeit, in der er lebt? Und welches Verhältnis besteht insbesondere heute zwischen einer Biographie und der Zeitsituation? Zur Einleitung sei auf eine eigentlich exotische und statistisch kaum ins Gewicht fallende Randgruppe hingewiesen: auf die Menschen, die straffällig werden. Und unter diesen wiederum sei eine Untergruppe ins Auge gefaßt, deren Biographie durch eine eigentümliche Ruhelosigkeit gekennzeichnet ist. Das sind Menschen, die von Jugendjahren an „auf Trebe" sind und dabei immer wieder straffällig werden. Es sind z.b. Jugendliche, die längst nicht mehr nach Hause kommen - die sich ganz elementar unverstanden und hüllenlos fühlen. Sie verbringen ihre Tage „auf der Platte". Sie haben keinen Draht - zumeist auch nie gefunden - zu ihren Eltern oder Pflegeeltern; oft sind sie im Heim aufgewachsen. An solchen jugendlichen oder erwachsenen Trebegängern beeindruckt einerseits eine hochentwickelte survival-Technik: Sie wissen, wo und wie sie zu Alkohol kommen, ohne zu bezahlen, oder sie lernen, geschickt dafür zu betteln. Sie wissen, wo sie etwas zu Essen, eine Bleibe für die Nacht auftreiben können. Sie können ihre bürgerlichen, normal lebenden Zeitgenossen durchschauen und benutzen. Sie haben es raus, bei wem sie wie betteln müssen, wen man gut ablenken kann, um ihn zu bestehlen. - Aber andererseits scheinen sie ohne feste soziale Bindungen aufzuwachsen, ja sie scheinen feste soziale Bindungen geradezu zu scheuen. Sie können mit unseren sozialen Regelungen gar nichts anfangen - sie kennen sie aber gut und wissen, wie sie diese für ihre eigenen Zwecke ausnutzen können. Und sie fühlen sich, nicht in bezug auf das Lebenstechnische, aber in bezug auf ihre Mitmenschen, fremd in der Welt. Sie kommen eigentlich nur in einer einzigen Situation zur Ruhe: wenn sie im Gefängnis sind. Das Gefängnis ist auch der einzige Ort, wo sie bereit sind, soziale Bindungen einzugehen - eben mit Mitgefangenen.

Man kann den Eindruck haben, daß diese Randgruppe, von der hier die Rede ist, mit den Menschen draußen, mit dem, was diese bewegt, wonach diese streben, eigentlich gar nichts zu tun haben will. Ihre Vertreter scheinen nichts mit dem anfangen zu können, was unter ihren Zeitgenossen lebt. Und meist schon von Jugend an drängen sie weg von der Welt der Zeitgenossen, ihren Werten, ihrer Moral, ihren Reglements. Rudolf Steiner sagt von diesen Menschen, daß sie karmisch nicht zur Gruppe ihrer Zeitgenossen gehören und daß sie insofern in einer falschen Zeit geboren sind. Sie haben insofern objektiv - also karmisch objektiv - nichts mit ihren Zeitgenossen zu tun, und es würde ihnen zunächst auch gar nicht naheliegen, soziale Bindungen mit ihnen einzugehen. Nur mit einigen Mitgefangenen sind sie karmisch verbunden, und deshalb müssen sie schicksalhaft die Situation aufsuchen, ins Gefängnis zu kommen. Nur im Gefängnis, auch auf Trebe finden sie ihresgleichen. - Dieser Hinweis würde ja auch die seltsame Unbeeinflußbarkeit dieser Menschen durch uns sogenannte Normale, ihre scheinbar soziale Gewissenlosigkeit erklären. In alten Psychiatrie-Lehrbüchern werden sie als „Psychopathen" beschrieben, und ihre soziale Unverbundenheit mit uns Bürgerlichen galt schon immer als „unheilbar".

Diese Art von Menschen hat es offenbar schon immer gegeben, wohl zu allen Zeiten. Sie scheinen äußerlich sichtbar, in der *äußeren* Biographie etwas zu leben, etwas darzustellen, das unser seelisches, also *inneres* Verhältnis zu den Zeitläuften ausmacht: *Das Verhältnis der Individualbiographie zum jeweiligen Zeitstrom ist nämlich in gewisser Weise das einer Opposition.* - Das muß natürlich erläutert werden.

In Kapitel 15 (siehe S. 121 f.) wurde zu zeigen versucht, daß wir in unsere seelische Struktur etwas von den Situationen aufnehmen, u.a. von den geographischen Verhältnissen, in die wir hineingeboren wurden. Als Beispiel war dort die Rede von den Menschen, die im mineralisch dominierten Ruhrgebiet, und den Menschen, die auf dem vielschichtigen und feinkörnigen Boden im Schwäbischen aufwachsen. Das Verhältnis einer Biographie zu diesen *räumlich* gegebenen Lebensumständen war dort das einer direkten Fortführung, eines direkten Aufgreifens. Das Verhältnis der Einzelbiographie zu den *zeitlich* gegebenen Lebensumständen, zum Zeitstrom, ist demgegenüber anders geprägt: Das, was wir als Zeitströmung in den Jahren unseres Aufwachsens und ersten Reflektierens über die Zeitläufte antreffen, greifen wir nicht einfach auf, setzen es nicht einfach in unserer Individualbiographie fort, sondern versuchen, es in unserer Biographie auszugleichen. Es gibt da eine Tendenz, das, was man in frühen Jahren an den Zeitgenossen erlebt, was man an Zielen und Werten seiner Mitmenschen so mitbekommt, zu ergänzen, oder oft noch schärfer: es in der eigenen Biographie auszugleichen, indem man schicksalsmäßig dazu eine Art Gegenpol zu bilden versucht. Dabei ist hier nicht von der Situation der leiblichen Geburt auszugehen, sondern davon, was der Betreffende diesbezüglich am Ende seines zweiten Jahrsiebts an seinen Mitmenschen erlebt. Genaugenommen ist auch dies eine Geburtssituation, jetzt aber nicht hinsichtlich dessen, wie da jemand das Vorgefundene in die Sphäre seiner Denk-, Empfindungs- und Handlungsgewohnheiten (Ätherleib) aufnimmt, sondern hinsichtlich dessen, wie er das Vorgefundene in die Strebungen seines Ich aufnimmt.

Menschenkundlich ist das so zu sehen, daß das Ich, hier als Selbstbewußtsein verstanden, als Bewußtsein davon, ein eigenes Schicksal, und auch als *Bedürfnis*, ein individuelles Schicksal zu haben -, daß dieses Ich erst mit der Pubertät erwacht und dann etwa sieben Jahre braucht, bis es zu einem eigenen Lebensplan reift. Im dritten Jahrsiebt beginnt es, sich - und zwar zunächst in einer betonten inneren und dann oft auch äußerlich dokumentierten Absetzbewegung gegenüber dem, was ihm bisher selbstverständliche und vertraute Wertewelt war, vertreten durch Eltern und Lehrer - mit den Werten und Strebungen seiner Zeitgenossen bewußt auseinanderzusetzen. Zuvor hat es diese Werte und Strebungen des Zeitstroms wie etwas Naturgegebenes und ohne es zum Gegenstand seines Reflektierens zu machen in sich aufgenommen. Nun aber suchen der Pubertierende und dann, mit oft beeindruckender Intellektualität, der Jugendliche ihre Ziele und Ideale außerhalb ihres früheren Lebensumkreises.

Im dritten Jahrsiebt fängt der Mensch an, überhaupt erst bewußt wahrzunehmen, was in seiner Zeit lebt. Und sofort nimmt er es nicht nur einfach wahr, sondern nimmt es kritisierend und opponierend wahr. Und zugleich fühlt er sich fremd unter den Menschen, zu denen er bislang ein völlig selbstverständliches Verhältnis hatte. Er will raus und sucht nun draußen, was ihn impulsieren könnte. Weil das Ich erst zu Ende des dritten Jahrsiebts frei wird, zu sich kommt, kann es sich normalerweise noch nicht bewußt in sich selbst finden. So sucht es draußen - „auf Trebe" sozusagen. Das schließt nicht aus, daß es Menschen gibt, die schon im dritten Jahrsiebt ihre späteren Lebensziele ins Auge fassen. Typischerweise aber werden solche Impulse noch nicht bewußt und gezielt verfolgt, sondern geraten zunächst erst einmal wieder in Vergessenheit, und auch dann sucht der Betreffende das diesen Impulsen Entsprechende zunächst draußen. Er sucht es draußen, auf der Straße, unter Gleichaltrigen. Das ist auch sinnvoll, denn langfristig, also in die Zukunft hinein karmisch verbunden ist er mit seinen Gleichaltrigen und eben nicht mit seinen Eltern oder Lehrern.

Von hier aus ist es zu verstehen, wie es zur Randgruppenbildung kommt. Viele finden nämlich ihre Ideale nicht draußen - in einer materialistisch gesonnenen Zeit ist das auch schwierig. Ihr Suchen geht dann ins Leere, und die den Idealen eigentlich gebührende seelische Aufnahmebereitschaft heftet sich dann in kurzschlüssiger, ersatzweiser Art an physisch-sinnlich oder an emotional Greifbares: Die jungen Menschen geraten dann in die Drogenszene, in rechtsradikale oder andere Randgruppen. Um also Anschluß an die später eigenen Ziele und Bestrebungen zu finden, muß man - bildlich gesprochen - nach draußen gehen und sich kritisch-opponierend dem gegenüberstellen, was, vertreten durch das Elternhaus, im Moment vorherrschende Zeitströmung ist.

Das ist in den Biographien der Ratsuchenden gut zu verfolgen. Wenn man darauf achtet, wie der Zeitgeist gegen Ende des zweiten Jahrsiebts eines Klienten aussah - und sich in der bürgerlichen Welt natürlich meist noch lange darüber hinaus aufrechterhielt -, so kann man finden, daß seine späteren Lebensziele, seine Werte und auch seine Lebensführung dazu in einer Art Gegenbewegung oder gar Opposition stehen. Das Höhere Ich findet sich nicht in der Identifikation mit dem selbstverständlich Gegebenen, sondern in der Absetzung davon. Z.B. die 68er Jahre. Menschen, die *davor* im zweiten Jahrsiebt standen, entwickelten um 1968 bekanntlich eine vehemente Opposition zu dem damals noch vorherrschenden Zeitgeist des wirtschaftlichen Aufbaus und der - aus der ersten Hälfte unseres Jahrhunderts stammenden - engen sozialen Kontrolle. Das ist die eigentliche und ursprüngliche 68er Generation. Faßt man nun die Menschen ins Auge, die *in* der 68er Zeit am Ende ihres zweiten Jahrsiebts standen, so findet man eine Reihe Persönlichkeiten, die inzwischen eine Art Gegenbewegung dazu entwickelt haben, was damals innerhalb der APO Zeitgeist war. Diese waren nach 1968 Jugendliche, die zunächst noch ganz selbstverständlich in das APO-Milieu eintauchten. Sie wurden dann rasch für die Vermarktung und damit Entschärfung der APO-Werte herangezogen und entwickelten gegen Ende ihres dritten Jahrsiebts wieder recht bürgerliche Werte. So ist der 14jährige Hippie der 68er Zeit heute Filialleiter einer Bank, während der Student, der aus Opposition zu den bürgerlichen Werten seiner frühen Jugend aktives und engagiertes Mitglied der APO geworden war, entweder in diesem opponierenden Verhältnis verblieb - die RAF und ihr Umfeld scheint sich aus solchen Menschen rekrutiert zu haben - oder an der Unlebbarkeit seiner damaligen Ideale verzweifelte und sich aus allem Engagement zurückzog oder den Weg zu seinen damals großen Idealen im Kleinen, Alltäglichen fand. Letzteres hat Rudi Dutschke mit dem Wort vom „langen Marsch durch die Institutionen" gemeint. Diese Menschengruppe findet man heute unter sozial engagierten Lehrern, in der Dritte-Welt-Bewegung usw. Typischerweise sind dann die Kinder *dieser* Generation wieder sehr bürgerlich geworden.

Ein anderes Beispiel: Eine Nachfolgeerscheinung der APO-Zeit war das Sympathisieren mit den Werten des Kommunismus. Damals junge Menschen, die in der linken Szene aufgewachsen sind, finden wir heute in der Esoterik- und New Age-Bewegung, auch in der Anthroposophie. Warum? Der Zeitstrom, zu welchem sich deren Biographie in einem Ergänzungs-, Ausgleichs- oder Oppositionsverhältnis befindet, war materialistisch. Das Sein bestimmt das Bewußtsein - so hieß es damals. Die Biographie verfolgt dann später, oft bereits mit Beginn des dritten Jahrsiebts, manchmal erst danach, eine Gegenbewegung: Ich suche das Bewußtsein, das das Sein bestimmt. Ich suche das Geistige und betrachte es im Vorrang gegenüber dem materiell Gegebenen.

Nun sind die wirklichen Zusammenhänge noch etwas komplizierter, denn es gibt ja nicht - jedenfalls heute nicht mehr - einfach nur *einen* eindeutigen Zeitstrom. Es gibt verschiedene Zeitströmungen zu gleicher Zeit, es gibt verschiedene Gegenströmungen. Will man die formulierte Regel am Einzelfall überprüfen, so muß man genau rekonstruieren, welche Zeitströmung, welche Werte und welche Weltanschauung dieser konkrete Mensch tatsächlich in seinen ersten beiden Jahrsiebten vorfand. Dies kann vom damaligen main-stream durchaus abweichen. - Und schließlich formuliert diese Ausgleichsregel ja nur *einen* Faktor für die Ausgestaltung des späteren Lebensgangs.

Versuchen wir, diese Ausgleichsregel noch anders zu handhaben, indem wir auf zwei gegenwärtige, sehr grundsätzliche und bedeutsame Zeitströme blicken und fragen, welche Aufgaben daraus für die darin Aufwachsenden abgelesen werden können.

Da ist einmal der Zug zur Individualisierung, der zunächst in einem krassen Widerspruch steht zu dem anderen, der darin liegt, daß das soziale Leben neu und bewußter ergriffen und gestaltet werden will und muß, weil es nämlich nicht mehr von alleine funktioniert. Wir können ja beobachten, daß wir Heutigen, wir Erwachsenen und auch schon unsere Kinder, viel ausgeprägtere Individualitäten sind oder jedenfalls zu sein meinen, als das noch vor zwei oder drei Generationen der Fall war. Unsere Kinder sind schon mit fünf oder sechs Jahren geformtere Persönlichkeiten, als wir heute Erwachsenen es als Kinder waren. Und wir Erwachsenen sind heute kantige, oft eigensinnige und erheblich mit dem eigenen Wohlergehen befaßte Individuen. - Wir sind individueller, dadurch aber auch abgeschlossener. Wir kommen kaum mehr miteinander zurecht. Und wenn wir uns nicht gerade zufällig spontan sympathisch sind, so wollen wir nichts miteinander zu tun haben. Ja gerade weil wir so forciert unsere Individualisierung suchen, zerfallen heute die Ehen, die Familien, zerfallen unsere sozialen Zusammenhänge. Einen natürlichen, selbstverständlich tragenden sozialen Zusammenhalt gibt es kaum mehr. Das Soziale trägt nicht mehr. Konferenzen in Betrieb und Schulen verlumpen zum Schlagabtausch von Meinungen und geraten zum Austragungsort intimer Fehden. Nach Sitzungen, Versammlungen und Besprechungen geht man oft entkräftet und entnervt auseinander. Mit anderen Menschen begonnene soziale oder ökologische Projekte, einst mit gemeinsam tragender Begeisterung in Angriff genommen, enden nach wenigen Jahren in tiefsten persönlichen Zerwürfnissen zwischen ehemals initiativen Persönlichkeiten.

Es scheint demnach eine Signatur unseres ausgehenden Jahrhunderts zu sein, daß wir den Beginn des Verfalls des sozialen Elements erleben. Nicht, daß es kein soziales Interesse und Engagement mehr gäbe - es gibt es vielleicht noch mehr als früher -, aber daß das Soziale nicht mehr trägt, daß das Zwischenmenschliche nicht mehr von alleine, d.h. geformt und gehalten von Konventionen und der Unterordnung unter gemeinsame Aufgaben, trägt -, darin können wir einen Verfall des Sozialen sehen. Es scheint beim besten Willen kaum mehr möglich, was sich früher doch ganz unbefragt einstellte: daß sich unsere sozialen Bezüge in der Familie, im Arbeits- und Nachbarschaftsumkreis bildeten und auch trugen aus einfacher gegenseitiger Sympathie, aus dem Gleichklang von Meinungen, aus der Gemeinsamkeit der Erfahrung, aus gemeinsamem Wollen. Heute reicht dies nur noch für den Anfang. Es wächst daraus kein verbindliches, tragendes soziales Element mehr.

18. Biographie heute - Der einzelne und die Gemeinschaft

So z.B. in einer Lehrerkonferenz: Kollege X eröffnet die Lehrerkonferenz mit der Feststellung, daß das Sommerfest organisiert werden muß. Kollegin Y, die schon zehn Sommerfeste organisiert hat, stellt sich zur Verfügung. Ein neuer Kollege, der von einer anderen Schule kommt und noch nicht weiß, daß Kollegin Y schon zehn Sommerfeste organisiert hat, macht einen Gestaltungsvorschlag, worauf Kollegin Z souverän äußert, daß Kollegin Y schon zehn Sommerfeste organisiert habe, die durchaus Anklang gefunden hätten, und also kein Grund bestehe, diese Erfahrungen nun über den Haufen zu werfen. Der junge Kollege schweigt daraufhin. Eine andere jüngere Kollegin berichtet begeistert, wie in Amerika, wo sie kürzlich auf Studienreise war, die Sommerfeste an den Schulen organisiert werden. Kollegin Y, dieselbe, die nun schon zehn Sommerfeste organisiert hat, äußert daraufhin etwas pikiert, ob wir uns denn wirklich ausgerechnet Amerika zum Vorbild nehmen sollten? Unvermittelt fragt ein sonst sehr schweigsamer Kollege Frau Y, warum es eigentlich in letzter Zeit so laut sei in ihrer Klasse. Ob sie vielleicht Unterstützung brauche? - So herrscht nach wenigen Minuten eine eisige Atmosphäre. Der Gründungslehrer entscheidet dann, daß Kollegin Y, die bekanntlich schon zehn Sommerfeste zur allseitigen Zufriedenheit organisiert habe, „in Berücksichtigung allfälliger Zusatzvorschläge", wie er sich ausdrückt, die Sache auch heuer wieder in die Hand nimmt. - Dann wendet man sich dem Bericht des Schularztes über die Häufung von Fußgelenksdeformationen bei Fußball spielenden Jungen zu - und die Stimmung steigt wieder auf Null.

Was wir hier sehen, ist das Ende des Sozialen. Jeder ist hier wer. Jeder weiß hier etwas. Jeder kann hier etwas. Jeder hat hier einschlägige Erfahrungen, entweder selbst gemacht oder doch im Fernsehen einen interessanten Bericht darüber gesehen. Und jeder besteht darauf, das, was er weiß und kann, nun auch einzubringen. *Und genau so entsteht menschliche Begegnung heute nicht mehr.* Genau das ist vorbei. Wir können es in allen Zusammenschlüssen erleben, daß es sich sozial desintegrativ auswirkt, wenn man darauf besteht, das in die Gruppe einzubringen, was man schon ist, was man schon weiß und kann und hat. Das treibt die Menschen innerlich geradezu auseinander.

Aus solcher Erfahrung könnte man zu der Auffassung kommen, daß unsere Zeit uns zu einer ganz neuen Qualität des Sozialen aufrufen möchte: Das soziale Engagement nicht mehr nur in der Gemeinsamkeit und im Gleichklang zu suchen, sondern in neuen Arten von Gemeinschaften, in denen wir als Suchende und Fragende zusammenkommen, für die wir offen sind. Es würde also darum gehen, statt weiter Gemeinschaften von schon Habenden, von Könnenden, von Gefunden-Habenden bilden zu wollen, in gewisser Weise von sich selbst, von der eigenen Erfahrung und Kompetenz etwas zurückzutreten. Aber dieser Gedanke macht das ganze zeitgenössische Dilemma sichtbar. Denn wie kann das zusammengehen, daß man einerseits in gewisser Weise von sich zurücktreten soll und andererseits mit dem starken Individualisierungsschub ausgestattet ist, wie wir ihn in unserem Jahrhundert erleben?

Es könnte zusammengehen, wenn wir es so fassen: Wie in Kapitel 1 (s. S. 13 ff) beschrieben, scheinen wir uns erst da zu entwickeln, scheinen wir erst da über eine Lebenskrise hinauszukommen, wo wir über uns selbst hinausgehen - wo wir über das hinausgehen, was wir bis dahin geworden sind. Demnach ist die Krise eine Aufforderung an uns, über unsere Vergangenheit hinauszugehen. Denn die Lebenskrisen, wie sie im Rahmen der Partnerschaft, der Trennung, des Verlustes von Arbeit und des Verlustes von Sinnbezügen auftreten, bestehen gerade darin, daß ich mit dem nicht weiterkomme, womit ich es so weit gebracht habe. Eine Situation ist deshalb eine Lebenskrise, weil ich zu ihrer Bewältigung nicht mehr zurückgreifen kann auf vergangene Erfahrungen, auf Lösungsstrategien und Denkgewohnheiten, die ich mir aus der Erfahrung gebildet habe. All das greift in der Krise nicht mehr. Das, worin ich bisher meine Identität gesehen habe, hilft mir jetzt nicht mehr weiter.

Zunehmend mehr Schicksale in unserem ausgehenden Jahrhundert scheinen ihre Wendung ins Wesenhafte, ins Individuelle genau durch eine solche Krise zu erfahren. Der moderne Mensch gerät in Situationen, in denen ihn nichts mehr trägt - das über-

18. Biographie heute - Der einzelne und die Gemeinschaft

kommene Soziale nicht mehr und das erworbene eigene nicht. Man ist dann am Ende mit seinem Latein. Und wenn man das akzeptieren und aushalten kann, entstehen daraus der Mut und die Phantasie, sich aufzuraffen zu Neuem, zu nie Gedachtem, nie Gesagtem. Dann kann man sich auf einmal auf Ungesichertes, noch Unbekanntes einlassen, das man bis dahin immer vermieden hat. Man kommt aus der Krise durch eine Art Gegenbewegung gegen das, was man selbst bisher war. *Individuell wird man also da, wo man sich auf das einläßt, worauf man sich noch nie eingelassen hat.* Individualität entsteht und entwickelt sich, wenn man dem nachgeht und das in menschliche Zusammenschlüsse einbringt, *was man noch nicht ist.* Individualität entsteht in einer Art Gegenbewegung gegen das, was man bisher war und von sich kennt. Sie entsteht dadurch, daß man sich zu sich aufrafft - kurz: daß man Anschluß sucht an die Aufrichtekraft. Mein Ich verwirklicht sich nicht in erster Linie da, wo ich schon etwas bin, sondern da, wo ich fragend und suchend meiner Welt begegne.

Nun zeichnet sich ein Paradox ab: Wir können erst da sozial sein, wo wir individuell sind. Soziale Substanz entsteht nicht mehr durch Sympathie, Mitleid oder den Gleichklang der Meinungen. Soziale Substanz entsteht heute da, wo wir als Individuen im Werden sind. Denn nur als Werdende, uns selbst Suchende sind wir offen für die Individualität des anderen. Indem wir uns suchen, können wir auch den anderen suchen. Wenn ich mich mit mir selbst, an mir selbst auf den Weg mache, dann entsteht die suchende und fragende Haltung, aus der wir der ausgeprägten Individualität des anderen wirklich begegnen können. Gemeinschaft, Begegnung, das Soziale werden zunehmend nur noch aus dem auf den individuellen Menschen gerichteten Fragen und Suchen möglich werden. Nicht als Könnende und Gefunden-Habende können wir uns gegenseitig aufsuchen, sondern indem wir etwas davon zurücktreten, daß wir schon wer sind.

Dann kommen die beiden Zeitströme der Individualisierung und der Erneuerung dessen, was sozial substanzbildend ist, zusammen.

Teil III

Ich liege auf einer Wiese. Die Sonne scheint. Ich blicke zum Himmel. Ein paar Wolken kommen auf, ballen sich zusammen, reißen wieder auf. Plötzlich „sehe" ich in einer Wolke das Gesicht meiner Geliebten. Eine Sekunde später verliert sich diese Wolkenformation wieder. Ich suche noch nach dem Gesicht. Es hat sich aufgelöst. - Zufall.

Ich gehe einkaufen im Supermarkt. Am Obststand treffe ich einen früheren Kollegen. Er war längst weggezogen aus der Stadt, ist heute nur zu Besuch bei seiner Schwester, die hier wohnt. - Zufall.

Ob ein Zusammentreffen von Ereignissen Zufall ist oder nicht, das könnte ganz von demjenigen abhängen, der das Zusammentreffen erlebt. Man kann das Zusammentreffen zweier Ereignisse als bedeutungslos ansehen, dann war es eben Zufall. Man kann es aber als etwas ansehen, das mir zu-fällt. Dann hat es Bedeutung. Wenn ich aufgreife, was in dem Zufall liegt, dann ist es eben kein Zufall gewesen, und wenn ich an dem vorübergehe, was in dem Zufall liegt, dann ist es eben Zufall gewesen. Alles hängt davon ab, ob ich aktiv oder passiv mit dem umgehe, was mir zustößt.

Jede Biographie ist voll von Ereignissen, kreuzt sich mit Ereignissen, ohne daß erkennbar wäre, was sie jeweils mit dem Betreffenden zu tun haben. Meine Straßenbahn hatte heute zehn Minuten Verspätung. Dadurch kam ich zu spät nach Hause, um, wie verabredet, mit meiner Frau in ein Konzert zu fahren.

Frustriert sitze ich zu Hause. Das Telefon klingelt. Atemlos bittet mich ein Freund, schnell zu ihm zu kommen, es sei etwas Schlimmes passiert. Als ich eine Viertelstunde später bei ihm bin, entschuldigt er sich. Er hätte beim Nachhausekommen gedacht, Einbrecher seien in seinem Haus gewesen. Das Fenster an der Verandatür war eingeschlagen und Geld fehlte, das er in einem Glas auf dem Küchenschrank aufbewahrt hatte. Inzwischen hätte

149

19. Über Zufall und Sinn

sich herausgestellt, daß die Nachbarjungen beim Ballspielen die Scheibe eingeworfen und seine Frau heute morgen das Geld entnommen hatte, um ein Nachnahmepaket annehmen zu können. Wir lachen, setzen uns auf die Terrasse. Wir kommen ins Gespräch. Er erzählt seine Lebensgeschichte, bilanzartig. Um Mitternacht gehen wir auseinander. Es war ein gutes Gespräch. Zwei Tage später stirbt er an den Folgen eines Autounfalls. - Zufall.

Wenn wir die einzelnen Ereignisse betrachten, wird nicht ersichtlich, wie sie zusammengehören. Also halten wir so eine Episode für eine Verkettung von Zufällen. Wir sagen „Zufall", weil wir nicht erkennen, wie die Dinge zusammenhängen. Aber - kann es denn sein, daß sie nicht zusammenhängen? In einem Wald steht jeder Baum für sich, und doch hängt er in seiner Ausprägung, seinem Wachstum etc. sehr von den anderen Bäumen ab. In einer belebten Fußgängerzone rennt jeder für sich irgendwo hin. Und doch geht jeder so, daß er jeden anderen, sofern er in seine Nähe kommt, berücksichtigt. Man verlangsamt das Tempo, wenn einer entgegenkommt, man weicht aus, sucht Durchschlüpfe etc.

Die Bäume im Wald, die Menschen in der Fußgängerzone bilden ein organisiertes Ganzes. Aber es ist kein bestimmter Baum und kein bestimmter Fußgänger, der die Organisation in der Hand hätte. Die Organisation der Einzelelemente muß von einer Ebene ausgehen, die diesen Einzelelementen übergeordnet, vorgeordnet ist. Können wir uns Ereignisse ebenso aufeinander bezogen, ebenso organisiert vorstellen, wie es die Bäume im Wald oder die Fußgänger sind? - In dem Moment, in dem wir den Sinn erkennen oder vorläufig noch vermuten, der sich im Zusammentreffen einzelner Ereignisse zeigt, anerkennen wir, daß sie aufeinander bezogen sind. Ereignisse erscheinen dann aufeinander bezogen, erscheinen organisiert, wenn ihr Zusammentreffen einen Sinn bringt. Der Sinn organisiert das Zueinander der einzelnen Elemente.

Es gibt eine Anziehungskraft des Bezüglichen.[32] Was sinnhaft zusammengehört, konstelliert sich auch zusammen. Es geht aber nicht um irgendeinen, womöglich konstruierten, nur ausgedachten Sinn. Das Sinngefüge, das Ereignisse zusammenführt, hat immer Impulscharakter. Es sind anstehende Bewußtseinswandlungen, die sich im Zufall ankündigen. Es gibt ein Sinngefüge, das bewußt erfaßt werden möchte, damit es wirksam werden kann. Unser Bewußtsein ist aber oft noch nicht so weit, daß wir ein sich entfaltendes Sinngefüge als solches erfassen können, und dann kommen die Dinge eben als Zufall. Der Zufall enthält also eine Frage: Kannst Du in dem Zusammentreffen dieser Ereignisse einen Sinn sehen? Und das Kriterium dafür, daß Du den Sinn auch wirklich nicht konstruierst, liegt darin, daß das erkannte Sinngefüge Dich zu neuen Taten (äußeren oder inneren) impulsiert.

Man muß vorsichtig sein: Damit kann man auch verrückt werden. Man nennt das dann Wahnkrankheit, Beziehungswahn. Daß der Postbeamte seinen Kuli hinter dem linken Ohr hervorholte, als ich das Paket aufgab, darin liegt die Botschaft, daß mich in diesem Postamt der Verfassungsschutz beobachtet. Ich muß nächstens also ein anderes Postamt aufsuchen. Doch hier erkennt man schon den Unterschied: Das krankhafte Beziehungsdenken schränkt ein, das Erfassen von Sinnzusammenhängen löst, erweitert, ermöglicht Neues.

Was hat es mit diesen Sinnstrukturen auf sich? Woher kommen sie? - Das führt zu einigen methodischen Bemerkungen.

Der „Sinn" eines biographischen Ereignisses liegt nicht *in* diesem selbst, sondern in der Konstellation, die es zusammen mit anderen Ereignissen eingeht. Ein Ereignis, für sich betrachtet, bedeutet nichts. Das Gesicht der Geliebten, das mir für eine Sekunde in einer Wolke erscheint, bedeutet nichts. Und daß ich den früheren Kollegen heute im Supermarkt treffe, bedeutet auch nichts. Aber wenn ich den *Zusammenhang der Situation*, den *lebensgeschichtlichen Zusammenhang* zur Grundlage nehme, dann kann es sich ergeben, daß ein solcher Zufall doch kein Zufall ist. Denn das Gesicht der Geliebten habe ich gesehen an dem Tag, als sie sich von mir trennen wollte. Ich muß es schon geahnt haben. Als ich nach Hause kam nach dem Sonnenbad, sagte sie es mir. Wir hatten uns nur kurz gekannt, es war eine schnelle, heftige Liebe. *Das* sprach sich in dem flüchtigen Wolkenbild aus. -

Natürlich habe ich es nur subjektiv gesehen, habe meine unbewußten Ahnungen in die Wolke als Bild hineingelesen. So würde man das in der Psychologie sehen. Umfassendere Gesichtspunkte sind aber nötig, wenn wir hören, daß zur gleichen Zeit, als ich das Gesicht in der Wolke sah, meine Freundin, 15 Kilometer entfernt, auf ihrem Balkon saß, zum Himmel blickte und den Entschluß faßte, sich von mir zu trennen. - Jetzt möchten wir wieder von Zufall sprechen, weil wir nicht erklären können, wie der Entschluß der Freundin mit der Wolkenbildung 15 Kilometer entfernt zusammenhängen soll.

Dieser Moment, diese eine Sekunde ist ein Kreuzungspunkt. Zwei Biographien, die sich kurz berührten, laufen wieder auseinander. Etwas verdichtet sich in diesem Moment und löst sich zugleich. - Erst Jahre später wird erkennbar, daß für beide Beteiligte beides, die rasche Begegnung und die schnelle Trennung, *richtig* war. Beide sind dadurch zu Schritten und Wandlungen gekommen, die beide, jeden für sich, vollständiger, ganzheitlicher werden ließen. Also, was ballte sich in dieser Sekunde zusammen, als ich das Gesicht sah und meine Freundin die Trennung beschloß? Es war das weitschauende Ich des einen und des anderen. Zwei Iche, zwei schicksalführende Instanzen *kooperieren* für einen Moment. Das Ich des einen berührte auch den anderen, und das Ich des anderen berührte auch den einen. Der „Sinn" ergab sich erst nach Jahren, als das Zukünftige dieses Moments sichtbar geworden war. Der Sinn hat Impulscharakter.

Auf solche Sinnstrukturen, nicht primär auf die einzelnen Fakten oder ihre chronologische Aufteilung, richtet sich die Verständnisbemühung in der Biographieberatung. Ein poetisierendes Bild sei erlaubt: Diese Sinnstrukturen sind Sprossen auf der Leiter, auf der das Höhere Ich ins Irdische herabsteigt. Normalerweise erfassen wir diese Sinnstrukturen nicht vollständig, insbesondere im aktuellen Lebensvollzug nicht. D.h. wir erfassen den Impuls, den Anstoß, der in einem sinnhaften Zusammenhang von Ereignissen liegt, oft nicht sofort. Von da her ergibt sich die unabschließbare Offenheit des Sinngeschehens. Der zunächst noch verborgene

Sinn, der Schicksalsimpuls, versucht sich in den unscheinbarsten Begebenheiten und Ereigniszusammenhängen einzufinden, um sich, bildlich gesprochen, immer vollständiger inkarnieren zu können, d.h. um wirksam werden zu können. Je unvollständiger das gelingt, also je weniger wir wach sind, um so fragmentarischer wird das.

Für unser Biographieverstehen bedeutet das, daß es meistens nicht einen absolut richtigen Sinn, ein objektiv wahres Verständnis gibt. Man kann es immer auch anders sehen. Die prinzipielle Unabschließbarkeit des Sinngeschehens[33] führt zu einem immer nur vorläufigen Sinnverständnis. Aber auch in seiner Vorläufigkeit kann das Sinnverständnis das weitere Wirken des Höheren Ich befördern, und der Sinn von Ereignissen kann so, im Lauf einer Biographieberatung, immer vollständiger werden. Und das ist dann auch das Kriterium: Daß sich etwas rundet, daß etwas auf den Punkt kommt, daß die Wandlung zu einer größeren Vollständigkeit des Betreffenden in Gang kommt.

In diesem Bemühen um Sinnverständnis erarbeiten wir in der Biographieberatung eine Art *Mythos*, einen individuellen Lebensmythos, der wahrer sein kann als die Wirklichkeit, der in der Wirklichkeit über weite Strecken des Lebensgangs weitgehend verborgen sein kann. Um dieses verborgene Sinngeschehen ins Bewußtseinslicht zu heben und um das Impulsierende dieses Sinngeschehens in das Empfinden zu bekommen, bedarf es des Ernstnehmens der Details, auch der scheinbar banalsten Vorgänge. Je genauer man die Lebensumstände der Klienten vor Augen hat, desto eher werden die Sinnzusammenhänge erkennbar. Es sind nicht die großen Worte und selten die dramatischen oder sensationellen Ereignisse, die es in jedem Leben gibt, und die spontan erzählt werden, die Sinnzusammenhänge erkennen lassen. Das sieht man auch daran, daß der Blick auf sensationelle Ereignisse eher lähmt als impulsiert. Was in den Willen geht, ist das Verstehen der „kleinen Zusammenhänge". Von da aus greift man das Neue. Das Anschauen von biographischen Sensationen führt nicht zu Neuem, sondern hinterläßt eher den Wunsch nach Wiederholung. Viele Lebensführungen orientieren sich *daran*, an der biographischen Sensation und dem Wunsch nach ihrer Wiederholung. Schwieriger ist es, in der Biographieberatung Menschen darauf hinzuweisen, daß eine *an der Übereinstimmung der Details orientierte Lebensführung* das Gesündere ist.

Das Schicksal kommt vom Rande, im Kleinen, scheinbar Nebensächlichen. Der Mythos eines individuellen Lebens, das, was es mit diesem Menschen auf sich hat in diesem Erdengang und worauf es hinauswill, steht nicht auf Plakaten geschrieben. Er ist vielmehr, aber auch immer mehr, nur ansatzweise anwesend, er ist in dem Maße in den Details am Rande verborgen, wie das fragende Bewußtsein von diesen Details ferngehalten wird. Das Geistige, hier: die Entschlüsse, die einst für dieses Erdenleben gefaßt wurden, springt nie ins Auge. Worin der Sinn eines Lebens liegt, das *entsteht* in einem kontinuierlichen Wechselgespräch zwischen dem Zusammentreffen der Ereignisse und dem fragenden Bewußtsein. Vorübergehend und ersatzweise kann in dieses Gespräch der „Biographieberater" eingeschaltet werden. Aber verstehen kann letztlich nur der, der selbst vollziehen will. Den Mythos, die Imagination eines individuellen Lebens schrittweise zu verstehen, das geht in den Willen. Das kann deswegen einem Außenstehenden letztlich gar nicht gelingen. Man kann nur eine Art Nachhilfe geben für die tätige und suchende Selbsterkenntnis.

Warum sind es die Details, in denen der Mythos spricht? Warum hängt der Mythos nicht seine Fahnen aus dem Fenster? - Das scheint daher zu kommen, daß ihn unser *übliches* Bewußtsein in seiner Festgelegtheit, Strukturiertheit und Wunschbezogenheit stört. Er kann, aus der Sphäre des Geistigen kommend - denn in der Sphäre des Geistigen wurde der Mensch zu dem formiert, was hier sein Höheres Ich ist -, er *kann* nur vom Rande, im Detail kommen. Eben weil er dort nicht vermutet wird. Er wird in den Sensationen erwartet, und er, er kommt als Zufall am Rande. Da er zum üblichen, alltäglichen Bewußtsein nicht sprechen kann - denn es ist festgelegt im gewohnten Denken und Wünschen -, lernt er die Zeichensprache. Die aber zu verstehen, erfordert ein Stille-

Werden des alltäglichen Bewußtseins und eine vom Wünschen, vom Für-sich-etwas-Wünschen freie Hör- und Sehweise. Viele Übungen, die man dem Klienten in der Biographieberatung gibt, zielen *darauf.* „Sie können einen Menschen nur erkennen, wenn Sie sich ein Bild, eine Imagination von ihm machen können."[34] Das ist etwas anderes als das psychologische Erklären. Diese Imagination ist nie fertig, und deshalb wird auch unser Sinnverständnis nie abgeschlossen sein können. Das Kriterium unserer verstehenden Bemühungen ist es, daß eine Wandlung in Gang kommt. Insofern ist auch unser Verstehen - als Betroffener oder Beratender - nicht einfach ein Nachvollzug dessen, was schon da ist - das wäre Psychologie -, sondern es ist eine Mitschöpfung dessen, was werden will: Die geistige Seite eines Menschen will irdisch werden.

Aber das ist noch nicht alles. Durch den verstehenden Vollzug wird das Irdische geistig. Das Irdische gewinnt Sinn, Bedeutung, wird eingefügt in geistig impulsiertes Geschehen in dem Maße, wie es einbezogen wird in die sinnsuchende Lebensführung.

20. Wege zum Sinnverständnis moderner Lebensläufe

Die Frage nach dem die Ratsuchenden aufrichtenden Sinnverständnis moderner Lebensläufe beginnt mit dem Blick auf die generelle *innere Haltung* des Beratenden. Ein konkreter Mensch erzählt konkrete Ereignisse aus seinem Leben, meistens zunächst aus der Perspektive einer gegenwärtigen Lebenskrise. Mit genauer Aufmerksamkeit wird der Beratende dies entgegennehmen. Worauf er mit seiner Arbeit zielt, ist aber nicht die lückenlose Darstellung vergangener Ereignisse, sondern etwas, das keimhaft oder zeichenhaft in den äußeren Ereignissen und inneren Erlebnissen des Klienten liegt: sein Urbild, sein Höheres Ich. Denn dieses erachtet der Berater als den eigentlichen Initiator der Biographie im allgemeinen und der Lebenskrisen im speziellen. Mit diesem Urbild will er in Berührung kommen. Und dieses Urbild versucht er, durch die gemeinsame Erkenntnisarbeit mit dem Klienten und daran anknüpfende Übungsvorschläge, aufzurufen, wenn es darum geht, Wege aus der Krise zu finden.

Dies ist, ganz lapidar, nur mit „herzlicher Phantasie" und Ehrfurcht dem geistigen Wesenskern dieses Menschen gegenüber möglich. Auch wo Unzulängliches, moralisch Unzulängliches und Unsauberes, platt Selbstbezogenes und Selbsttäuschung zur Darstellung kommen, geht es darum, das vom Urbild her Gemeinte im Auge zu haben. Viktor Frankl hat es bündig formuliert: „Wer nicht von der ersten Stunde an und wer nicht auch in der kritischsten Phase immer und unbeirrt das Positive, das Ganze und Heile, den ‚gemeinten Menschen' und seine geheime Gestalt im Auge hat und innerlich anspricht, der versäumt den entscheidenden Ansatz jedweder Menschenführung und -behandlung."[35]

Es geht um ein Grundvertrauen in den Menschen. Es geht darum, an den Klienten zu glauben, an sein Urbild und an seine Kraft, es zunehmend in seinem Leben zur Geltung zu bringen. Das hat etwas mit einer Grundsolidarität zu tun. Es geht nicht darum, das „Niedere" oder Unschöne zu ignorieren, sondern im Gegenteil: gerade darin die Frage nach der Zukunft des Betreffenden und dem Sinn seiner Existenz zu finden. Der Berater folgt dem Klienten auf den oft gewundenen Wegen seines Lebens und Erlebens, seines Nachdenkens und Befürchtens, ohne das eine besser oder wichtiger als das andere zu finden. Was er selbst oft vergißt, muß der Berater für ihn wachhalten: daß es darum geht, ein ganzer Mensch zu werden, weil wir nur in dem Maße auf der Erde wirklich ankommen und auf ihr wirken können, wie es gelingt, unserem *ganzen* Wesen Gestalt zu geben. Ein ganzer Mensch ist ein Mensch, der Berührung mit seinem Urbild hat, der sich impulsiert fühlt durch das, was er sich aus seiner geistigen Herkunft gebildet hat. Für dieses so verstandene Urbild muß der Berater versuchen, ein Milieu zu schaffen. Und das ist eben der Blick auf das, was dem anderen positiv möglich ist, auch da, wo er hinter seinen Möglichkeiten zurückbleibt.

Dieser Gesichtspunkt ist in Novalis' Schriften klar ausgearbeitet.[36] Novalis hat immer das Edle und äußerst Mögliche im anderen gesehen. So hat er z.B. von seinem Bruder, der offenbar ein schwieriger Mensch war, gesagt, er habe ihn „aus Grundsatz in eine unbekannte Höhe gehoben". Gleichartiges spricht Natalie in „Wilhelm Meisters Lehrjahre" aus: „Wenn wir die Menschen nur nehmen, wie sie sind, so machen wir sie schlechter; wenn wir sie behandeln, als wären sie, was sie sein sollten, so bringen wir sie dahin, wohin sie zu bringen sind."

Dieser Blick auf das Urbild entsteht, wenn wir das Dargestellte so beurteilungsfrei wie möglich entgegennehmen und es daraufhin betrachten, welche Ich-Qualität, welches Aufraffen, welches Fragen, welches Suchen, welches Wollen darin liegt. Das ist etwas, was der Beratende nur von seinem eigenen Ich aus kann. Natürlich beurteilt sein Alltags-Ich, das wesentlich geprägt ist von seiner psychologischen oder sonstigen Ausbildung. Indem er sich aber bemüht, davon abzusehen, geht er voran und setzt dadurch das Aufraffen frei, das keimhaft in dem vom Klienten Erzählten liegt. Nur indem der Beratende insofern ganz bei sich ist, kann er freilassend sein. Indem er sich selbst hinwegsetzt über die Gesichtspunkte, die sich ihm aus seinem Alltags-Ich ergeben, wird das Gespräch mit dem Klienten zum Spiegel dessen, was dieser erst werden kann.

Das hat auch damit zu tun, daß der Beratende versucht, das Dunkle auszuhalten. Aus jeder biographischen Erzählung spricht auch Unmoralisches, Destruktives und das Element der Selbsttäuschung; oft geht es um Ausübung psychologischer Gewalt, um bewußte Täuschung: Ehepartner machen sich gegenseitig fertig; Eltern schikanieren ihre Kinder; Männer und Frauen berichten von sexuellen Absonderlichkeiten - all das muß er anschauen, aber *als etwas Unfertiges anschauen.* Er erkennt das Dunkle als den Umweg zu einem eigentlich Gemeinten. Er schaut das Dunkle mit der Frage an: Welcher Keim des Über-sich-Hinauswachsens liegt darin?

Insofern wir nicht beurteilen, haben wir eine freilassende Haltung. Freilassen heißt auch offenzulassen, ob jemand bestimmte Möglichkeiten ergreift, die sich ihm bieten. Oft hat der Beratende das Bild, der Klient müßte jetzt das oder jenes machen, dann würde er weiterkommen. Aber der Klient macht es nicht. Das ist oft schwer mitanzusehen. Aber auch dies ist daraufhin zu befragen, wo will er hin damit, daß er die Möglichkeit, die man für ihn sieht, nicht ergreift? Welcher Sinn kann darin liegen, daß er abwartet und sich vielleicht noch tiefer in die Krise verstrickt?

Es gelingt nicht immer, jemanden groß zu sehen und ihn trotzdem freizulassen, klein zu sein - ihn nicht zu bedrängen mit seinem Urbild oder was man dafür hält. Man kommt mit diesem Punkt am ehesten zurecht, wenn man sich klarmacht, daß es offenbar die Kraft des Wollens steigern kann, wenn jemand sich zunächst immer noch mehr Hindernisse aufbaut gegen das Wirksamwerden dessen, was in seinem Urbild angelegt ist.

So braucht man als Beratender nicht in erster Linie die innere Haltung, gut ausgebildet und kompetent zu sein, sondern eine Art Erfahrungsneugier und Bereitschaft, sich Unerwartetes, zunächst nicht Erklärbares sagen zu lassen. Es entsteht so im Gespräch mit dem Klienten eine Art gemeinsamer Ratlosigkeit, die für das Kommen des Neuen öffnet. Der Beratende geht nur insofern voraus, als er diese Ratlosigkeit aushält und annimmt. Er hat das unbedingte Vertrauen, daß erst aus der ausgehaltenen Ratlosigkeit, aus dem Chaos - um es dramatisch zu sagen - das Neue entsteht. Er braucht keine warmen Ratschläge zu geben. Er hat keine Veranlassung, sich irgendwie überlegen zu fühlen. Er muß die Brillanz seines fachlichen Intellekts nicht beweisen. Der fachliche Intellekt sucht nach Erklärungen, weiß im Prinzip immer schon alles, sucht nach Symptomen, will kausale Schlüsse ziehen, will etwas beweisen und Werturteile fällen. - Angesichts einer solchen inneren Haltung würde das Urbildliche des Klienten nicht in Bewegung kommen und nicht zu seiner Wirksamkeit finden. Um es frei nach Novalis zu sagen: Der Beratende muß im Hören das Gewöhnliche in einen Geheimniszustand versetzen und dem Ungewöhnlichen sein Geheimnis, seine Faszination nehmen. Was im Gespräch begegnet, ist künstlerisch zu behandeln. Künstlerisch behandeln aber heißt, ein Wirkliches in seine Wahrheit verwandeln.

Aus dieser Skizze der eigentlich weiblichen Haltung des Beratenden, die sich aus seiner Konzentration auf die Sphäre des Hörens und Freilassens, dem staunenden Ernstnehmen ergibt, mag erkennbar werden, daß das Element der *Erzählung* - der Klient erzählt, geleitet von den Fragen des Beratenden, seine Biographie - grundlegend ist.

Es wird oft gefragt, ob man sich denn auf die „Objektivität" dessen verlassen könne, was ein Ratsuchender so aus seinem Leben erzählt. Nein, das kann man nicht. Aber darum geht es auch nicht. Wir suchen in der Biographiearbeit nicht die akribische, chronologisch lückenlose und fotographisch detailgetreue Aufzählung der Ereignisse eines solchen Lebens. Vielmehr suchen wir die *Ich-Qualität*, die in den Ereignissen und Entscheidungen, den Übergängen und Brüchen liegen mag. Denn diese Ich-Qualität ist es, die anzeigt, wo jemand hinwill, was er sucht in diesem Leben. - Die Sphäre des Erzählens - auch wenn es ein von Fragen geleitetes Erzählen ist - legt dem Zuhörenden die Ereignisse *erlebnisobjektiv* vor. Und *damit* arbeiten wir. Wir nehmen die Darstellung in der Weise an und ernst, wie sie gegeben wird. Wir ziehen die Subjektivität, die der Erzählung natürlich ein spezielles Gepräge und eine spezielle Tendenz gibt, nicht irgendwie ab, sondern nehmen sie im Gegenteil als einen Teil dessen, was sich da schicksalsobjektiv ausbreitet. Wie jemand etwas erlebt, ist ein stärker prägender Teil seines Schicksals als das, was tatsächlich geschehen ist. Gerade darin kann ein wesentlicher Teil des Schicksals liegen, sich dem zu stellen, was eigenes Schicksal ist. Die Subjektivität des Erzählenden fügt das Erzählte in einen Gesamtstrom von Eindrücken, an dem der Zuhörende erst erkennen kann, wohin das Erzählte strebt. Besäße er eine Videoaufzeichnung vom gesamten Leben des Klienten, er käme zu keinem Sinnverständnis seines Lebens und schon gar nicht zu einer Idee von seiner Urbildlichkeit. Erst *das* Faktische, das vom Erzählenden in der Erzählung schon gestaltet ist, läßt sich befragen.

Wir arbeiten also insofern mit dem „Phänomen", d.h. mit der Tatsache, wie sie dem Erlebenden erscheint. Wir wollen weder die Tatsache erklären noch das Erleben. Vielmehr suchen wir „die treibende Kraft hinter den Erscheinungen".[37] Diese sehen wir aber nicht in den Fakten der Vergangenheit, sondern in der Sphäre des Werdens. „Wollen wir wirklich zu den Urbildern der Dinge, zu dem Unwandelbaren im ewigen Wechsel aufsteigen, dann dürfen wir nicht das Fertiggewordene betrachten, denn dieses entspricht nicht mehr ganz der Idee, die sich in ihm ausspricht, wir müssen auf das Werden zurückgehen."[38]

Wenden wir diesen methodischen Gedanken Goethes auf unseren Bereich an, so heißt das, das Fertiggewordene - das ist, was inzwischen biographisches Faktum geworden, aber auch einmal aus einer Entwicklung hervorgegangen ist - durch unsere Anschauung, unsere Fragen und unser offenes Hören wieder in die Sphäre des Werdens zu bringen. Wir müssen den ursprünglichen Impuls erfassen, aus dem hervorgegangen ist, was inzwischen Faktum wurde. Das Urbildliche ist nahe, wo es ums Werden geht. Ist etwas entstanden, so ist es nicht mehr in der Sphäre des Urbildlichen, sondern allenfalls ein - meist unzulänglicher und unvollständiger - Ausdruck oder Abdruck davon.

Ein solches das Urbildliche aufsuchende Verstehen wird erst ermöglicht, wenn das Biographische in der gestalteten Form der Erzählung erscheint. Indem der Beratende dies im freilassenden Hören entgegennimmt, können im anschließenden Gespräch Anregungen zum aktiven und übenden Umgang mit den Lebensthemen entstehen, um die es geht. Das Kriterium einer *sinnvollen* Erkenntnis ist es dann, daß sie in Übungsvorschläge mündet (siehe dazu Kapitel 22, S. 173 ff).

Damit verbindet sich eine Warnung vor der Selbstanwendung der in diesem Buch skizzierten Gesichtspunkte. Es ist offenbar verlockend, nach solchen oder auch in anderen Büchern niedergelegten Gesichtspunkten im Do-it-yourself-Verfahren die eigene Biographie verstehen zu wollen. Im günstigsten Fall führt dies zu nichts. Nur wenn der Selbstanwender für sich zu praktikablen Übungsvorschlägen kommt, mag es sich besser ausnehmen. Dieses Buch ist also kein Ratgeber, der sich dadurch auszeichnet, daß er bereits Übungsvorschläge gibt. Daß die Selbstanwendung eigentlich nicht möglich ist, ergibt sich daraus, daß es in der Biographiearbeit um ein Wechselspiel zwischen dem Erzählenden und dem freilassend Hörenden geht. Wer aber kann *sich selbst* schon freilassend zuhören? - Es geht in der Biographiearbeit um ein Wechselspiel zwischen Sich-Einlassen und Distanz. Sie braucht ein Ich und ein Du. Beides in einer Person sein zu wollen, ist Psychoakrobatik ohne Netz. Der Absturz gerät deshalb katastrophal, weil man ihn nicht bemerkt: Er heißt Selbstbetrug. Und diese Akrobaten pflegen auszurutschen, weil das Seil mit Eitelkeit eingefettet ist.

Wie können die Fragen lauten, aufgrund derer das Erzählte weiterbewegt werden kann? Da ist zunächst auf Wendepunkte zu achten: Wo hat sich etwas gewandelt, die Qualität einer Beziehung, die Einstellung des Klienten, äußere Umstände? - Welche Fragen leben überhaupt in seinem Leben? Was interessiert ihn?

Worin liegen die mehr oder weniger ausgesprochenen Sehnsüchte oder Ängste dieses Lebens? - Was macht den Klienten unfrei, was macht ihn frei? - In welchen Verbindlichkeiten steht er jeweils? Worauf verpflichtet er sich? - Was trägt ihn überhaupt? - Wie hat er frühere Krisen überwunden? Worin liegen seine Kraftquellen? Sind es je andere in den verschiedenen Lebensphasen?

Aufschlußreich und das Gespräch vertiefend sind Gestaltungen, bildhafte Gestaltungen, die der Beratende vom Klienten erbitten oder als „Hausaufgabe" zum nächsten Termin anfertigen lassen kann: bestimmte Lebensphasen in ihrem Stimmungsgehalt, in ihrem atmosphärischen Gehalt in Farbe und Form zu bringen. An solche Äußerungsformen läßt sich das weitere Gespräch mindestens ebenso gut anknüpfen wie an sprachlich beantwortete Fragen. Auch die Sicht des Klienten auf sein Leben läßt sich als „Lebenspanorama" gestalten und zum Gegenstand der weiteren Arbeit machen. Einzelne Begegnungen oder Ereignisse kann man auf diese bildhafte Weise noch einmal, nachdem sie zunächst sprachlich dargestellt worden sind, zur Anschauung bringen. „Malen Sie Ihren Vater" - der Klient malt dann natürlich nicht seinen Vater, sondern wie er ihn erlebt hat. Aber eben dies wird zeigen, was in der sicherlich immer schicksalhaften Begegnung mit dem Vater lag (siehe oben).

Überhaupt wird man um - sprachliche oder bildhafte, auch szenische - Darstellungen des jeweiligen Beziehungsnetzes bitten. In welchem Gefüge von Freundschaften stand jemand vor seiner Eheschließung, in welchem danach? Man könnte dieses Beziehungsgefüge das „Haus der Begegnung" nennen. Es hat einen Vorgarten, einen Keller, einen großen Innenraum. Welche Begegnungen spielen sich nun im Innenraum ab, welche stehen an (sind noch im Vorgarten), welche sind ungeliebt (Keller)? Wen überhaupt hat der Klient geliebt? Wo gab es Brüche, Abbrüche, Diskontinuitäten - in Beziehungen, in Arbeitsverhältnissen, im Verfolg von Interessen etc.? - An was hat der Klient geglaubt? Was möchte er glauben? Worin liegen die Enttäuschungen, die er in seinem Leben hat?

Hierher gehört die Frage nach den *Mustern des Scheiterns*. Die biographischen Leitthemen, die Geburtsimpulse oder „roten Fäden" trachten offenbar immer danach zu erscheinen. Gerade in sehr individuellen Mustern des Scheiterns, des Anstoßens an immer der gleichen eigenen Schwäche finden wir wesentliche Aufgaben, die ein Mensch sich vorgeburtlich gestellt hat. So gerät ein Klient immer wieder in Rivalitätssituationen. Es führt nicht weit, dies kausal auf die Geschwisterrivalität zurückzuführen, in der er aufgewachsen ist - auch wenn das richtig sein mag. Was vielmehr erst Sinnverständnis schafft, das sind Fragen wie: Was vermeidet der Betreffende, indem er sich immer wieder in Rivalitätssituationen begibt. Worin also liegt die Aufgabe, die anzupacken er ständig hinausschiebt? - In diesem speziellen Fall ging es um das Verzeihen. Zur Geburtssituation dieses Klienten hatte es gehört, daß sein Vater der Mutter nie verzieh, daß er von einem anderen Mann stammte. Seine Zeugung war ein rein sexuell motivierter und einmaliger Ausrutscher der Mutter gewesen. Und er begab sich in Rivalitätssituationen, indem er immer Menschen fand, denen er irgendeine Unzulänglichkeit vorwerfen konnte. Dann wollte er es besser machen als dieser andere, machte es vielleicht auch besser, und forderte so den anderen zur Rivalität heraus. Aber die Aufgabe, die eigentlich in diesen Anstoß-Situationen lag, war - scheinbar einfach - Menschen zu suchen mit bestimmten Unzulänglichkeiten, moralischen Unzulänglichkeiten, und ihnen dies dann innerlich zu verzeihen. Von da aus ergaben sich Wege der Übung: Der Klient sollte zunächst jeden Tag aufschreiben, wem er was nicht verzeihen konnte; das lief dann immer auf irgendwelche moralischen Schieflagen hinaus. In einem zweiten Schritt wurde das umgedreht: Wen möchte er, jeden Tag, um Verzeihung für etwas bitten? - Und das lief ebenfalls auf moralische Schieflagen hinaus. - Bis aus der Erkenntnis der eigenen Unzulänglichkeit dann das Verzeihen möglich wurde.

So sind die Geburtsimpulse nicht primär dort zu finden, wo etwas klappt, wo Fähigkeiten vorliegen, sondern wo etwas systematisch nicht klappt und Unfähigkeiten zutage treten. Natürlich

20. Wege zum Sinnverständnis moderner Lebensläufe

gehören auch die Fähigkeiten zur Ausstattung, mit der ein Mensch antritt; und so ist beim Anhören der biographischen Erzählung auch auf sie zu achten. Aber sie gehören eben zur „Ausstattung": Man hat es schon. Lebt man diese nur aus, so führt das die Biographie noch nicht in die Zukunft, es entsteht so wahrscheinlich noch keine geistig-seelische Substanz. Diese entsteht erst, wenn man angeht, was man noch nicht kann. - Und dafür sind durchaus die Fähigkeiten einzusetzen. Vielleicht kommt man z.B. mit mathematisch-kalkulatorischer Begabung auf die Welt. Lebt man sie aus, wird man Kaufmann werden und Reichtümer anhäufen. Dann hat man da eben etwas für sich ausgelebt. - Man kann aber auch wach werden für das, was man nicht kann: Es könnte z.b. sein, daß der Betreffende wenig soziale Fähigkeiten hat. Er könnte also Lehrer für Mathematik werden und sich die menschliche Förderung seiner Schüler zur Aufgabe machen. Dann hätte er an einer Fähigkeit angeknüpft, um sich einem bestimmten Bereich des Noch-nicht-Könnens zu stellen. - Es ist also die Frage nach den Herausforderungen.

Natürlich gehört des weiteren zu den Fragerichtungen auch, daß der Betreffende sich ein Bild zu machen versucht, wie ein solcher Lebensgang sich in die Entwicklungsgesetze fügt (siehe Kapitel 3, S. 35 ff). Wie ist das mit den Mondknoten im vorliegenden Fall? Wie ist es mit den halben Mondknoten, insbesondere im 9. Lebensjahr, in dem Lebensthemen aufleuchten können? - Und natürlich wird man sich auch nach dem richten, was für die Jahrsiebte relevant ist: So wird man für das erste Jahrsiebt vor allem nach Sinneseindrücken fragen, wegen deren Wirkung auf den physischen Leib, wie das in der „Allgemeinen Menschenkunde" Rudolf Steiners beschrieben ist.[39] Für das zweite Jahrsiebt wird man nach Gewohnheiten und häuslichen Regeln fragen, wegen deren Wirkung auf den Ätherleib. Früh erlebte Gewohnheiten schaffen Stabilität - fehlen sie oder werden ständig ausgesetzt, so schaffen sie Instabilität gegenüber den späteren Stürmen des Lebens. So erzählte eine leicht erschütterbare Klientin von ihrer Mutter: „Eigentlich" sei Abendbrotzeit pünktlich um 18 Uhr gewesen. Aber häufiger als um 18 Uhr aß man um 17 Uhr oder um 19 Uhr oder zu je einer anderen Zeit, weil es immer einen Grund gab, jetzt diese „Regel" auszusetzen. Dann strich die Mutter den Kindern z.b. um 17 Uhr beiläufig das Abendbrot und sagte: „Eigentlich essen wir ja um 18 Uhr, aber heute kommt um 6 eine Freundin von mir zu Besuch ..." - Weiterhin wird man für das zweite Jahrsiebt auch nach den Autoritäten fragen. Wer hat beeindruckt? Wem hat man geglaubt? Für das dritte Jahrsiebt ist nach Idealen zu fragen, die aufgetaucht sind, auf die man gestoßen ist. Denn in diesen frühen, oft natürlich noch ganz irrationalen Idealen kann sich etwas von dem künftigen Ich zeigen.

Noch einmal ist zu betonen, daß das einzelne Leben nicht einfach die Abwicklung eines Konglomerats von Gesetzmäßigkeiten ist; vielmehr ist es einmalig und kann in dieser Einmaligkeit nur im Gespräch - und auch nur, wenn es künstlerisch gehandhabt wird - hervortreten.

Schließlich wird man nach den biographischen Phänomenen fragen, die im 2. Teil dieses Buches angesprochen worden sind: das Stauungsphänomen, die Sprache des Anfangs, das Verdoppelungsphänomen, Doppelgängeraspekte, Polaritätsaspekte etc.

Es ist im übrigen nicht so, daß solche Fragen, sofern sie auch an den Klienten gerichtet und ihm gegenüber ausgesprochen werden, eine direkte und bündige Antwort erfahren. Ihre Bedeutung liegt eher darin, daß sie die biographische Erzählung nach der gefragten Richtung verdichten, verwesentlichen - und oft neue Gesichtspunkte aufbringen, an die keiner der Gesprächspartner bislang gedacht hatte.

21. Das Beratungsgespräch als Biographiehilfe

Das Beratungsgespräch lebt vom Zuhören und Fragen, am wenigsten vom Reden. Damit ein solches Gespräch Quelle des Werdens sein kann, kommt es auf ein *freies Hören* an: Das freie Hören entsteht, indem es nicht beurteilt, was es hört. Es ist dies das schwerste - nicht nur mit dem, was man sagt, nicht zu beurteilen, sondern auch innerlich während des Zuhörens nicht beurteilend zu kommentieren; das Gehörte nicht sogleich auf psychologische Theorien zu beziehen; die mitgeteilten Erlebnisse nicht sogleich nach Kategorien zu ordnen; auch moralisch nicht zu beurteilen, selbst da, wo dunkle Seiten gelebt wurden; vielmehr innerlich mitzugehen und aus dem Leben zu verstehen, nicht aus Erklärungsbegriffen.

Freies Hören: Es ist gut, während des Gesprächs - ebenso wie davor und danach - zu prüfen, ob man etwa für sich etwas mit dem Gespräch verfolgte: gut sein, eine Diagnose, Originalität zeigen, als einfühlsam gelten. Freies Hören - das heißt auch, nicht sofort alles verstehen oder gar erklären wollen. Denn gerade in wesentlichen Schicksalsfragen und Krisen gewinnt man noch eine andere Ebene des Verstehens, wenn man auf das psychologische Erklären zunächst verzichtet und stattdessen das Aufgenommene mit in die Nacht nimmt. Es wachsen dem Beratenden dann Verständnishilfen zu, die ihm zunächst gar nicht bewußt sein müssen, die aber im nächsten Gespräch mit dem Klienten zum Tragen kommen können.

Das freie Hören hat auch den Vorteil, daß man viel eher die Gesamtsituation aufnimmt. Ein nur verstehen- oder erklären-wollendes Zuhören blendet wesentliche Aspekte der Situation aus, mit denen der Klient sich auch darstellt: Sprachform, Wortwahl, Tongebung, Gestik, das Verhalten überhaupt - dies sind ebenso Selbst-Äußerungen wie das inhaltlich Gesagte. So kann z.B. die Begegnung mit der Stimme eines Menschen viel intimer sein als das gedankliche Mitverfolgen dessen, was inhaltlich gesagt wird.

Die hier „freies Hören" genannte innere Haltung knüpft sicherlich an das an, was schon zu Beginn der Psychotherapie von Sigmund Freud „freischwebende Aufmerksamkeit" genannt wurde. Das freie Hören versucht aber, eine Gefahr zu vermeiden, mit der diese freischwebende Aufmerksamkeit gehandhabt wird: die entlarven-wollende Haltung. Der klassische Analytiker, der psychologisch Interessierte sind in Gefahr, mit einer Haltung zuzuhören, die etwas beweisen will - nämlich, daß alles ganz anders ist, als der Klient meint, daß die wahren Zusammenhänge dem Klienten verborgen, d.h. unbewußt sind, und daß diese wahren Zusammenhänge immer einen irgendwie unangenehmen Charakter haben und der Klient deshalb ein Interesse daran hat, diese Zusammenhänge im Unbewußten zu halten. - Das kann nicht die Haltung sein, die einen geistigen Wesenskern des Menschen voraussetzt. Das freie Hören empfängt das Gesagte, so wie es eben gesagt und auch begleitet oder erweitert wird durch das Gesamtverhalten des Klienten, und versucht, daraus eine *Imagination* zu bilden. Das ist etwas anderes als erklären oder verstehen zu wollen. Die Imagination faßt - immer nur vorläufig - das Gehörte in ein Sinnbild, das Impulscharakter hat, nicht Erklärungscharakter. Ganz allgemein geht es um den Impuls, daß der Wesenskern eines Menschen sich auf der Erde, in diesem Leben entfalten möchte, ins reale Dasein treten möchte. Die Imagination, wenn es gut geht, berührt etwas von diesem Wesenskern.

Anstelle von Kommentaren und Erklärungen sollten *Bilder* im Zuhören entstehen, die den geistigen Gehalt des Aufgenommenen darstellen, so wie ein Kunstwerk auf etwas Geistiges impulshaft hinweist. Diese inneren Bilder müssen nicht visuell sein, es können sich auch Klänge oder Empfindungen ergeben. Das Paradoxe ist, daß man diese Imaginationen nicht wollen kann. In dem Moment, da man sie gezielt sucht, bleiben sie aus und es schieben sich stattdessen vordergründige Erklärungen ins Bewußtsein des Zuhörenden. Diese Imaginationen können nicht gewollt, nur empfangen werden.

Um diese empfangende Haltung zu gewinnen, hat es sich bewährt, zugleich mit der Aufmerksamkeit, mit der man dem Klienten gedanklich folgt und die nach vorne gerichtet ist, eine *nach hinten hörende Aufmerksamkeit* zu entwickeln. Zwischen den Schulterblättern scheint es eine Art Wahrnehmungsorgan, ein Drittes Ohr, zu geben. Dieses kann man mit einer nach hinten hörenden Aufmerksamkeit aktivieren. Indem ich nach hinten höre, lasse ich alles verstehensmäßige Verstehen-Wollen los und richte meine Wahrnehmung auf eine ganz andere Ebene: auf die Ebene dessen, worum es objektiv geht, „schicksalsobjektiv". Indem ich nach hinten höre, verlasse ich die Ebene meiner persönlichen Assoziationen und gewinne Anschluß an das, worum es bei diesem Individuum, unabhängig von seiner augenblicklichen persönlichen Betroffenheit, unabhängig von seinen Ängsten und eigenen Bewertungen und Beurteilungen geht. Indem ich nach hinten höre, kommt das Hören zu sich selbst, denn *die Natur des Hörens ist Loslassen*. Dadurch entsteht im Gespräch ein Freiheitselement, das seine Zukunftsorientierung ermöglicht.

Dieses Hören nach hinten muß man üben. Es klappt nicht ohne weiteres, oft klappt es gar nicht. Man muß damit über Wochen und Monate experimentieren, konkrete Hörübungen machen: Wie hört sich z.B. mein Lieblingsmusikstück an, wenn ich mich mit dem Rücken zum Lautsprecher wende? Was höre ich, und - vor allem - wie höre ich, wenn ich auf das Lausche, was, sagen wir bei einem Spaziergang, hinter mir geschieht? - Man kann sich, was das Hören nach hinten betrifft, auch enorm täuschen und Illusionen hingeben. Es gibt aber ein ganz einfaches Kriterium dafür, ob man sich im Bereich des Dritten Ohrs bewegt: Was durch das Hören nach hinten als Bild, als Imagination erscheint, hat in gewisser Weise immer einen friedvollen Charakter. Es geht eine enorme Beruhigung und Befriedung von dem aus, was man durch das Hören nach hinten empfängt. Es kann auch friedvoll für den Klienten sein, wenn man es ihm in geeigneter Form und zu gegebener Zeit weitergibt. Man empfindet dann mit Dankbarkeit, daß da etwas zu sich selbst, in seine eigene Ordnung kommt.

Wir dürfen annehmen, daß wir im Hören nach hinten etwas vom Höheren Ich des Sprechenden wahrnehmen. Etwas von seinem Schicksal spricht sich aus - und zwar spricht es *sich selbst* aus. Wenn es gut geht, wird man dabei zu einem Gefäß. Man nimmt etwas vom Wesenskern des anderen auf, und wenn man dann spricht, so spricht der Klient selbst zu sich. Man kann das unter Umständen direkt empfinden, direkt erleben, wie etwas zwischen die Schulterblätter ein- und durch den Kehlkopf wieder herausgeht.[40] Man hat gar nicht das Gefühl, jetzt selbst etwas zu sagen, sondern eine wesentlichere Ebene, die jenseits des Alltags-Ich des Beratenden und jenseits des Alltags-Ich des Klienten liegt, spricht sich aus.

Natürlich klappt das meistens nicht so, oder es klappt auch gar nicht. Wesentlich ist auch nicht, mit dem Hören nach hinten erstaunliche spirituelle Erlebnisse zu erzielen, sondern zu lernen, über das verstandesmäßige Verarbeiten des Gehörten hinaus einen aufs Wesentliche gerichteten Aufnahmemodus zu entwickeln.

Ein zweites Wesenselement des Beratungsgesprächs ist die fragende Haltung: Auf einer ersten Ebene dient das Fragen natürlich dazu, das Gespräch in Fluß zu halten. Der wesentlichere Aspekt ist aber: Indem ich etwas, das als Feststellung oder Tatsache erzählt wird, in eine Frage verwandle, öffne ich den Zugang dafür, die geistige Gestalt des Erzählten zu finden. Die Frage kehrt etwas um: Sie kehrt das Bedürfnis nach Sicherheit, nach Gesichertem um, löst es vorübergehend aus dem Netz des Gewußten und macht es damit für noch ganz andere Zusammenhänge als den schon bekannten frei. Durch die Frage wird das Festgestellte, wird die Tatsache beweglich und kann damit unter geistige Gesichtspunkte kommen, die immer beweglich sind und deren Bewegungsrichtung immer in die Zukunft zeigen. Dagegen hat das Faktische und Festgestellte immer seine Verankerung in der Vergangenheit. Etwas ist so und so geworden auf dem physischen Plan. Indem ich es befrage, in eine Frage verwandle, befreie ich es für einen Moment aus seiner Bestimmtheit durch die Vergangenheit. Die Frage, die das Festgestellte beweglich macht, befreit das Entwicklungspotential, das in dem Festgestellten eben fest-gestellt ist. - Wie für das Zuhören das

21. Das Beratungsgespräch als Biographiehilfe

Kommentieren, Erklären und Beurteilen tödlich ist, so ist es für das Fragen tödlich, etwas schon immer gewußt zu haben oder jemanden überzeugen oder die Antwort schnell haben zu wollen.

Diese Fragehaltung gegenüber dem, was erzählt wird, meint kein Hinterfragen, sondern ein Beweglich-Machen. So erzählt etwa ein Klient von dem Dauerfrust, den er am Arbeitsplatz erlebt, seit Jahren. Die beweglich machende Frage ist nun keine psychologische: Tobt der Klient etwa Geschwisterrivalitäten mit seinen Kollegen aus? Oder: Was sagt dieser Dauerfrust über den Klienten? Sondern: Aufgrund welcher Sehnsucht macht dem Klienten der erzählte Sachverhalt zu schaffen? Damit ist nach der Zukunft gefragt, die in dem erzählten Problem liegt. - Oder: Was wäre, wenn alle Freunde und Bekannten des Klienten das erzählte Problem ernst nehmen würden? - Auch damit ist nach einer Sehnsucht, einer Strebensrichtung gefragt. Dieses innere Verwandeln in Fragen, während man dem Klienten zuhört, gibt dann den Ansatzpunkt dafür, ihm Übungen vorzuschlagen, wie er in nächster Zeit mit sich im allgemeinen und dem erzählten Problem im besonderen umgehen kann (siehe dazu Kapitel 22, S. 173 ff). Unser Fragen - das wir zunächst nur innerlich pflegen - sollte suchen, was den anderen weiterbringt, nicht primär, was ihn dahin gebracht hat. Dies ist als Haltung beim Hören sehr wichtig. Es weckt etwas im Klienten - auch wenn die Fragen größtenteils gar nicht ausgesprochen werden. Es weckt ihn zu sich selbst.

Wir machen uns also als Beratende eine gewisse Ratlosigkeit zu eigen, mit der der Klient auch kommt, und wir erreichen damit eine gewisse staunende Haltung, die fragt: Wohin will das, was mir da erzählt wird. Dieses Element der *gemeinsamen* Ratlosigkeit ist im nächsten Kapitel noch weiter auszuführen. Es entsteht so jedenfalls eine gemeinsame Frage-, eine gemeinsame Suchhaltung, die uns mit dem Klienten erst wirklich verbindet. Wir verbinden uns nicht mit ihm, wenn wir vorschnell Erklärungen und Ratschläge abgeben.

Unser Sprechen sollte sparsam sein. Es sollte, wenn möglich, in Frageform gehalten sein, und es sollte dann stattfinden, wenn wir empfinden, daß wir nicht selbst sprechen. Damit ist an das

Hören nach hinten angeknüpft. Man spricht sich dann langsam ein, selbst oft noch gar nicht wissend, worauf genau man hinauswill. Es entsteht. Will man dagegen *selbst* etwas sagen, so weiß man von vornherein, was gesagt werden wird. Es spricht aber auch nichts dagegen, daß der Beratende einmal etwas aus seinem Alltags-Verständnis und -Erleben sagt. Er muß es dann nur als solches kenntlich machen. Es kann durchaus etwas im Klienten lösen und beweglich machen, wenn man einmal ganz ausdrücklich sagt: Das oder jenes habe ich auch einmal erlebt. Oder: Meine Meinung dazu ist ... Es ist alles erlaubt, was dem Klienten deutlich macht, daß er wahrgenommen und ernstgenommen wird. Besonders zu Beginn der Beratung kann der Beratende durchaus auch einmal persönlich sprechen, z.b. seine Betroffenheit über einen Vorfall zeigen. Ziel des Beratungsgesprächs ist es nicht, dem Klienten mehr oder weniger kluge Ratschläge zu erteilen, auch nicht primär, ihm seine Krise zu erklären. Ziel ist, etwas Neues entstehen zu lassen - neue Fragen, neue Perspektiven, ein neuer Zugriff auf festgefahrene Probleme. Ziel ist nicht die Problemfreiheit, sondern die Autonomie.

Das Beratungsgespräch, wie es hier gemeint ist, ist ein Bewegungsvorgang - etwas wird mit Blick auf die Zukunft in Bewegung gebracht. In der gemeinsamen Such- und Fragehaltung soll etwas entstehen, das zuvor weder Klient noch Beratendem bekannt war. Es entsteht *zwischen* ihnen. Dabei geht es nicht ums Diskutieren, ums Recht-Haben oder Überzeugen-Wollen, auch nicht um assoziatives Drauflos-Reden. Das Neue, das da entstehen kann, muß auch nicht als solches verkündet werden; kann, muß aber nicht. Real wird es ohnehin erst, wenn es in die Form einer Übung gekleidet und übend aufgegriffen werden kann. - Erscheint es doch einmal richtig, eine gemeinsam gewonnene Erkenntnis auch ausdrücklich zu formulieren, so wird auch dies im Charakter einer Frage geschehen. Man wird dem Klienten dann vorschlagen, erst das nächste Mal darauf zu reagieren, über das Gesprächsergebnis nachzudenken, es auf sich wirken zu lassen und das nächste Mal zu berichten, was dadurch für ihn entstanden sein mag. So kann

21. Das Beratungsgespräch als Biographiehilfe

der Beratende sehen, ob das, was im Gespräch erarbeitet wurde, wirklich eine Resonanz beim Klienten findet. Oder man bittet ihn, das nun sprachlich Erarbeitete fürs nächste Mal in eine Bildgestaltung zu bringen. - Wenn das Gesprächsergebnis richtig war, dann wird sich bis zum nächsten Mal beim Klienten etwas geordnet haben, werden Perspektiven entstanden sein. - Sieht sich der Klient unter Druck oder stellt sich selbst unter Druck, das Erarbeitete auch gleich zu kommentieren, so wird die Angelegenheit schnell kopflastig. Der impulsierende Charakter, den eine Erkenntnis haben kann, geht dann verloren. Sie ist dann wie zerlegt, statt daß sie wirkt. - Es gibt Klienten, die dies deutlich spüren und die Stunde nach einem bestimmten Gesprächsergebnis beenden wollen, und der Beratende kann dann ebenfalls dieses Bedürfnis haben.

Vorzuziehen ist es allemal, das Gespräch nicht nur mit einer sprachlich erarbeiteten Erkenntnis, sondern mit dem Hinweis auf eine mögliche Übung zu beenden. Erkenntnisse haben oft etwas Abschließendes. Hinweise auf Übungsmöglichkeiten dagegen unterstützen den Zukunftsblick.

Ein ganz wesentlicher Teil der Biographieberatung besteht darin, daß der Klient anhand von Übungen oder Hausaufgaben kontinuierlich an sich arbeitet. Er kommt in einer Krise und aktuellen Not zur Beratung. In einer ersten Phase wird gemeinsam der lebensgeschichtliche Hintergrund der aktuellen Krise zu untersuchen sein. Der Klient erzählt, geleitet von den Fragen des Beratenden, von einzelnen Lebensphasen. Im Gespräch darüber läßt sich ein Bild gewinnen von den „roten Fäden", den Lebensthemen, die sich in dieser konkreten Biographie entfalten wollen. Diese „roten Fäden" sind zumeist nicht dahingehend festlegbar, daß man etwa behaupten könnte: hier hat jemand die Aufgabe, den Vorsitz des Betriebsrats in seiner Firma zu übernehmen; oder: dieses Leben will sich darin erfüllen, daß da jemand vierfache Mutter und Metzgersgattin wird. - Vielmehr formulieren sich die roten Fäden als persönliche Einseitigkeiten, einseitige Temperamentsprägungen, einseitige Fähigkeiten und Unfähigkeiten, auf die der Betreffende zunehmend stößt. Sie verlangen nach Ausgleich und Ergänzung. So die eigene Vollständigkeit zu suchen, dem eigenen Wesen zunehmend Gestalt zu geben, das ist dann die Lebensaufgabe. Wie sich das inhaltlich füllt, ist vorab nicht zu bestimmen. Ob jemand an Vereinsamung durch ständige Beziehungswechsel im Milieu der Computerfachwelt, des Krankenhauses, des Albvereins oder der Briefmarkenmesse leidet, dürfte zweitrangig sein, wenn er dann im entsprechenden Umkreis daran arbeitet. Zu seinen Lebensthemen gehört nicht der Albverein, sondern das Erarbeiten stabiler Beziehungen.

Aus dem gemeinsam erarbeiteten Verständnis der „roten Fäden" ergibt sich ein neuer, umfassender Blick auf die aktuelle Krise. Ihr lebensgeschichtlicher Sinngehalt wird erkennbar, ihr Entwicklungspotential wird anschaubar. Aus der empirischen Erfahrung, daß die bloße Erkenntnis solcher Sinnzusammenhänge zumeist noch keine konkrete Veränderung des eigenen Lebens zur Folge hat, ist die Praxis entstanden, das Erkannte durch konkretes Üben in den Alltag einzuarbeiten. Deshalb bekommt der Klient von einer Gesprächsstunde zur nächsten Übungen, Hausaufgaben. Das Entwicklungspotential, das in der Krise liegt, wird so erst wirksam.

Die Übungen werden in der Regel für etwa vier Wochen aufgegeben. Der Klient soll Erfahrungen damit machen und diese in die weiteren Gespräche einbringen. Dies kann dann zu neuen Übungsvorschlägen führen etc. Die Übungen sind keine Rezepte gegen bestimmte akute oder grundsätzliche Probleme, sondern sie sollen dem Klienten im Lauf von Monaten einen neuen Zugriff auf seine krisenhaft zugespitzte Lebenssituation ermöglichen. Die Übungen schaffen einen Innenraum, von dem aus die Lebenswirklichkeit in ihrer individuellen Wahrheit erkennbar und ergreifbar wird.

So entkräftet Frau F, je näher sie der Lebensmitte rückt, eine gewisse Unfähigkeit, sich von Wahrnehmungen zu lösen. Sie findet kaum Halt, um ihren zumeist sehr intensiven Erlebnissen etwas entgegenzusetzen. Dadurch ist sie in hohem Grade ablenkbar und beeinflußbar. - Diese grundlegende Einseitigkeit, durch die sie aktuell in vielfältige Beziehungsprobleme und Verwicklungen geraten ist, geht sehr weit: Schon einfache sinnliche Wahrnehmungen hypnotisieren sie und halten sie gefangen. Ein zufälliger visueller Eindruck kann sie derart absorbieren, daß sie äußerlich zerfahren und inkonsequent wirkt und sich innerlich als dessen Gefangene erlebt. - Frau F bekommt u.a. folgende Hausaufgabe: Sie möge täglich etwa fünf Minuten anhand eines Bildes der modernen Malerei tiefer in den Wahrnehmungsvorgang eintauchen. Sie soll sich das Bild - das öfter auch wechseln kann - so detailliert, aber auch so nüchtern und interpretationsfrei wie möglich beschreiben: Formen, Farben, Komposition etc. Sie soll nur ihre Wahrnehmungen genau formulieren, ohne sich auf wertende Stimmungen wie „Find ich toll" oder „Find ich langweilig" einzulassen. - Auf scheinbar paradoxem Weg lernt sie anhand solcher und ähnlicher Übungen, sich vom Wahrgenommenen zu distanzieren. Denn einerseits läßt sie sich mit solcher Übung noch tiefer auf die Wahrnehmung ein, andererseits aber auf eine systematische, willentliche und von ihr sprachlich beherrschte Weise. Das eben befreit sie zugleich. In einer späteren Phase wird man dieses Übungsprinzip auf komplexere und damit auch auf soziale Wahrnehmungen ausdehnen, um den Übergang zur Konfliktsituation zu erleichtern.

Ein anderer Klient hat Angst vor einer Trennung. Er ist seit Jahren unentschieden, ob er sich von seiner Freundin trennen soll oder nicht. Die erste, erkenntnisorientierte Phase der Beratung ergibt, daß die ständige Angst vor Veränderung ein Lebensthema ist. Der Klient hat Veränderungen schon immer so lange wie nur möglich hinausgeschoben. Ziel der Beratungsarbeit kann nun nicht sein, daß er sich trennt oder daß er sich nicht trennt, sondern nur, daß er zur Freiheit kommt, sich für das eine oder andere entscheiden zu können. Etwas von seinem Alltags-Ich, eben die Angst vor der Veränderung, steht ihm da im Weg. - Es kam nun darauf an, daß er Veränderungen nicht als unausweichlichen Schicksalsschlag erlebt, sondern zur Wahrnehmung kommt, Veränderungen und ihr Ausmaß selbst in der Hand zu haben. So bekam er zunächst die Übung, für zwei Wochen ein paar Bilder in seinem Arbeitszimmer ab- und andere aufzuhängen. Nur zwei Wochen lang sollte er mit neuen Bildern leben. Danach, so war von vornherein festgelegt worden, sollte er die alten Bilder wieder aufhängen. Dies ging ganz gut. Nach einigen ähnlichen Übungen kontrollierter, begrenzter und nicht endgültiger Veränderungen bekam er die Übung, vier Wochen lang jeden Abend kurz Rückschau zu halten und seinen Tag daraufhin zu befragen, was er in seinem Alltag gerne anders hätte. Das führte zunächst zu einer Liste kleiner Veränderungswünsche - andere Kaffeemaschine, etwas anderer Weg ins Büro, andere, ihm gemäßere Frühstückssituation etc. Er sollte sich dann aus dieser Liste zwei Veränderungen aussuchen, die er, zunächst, wieder für einen begrenzten Zeitraum tatsächlich durchführen wollte. Nach einer ausführlichen Besprechung verschiedener Szenarien der Durchführung - z.B.: Wie kann ich es mit meinen Kollegen ansprechen, daß ich eine andere Kaffeemaschine möchte? - kamen diese beiden Veränderungen auch zustande. - Die Übungen näherten sich nun dem ursprünglichen Konfliktfeld: 14 Tage die Ehebetten auseinanderstellen, dann wieder zusammen. Wie fühlt man sich, welche Erfahrungen macht man in der einen Situation, welche in der anderen?

Mit Bedacht wurden mögliche Gründe für die Trennung oder für das Zusammenbleiben nie angesprochen. Denn der Ratsuchende lähmte sich selbst, indem er seine Veränderungsangst intellektualisierte. Er konnte Anwalt wie Gegenanwalt zugleich Dutzender von Gründen für oder gegen die Veränderung sein, so lange, bis er entscheidungsgelähmt war. Ein anderer, z.T. parallellaufender Übungsweg mit diesem Klienten war die gezielte Befassung mit der Frage, was geschieht eigentlich bei Veränderungen, die man selbst nicht in der Hand hat. Gemeinsam wurden jede Woche die Veränderungen durchgesprochen, die in seinem Alltag eingetreten waren und auf die er keinen Einfluß nehmen konnte. Ganz banale Dinge waren da festzustellen: Vorgestern veränderte sich das Wetter mit einem heftigen Temperatursturz, letzten Mittwoch bekam er eine neue Telefonnummer zugeteilt, am Freitag wechselte der Verkäufer in seinem Zigarettenladen. Anhand ausgewählter Beispiele galt es nun, sich klarzumachen, was solche Veränderungen positiv wie negativ bedeuten. Dadurch entstand beim Klienten eine *Neugier* auf Veränderungen, er nahm immer mehr Veränderungen im Alltag wahr, wo er früher den Blick fast nur auf das Regelmäßige gerichtet hatte. - Ein amüsanter Zufall oder eine ernsthafte Geste des Schicksals, jedenfalls wurde in seiner Firma eine Stelle ausgeschrieben für die Bearbeitung von betrieblichen Veränderungsvorschlägen. Er bewarb sich und bekam die Stelle. Getrennt von seiner Freundin hat er sich nicht.

Bei persönlichen Einseitigkeiten ist es sinnvoll, den jeweiligen Gegenpol einzuüben (siehe Kapitel 11, S. 96 ff). Ein Choleriker sollte sich abends in der Rückschau vergegenwärtigen, wo er heute in den Willen eines anderen Menschen eingegriffen hat - allerdings nicht mit Selbstzerknirschung, sondern so nüchtern wie möglich. Nach vier Wochen lautete die Übung, sich bei jedem Tatimpuls zu fragen und vor Augen zu führen, was die jeweils anderen, an der Situation mitbeteiligten Menschen wollen. Durch Nachfragen oder eigene Überlegung sollte dies jeweils festgestellt werden, bevor er selbst eine Entscheidung trifft oder zur Tat schreitet. Es gelang ihm teilweise, auf diesem Weg ein Abwarten oder Innehalten einzuüben. - Ziel eines solchen Übungswegs ist es nicht, den Betreffenden seines cholerischen Temperaments zu entwöhnen, sondern ihm die Berührung mit dem Gegenpol seines Wesens zu ermöglichen, weil er dadurch seiner Vollständigkeit näherkommt. Es kommt also nicht so sehr darauf an, sich kausal zu begreifen, sondern sich zu *ergreifen*, nicht psychologisch zu erklären, was ein Choleriker ist, sondern daß der Choleriker etwas Neues aus seinem Temperament macht.

Ein sehr sanguinischer Mann mittleren Alters klagt über seinen chaotischen Lebenslauf. Er leidet daran, daß er keinen Zusammenhang zwischen den vielen, z.T. sich parallel abspielenden Lebensbereichen, Beziehungen und Tätigkeiten sieht. Das Gefühl, keine Einheit zu sein, kann bei ihm so weit gehen, daß er Angst bekommt, verrückt zu werden. Er hat von sich nur ein Bild aus Fragmenten, Persönlichkeitsteilen, biographischen Fetzen, nicht aber eines mit sich selbst identischen Ich und Lebens. - Nun würde ihm die Erkenntnis, Sanguiniker zu sein, nicht viel nützen. Vielmehr wird mit ihm eine Serie von Übungen erarbeitet, die ihn erleben lassen sollen, daß er *selbst* den Zusammenhang seines Lebens und seiner Person schaffen kann. Über viele Monate soll er - immer wieder anhand anderen Materials - sich morgens, als erste Handlung, etwa fünf Minuten mit einem Gedicht, einem Bild, einem Spruch o.ä. beschäftigen und den Inhalt oder Gehalt eines solchen Kunstwerks in sich aufnehmen, so wie er ihn eben versteht. Dann soll er möglichst alles, was ihm den Tag über zustößt, vor dem Hintergrund des Kunstwerks betrachten, in das er sich am Morgen eingelebt hatte. Dazu lernt er, mittags und abends noch einmal je eine fünfminütige Pause in seinen Tagesablauf einzubauen, um sich entsprechend besinnen zu können. - Nach anfänglichen Schwierigkeiten gelang das. Es entstand in ihm das Erlebnis, daß er nicht passiv und bange darauf zu warten brauchte, ob sich nun irgendein Zusammenhang zeige, sondern daß er selbst diesen Zusammenhang schaffen kann.

Eine andere Art Übung liegt im Gestalten. Der Klient bekommt dann eine Hausaufgabe von der Art: Stellen Sie zum nächsten Mal in einem Bild die Kindheitssituation - die Begegnung, die Lebensphase - dar, von der Sie heute erzählt haben. In Farbe und Form oder auch mit anderen Gestaltungsmitteln - z.B. Collage - soll noch

einmal das Atmosphärisch-Stimmungshafte der erzählten Situation formuliert werden. Es geht dabei nicht darum - im Unterschied zu manchen Psychotherapieformen -, frühere Erlebnisse oder Lebensumstände in ihrem emotionalen Gehalt noch einmal lebendig werden zu lassen. Im Gegenteil geht es um eine objektivierende, distanzierende Geste. Indem der Klient solches malt, wird ihm der innere Sinnzusammenhang der damaligen Ereignisse oder Umstände erlebbar, der ihm als Kind nicht überschaubar und greifbar war. Vor allem durch das Gespräch, das sich dann beim nächsten Mal an diese Gestalt knüpft, wird dem Klienten ein gewisses Zurücktreten von der thematisierten Lebensphase - Begegnung etc. - möglich; es schließt sich in diesem Vorgehen etwas ab, rundet sich nachträglich, und dadurch wird der Klient frei davon.

Eine andere Übungsrichtung, insbesondere für Klienten, die mit Orientierungs- und Sinnfragen zur Beratung kommen, liegt darin, sich in systematischer Weise mit dem zu beschäftigen, was im Alltag als Frage auftaucht. Dies geht von der Beobachtung aus, daß wir, wenn wir selbst fragen, schnell in ein Faß ohne Boden geraten, während wir sehr wohl Orientierungsgesichtspunkte finden, wenn wir auf das achten, was andere uns fragen. Es ist eines der Geheimnisse der Verschränkung unserer Schicksalswege, daß uns etwas von unserem eigenen Schicksal eher in dem begegnet, was uns andere fragen, als in dem, was wir andere fragen. Das spiegelt sich darin wieder, daß wir nie zufrieden sind, wenn wir, aufgrund unserer Frage, Antwort erhalten. Dagegen können sich Orientierungssicherheit und Gelassenheit einstellen, wenn wir aufgreifen, was wir selbst gefragt werden.

Ein etwas wechselhafter, seelisch flüchtiger Klient mit gewissen Bindungsschwächen will unbedingt seinen Arbeitsplatz wechseln. Er ist Werkstattleiter in einer Behinderteneinrichtung, dort seit drei Jahren tätig. Nun reicht es ihm, der gewohnte Trott macht ihn unruhig. Etwas Neues muß her. Er hat aber keine Idee, was er anderes tun könnte. - Er bekommt u.a. die Übung, sich jeden Abend kurz hinzusetzen, kurz auf den Tag zurückzublicken und in ein paar Stichworten festzuhalten, was heute als Frage auf ihn zugekommen ist. Vielleicht führt dies eher zu einer Antwort, als wenn er selbst fragt und von allen Bekannten eine Antwort haben will. Nach zwei Wochen kommt er wieder: Die Übung hätte nichts gebracht. Alle Fragen, die auf ihn zugekommen seien, hätten darauf gezielt, da zu bleiben, wo er ist. - Nun konnte die weitere Beratung zeigen, daß eben darin das Neue liegt. Bisher, er ist 52 Jahre alt, hat er spätestens nach drei Jahren den Arbeitsplatz gewechselt, sobald die Beziehungen und Verpflichtungen verbindlicher wurden. Das Neue besteht nun eben darin, nicht schon wieder etwas äußerlich Neues zu tun. Darin kann man als den gemeinsamen Nenner der Fragen, die ihm begegnet waren, eben doch die Antwort auf seine Ausgangsfrage erkennen, was jetzt für ihn ansteht. - Ärgerlich ging er weg. Nach zwei Wochen kam er wieder, gelöst und gelassen, und berichtete: Anhand folgender Episode habe er erkannt, daß es jetzt seine Aufgabe sei zu bleiben. Er hatte sich kurz nach der letzten Beratungsstunde einen Fuß verstaucht und konnte ein paar Tage kaum gehen. Ganz gegen seine Gewohnheit mußte er nun abends zu Hause bleiben. Als dann noch sein Auto gestreikt habe, als er kürzlich von der Arbeit nach Hause fahren wollte, sei ihm klar geworden: Etwas in ihm möchte - erstmals - bleiben, und etwas in ihm hat Angst davor. - Das führte zu einer weiteren Übungsreihe, nachdem die Angst vor dem Bleiben als eine Art Erstarrungsangst verstanden werden konnte. Er sollte, ebenfalls in der abendlichen Rückschau, den Arbeitstag noch einmal innerlich durchgehen und dabei nach Möglichkeiten suchen, was er an seinem jetzigen

Arbeitsplatz in sachlicher und sozialer Hinsicht verändern könne. Das fiel ihm nicht schwer, und bald konnte er sich für das Bleiben entscheiden, weil er viele Möglichkeiten sah, das Alte neu zu gestalten. Er wechselte die Werkstatt, baute eine Supervisionsgruppe auf, führte für sich andere Arbeitszeiten ein, tapezierte sein Büro neu etc. - Es wurde ihm empfohlen, diesen neuen Zugriff von vornherein auf drei Jahre anzusetzen, dann Bilanz zu ziehen und neu zu entscheiden.

Klienten, die psychologisch vorgebildet sind und sich habituell ständig mit psychologischen Erklärungsversuchen für diese oder jene Eigenart oder eigene Schwierigkeit befassen, bekommen langfristige Aufgaben, die ihre Aufmerksamkeit auf etwas außerhalb ihrer selbst lenken sollen. So wurde einem introvertierten Ehepaar, dessen Gemeinsamkeit hauptsächlich darin bestand, über die eigene Ehe, deren Probleme, die Kindheitsbedingtheiten gegenwärtiger Krisen zu diskutieren, die Aufgabe gestellt, gemeinsam einen Sprachkurs zu besuchen und damit in Zusammenhang eine fremde Kultur kennenzulernen. - Einer Klientin, die mit subjektiv ganz akuten Nöten und Bedrängnissen wegen ihrer pubertierenden Tochter zur Beratung kam, wurde u.a. vorgeschlagen, jetzt anzufangen, Cello zu spielen.

Durch die systematische, willentliche Befassung mit dem, was zunächst außerhalb des eigenen Horizontes liegt, kann sich etwas aus der subjektiven Verwicklung in die eigenen Probleme lösen. Eine Distanzierung entsteht, die wiederum andere Erkenntnis- und Übungsschritte ermöglicht.

Ganz wesentlich ist es, den Klienten dazu anzuhalten, sich bei jeder derartigen Übung, insbesondere wenn es sich um eine Rückschau-Übung handelt, allen Bewertens und Entwertens zu enthalten. Wenn der Choleriker unseres Beispiels sich bei der abendlichen Rückschau darauf, wo er heute in den Willen anderer Menschen eingegriffen hat, ständig dafür verurteilt, dann entsteht das objektive Element nicht, das als Ansatzpunkt für den übenden Umgang mit sich selbst notwendig ist. Der Klient muß oft erst hineinfinden, sich nicht selbst zu beurteilen. Man kann deshalb vorgängig Übungen vorschlagen, die harmlosere eigene Lebensbereiche betreffen: Er möge sich selbst so nüchtern wie möglich seine eigene Wohnung beschreiben, sein Äußeres vor dem Spiegel, seine Kleidung etc. Dieses Nicht-Beurteilen während der Übung ist außerordentlich wichtig, so normal und berechtigt es im Alltag ist, auch sich selbst zu beurteilen. Alle diese Übungen sollen einen Innenraum schaffen, ein erhöhtes Bei-Sich-Sein. Und dies wird zunichte, wenn eine gewisse Distanzierung von dem, was man im Alltag ist und tut, nicht möglich wird. Emotionale, moralische, auch ästhetische Beurteilungen verhindern solch eine Distanzierung. Sie schließen zu, was eigentlich geöffnet werden soll. Sie packen in eine Schublade, was ihr eigentlich entnommen werden soll. Und die Schubladen stammen alle aus der Vergangenheit.

Ein zweiter wichtiger Faktor im Umgang mit den Übungen ist das Dran-Bleiben. Ihre aufbauende, kraftgebende und Perspektiven eröffnende Aufgaben können die Übungen erst erfüllen, wenn sie kontinuierlich, d.h. jeweils über etwa vier Wochen, aufrechterhalten werden. Eine einzelne Übung, die man einmal macht, weil man gerade Zeit und Lust dazu hat, bringt gar nichts. Aber sich immer wieder zur Übung aufzuraffen, auch wenn sie schwierig oder langweilig geworden ist, das schafft Substanz. - Die Übungen wollen das Element des Höheren Ich berühren, die Sphäre des Aufbruchs. Sie wollen im ganz kleinen, alltäglichen Lebenszusammenhang zu diesem Aufbruch anstiften.

Weiterhin ist zu beachten, daß die Übungen nicht am Konfliktfeld ansetzen, sondern an einem ganz banalen Nebenschauplatz der täglichen Lebenspraxis. Nur so kann die nicht-beurteilende Selbst-Beobachtung und eine gewisse Distanzierung von sich selbst gelingen. - Die Übungen müssen so gewählt sein, daß sie den Klienten nicht überfordern - es wäre z.B. eine Überforderung, gleich im Konfliktfeld selbst etwas ändern zu müssen - aber sie dürfen auch nicht einfach nur funktionieren. Eine Übung ist dann sinnvoll, wenn der Klient im Vollzug allmählich an sich anstößt *und dann dran bleibt*. Meistens haben die Übungen nicht das Ziel, daß der Klient damit etwas er-übt, etwas danach können soll. Sondern sie sollen bestimmte Festlegungen seines Alltags-Ich beweglich, durchlässig machen für den Wandlungsimpuls. Im Lauf der Monate bekommt der Klient viele verschiedene Übungen, die meisten soll er vier Wochen lang durchführen. Er soll nie mehr als zwei Übungen gleichzeitig zur Aufgabe haben und mit einer Übung aufhören, wenn sie zur Gewohnheit wird. Die Übung ist nur solange sinnvoll, wie der Klient sich dazu aufraffen muß. Das Aufraffen schafft Wandlungssubstanz. - Wenn der Klient eine Übung sofort gut kann, so war sie schlecht gewählt. Und wenn er sie nach einiger Zeit gut kann, so sollte er damit aufhören.

Der Klient, der sich auf einen Übungsweg einlassen kann, kommt rasch zu dem Erleben, daß die Krise und die Schwierigkeiten, deretwegen er zur Beratung kam, zu ihm gehören - während er ursprünglich das Bild hatte, da wirkt etwas Fremdes störend in meinem Leben. Durch die Übungen kommt er in die Haltung zu sehen, daß es ein sinnvoller Teil seines Lebens ist, sich mit dem auseinanderzusetzen, woran er anstößt. Die Übungen helfen, eine aktive Haltung demgegenüber zu finden, was bislang passiv erlitten wurde.

Wenn man will, kann man es so sehen: Es entsteht durch den Übungsweg eine Esoterik des Alltags. Die geistige Substanz dessen, was so täglich an banalen oder sensationellen Ereignissen geschieht, wird durch das Dran-Bleiben an den Übungen herausgearbeitet. Das gilt für den Gegenstand der Übungen wie für den Übenden selbst: Ich gehe durch diesen Weg des Übens über meine Einseitigkeiten hinaus und schaffe mir einen Innenraum, in dem ich zugleich dichter bei mir selbst wie auch offener für den anderen Menschen bin. Das ist das paradoxe Geheimnis des Ich. Wo es sich hat, geht es über sich hinaus. - Deshalb geht es bei diesem Übungsweg nicht um eine selbst-interessierte Steigerung der eigenen Persönlichkeit, sondern darum, durch das Arbeiten an den eigenen Einseitigkeiten und Bedingtheiten eine Sozialfähigkeit zu begründen, die über das bloße Walten-Lassen von Sympathie und Antipathie hinausgeht. Das andere, das außerhalb meiner liegende, das Zwischenmenschliche ist das äußerste Ziel meines Ich.

In der Begegnung mit dem Klienten geht es für den Beratenden darum, daß er das Anderssein des anderen in den Mittelpunkt seiner Aufmerksamkeit stellt. Natürlich ist der Klient auch ein Vertrauter: Ich habe vielleicht ähnliches erlebt, ähnlich empfunden, habe vielleicht ähnliche Wesenszüge wie er. Und es ist sicher kein Fehler, dieses Vertrautsein dem Klienten gegenüber bei gegebenem Anlaß auch zum Ausdruck zu bringen. Das kann den Klienten stabilisieren, ihm das Gefühl geben, wahrgenommen zu sein.

Für sein Weiterkommen muß dann aber etwas hinzukommen: daß der Beratende über dieses Vertrautsein hinausblickt und sich der Tatsache stellt, daß der Klient ihm um so fremder wird, je individueller er ist, je näher er seinem Urbild ist. Denn das Urbild eines Menschen ist immer das ganz andere. Die Beratung möchte den Klienten ja zu einer immer weitergehenden Verwirklichung seines Urbildes aufrufen. - Wie kann sich der Beratende darauf vorbereiten?

Ich kann mich, zwei Minuten bevor der Klient eintritt, hinsetzen und einfach an ihn denken, an seine Sorgen, seine Not und seine Verstrickungen: Was mag jetzt, kurz bevor er eintritt, in ihm vorgehen? Welche Befürchtungen und Hoffnungen bringt er mit? - Ich mache mir klar, daß ich kein Patentrezept habe; ich werde ihn nicht einfach aus seiner Not oder Verzweiflung befreien können. Ich werde ihm aber zuhören; und ich kann Vertrauen haben, daß das ein guter Ausgangspunkt ist. - Ich werde mich auf ihn einlassen und auf nichts anders. Dieses andere befrage ich kurz auf seine mögliche Störkraft: Welche Sorgen und Befürchtungen prägen im Moment mein eigenes Leben? - Und dann in bezug auf den Klienten: Was macht mich betroffen an ihm - z.B. seine Neigung zur Selbsttäuschung? Fühle ich mich überfordert, wenn er da ist? Oder fühle ich mich überlegen? Was befürchte und was erhoffe ich von diesem Klienten?

Ich lasse es offen, wie er in das Gespräch einsteigt. Ich versuche, nichts Bestimmtes zu erwarten. Und ich schließe diese kurze Besinnung damit ab, daß ich mir sage: Wie groß auch immer die Verzweiflung, die Not oder die Verstrickungen dieses Menschen sein mögen - *er ist größer als sie.* Werde ich ihm zu dieser „Größe" verhelfen können?

Am Abend oder zum Abschluß des Arbeitstages versuche ich dann, mich noch einmal auf die einzelnen Klienten zu besinnen, die heute gekommen sind. Für jeden lege ich mir etwa folgende Frage vor: Gab es in dem Gespräch von meiner Seite irgendetwas Eigennütziges? Wollte ich gut sein? Wollte ich, daß der Klient mich gut findet? War ich in meinen Gedanken mit privaten Dingen beschäftigt? - Wichtig ist hier, daß ich mich nicht selbst verurteile, sondern es bei der Feststellung belasse - „Am Ende des Erstgesprächs mit Herrn X ging mir mein neues Auto durch den Kopf".

Sodann ist es sinnvoll, sich mit der Frage zu beschäftigen: Was war mir heute fremd oder neu an dem, was der Klient erzählt hat? Was paßte nicht zu dem Bild, das ich bisher von ihm hatte? - Auch daraus sind keine Schlußfolgerungen oder fachliche Feststellungen abzuleiten, es sollen nur die Tatsachen noch einmal vors innere Auge gestellt werden.

Zeitweilig, besonders wenn der Beratende das Gefühl hat, daß die Arbeit nicht vorangeht, kann er sich bei dieser abendlichen Rückschau die Leiblichkeit des Klienten noch einmal vor Augen führen - natürlich nicht unter ästhetischen oder ähnlichen Gesichtspunkten, sondern mit der Frage: Was sagt seine leibliche Erscheinung über das, was ich bislang von ihm aufgenommen habe? Dazu gehören auch seine Gestik, der Klang seiner Stimme etc. Z.B. beklagt sich jemand ständig darüber - und er bringt viele Beispiele aus seiner Biographie dafür -, daß er nie genug Platz habe, daß er sich immer wieder in die Ecke gedrängt fühle. Sein äußeres Erscheinungsbild aber ist außerordentlich korpulent, und seine Art, ins Zimmer zu kommen, Platz zu nehmen, und seine Gestik sind geradezu raumgreifend, so daß ich als Gegenüber oft das Empfinden habe, keinen Platz zu haben. - Oder jemand ist sehr herrschsüchtig, fast gewaltsam im Umgang mit anderen Menschen, hat aber ein ganz dünnes, ängstliches, hohes Stimmchen. - Auch solche Ungereimtheiten oder Unverständlichkeiten sind nicht zu bewerten oder zu kategorisieren, vielmehr genau zu beschreiben.

Weiterhin kann es sinnvoll sein, die dreifache Ich-Wahrnehmungsübung durchzuführen, die auf Rudolf Steiner zurückgeht: „Zunächst kann man in dieser Übung alles zusammenfassen, was man von dem anderen Menschen weiß und kennt. Wenn alles zusammengefaßt ist, was man vom anderen wissen kann, dann sagt man aber zu sich selbst: ‚Das ist nur ein Drittel des anderen Menschen.' Es ist nur ein Drittel, weil es nur ein Bild der Vergangenheit bis zu diesem Augenblick ist.

In einem nächsten Schritt muß ich mir ein zweites Bild erarbeiten, das von einer ganz anderen Qualität ist. Dieses zweite Bild darf nicht fertig sein, es muß ganz im Augenblick gemalt werden. Was geschieht jetzt gerade, und jetzt usw.? Vergleicht man nun diese beiden Bilder, indem man zunächst das fertige, abgeschlossene, klar feststehende Bild betrachtet, dann das gerade im Augenblick entstehende Bild, dann wird man feststellen, daß man eine große Neigung dazu hat, lieber zu dem feststehenden Bild der Vergangenheit zurückzukehren. Man möchte ein klares Bild vom anderen haben und setzt deshalb einen Schlußstrich: ‚So ist er.' Dieser wirkt aber verheerend im Sozialen der Begegnung, denn das zweite, im Augenblick entstehende Bild, muß völlig offen sein gegenüber dem, was in der Vergangenheit war. Sonst würde man diesem Menschen jede Entwicklung absprechen. Diese beiden Bilder sind gemeinsam, unabhängig voneinander, zwei Drittel des anderen Menschen.

Das dritte Bild ist die Zukunft. Dieses Bild ist noch nicht gemalt. Jeder Mensch hat neue Möglichkeiten für die Zukunft, die nicht einmal angefangen haben. Wenn man dieses sehr stark in sich wachruft, dann verwandeln sich aus diesem Blick heraus die beiden ersten genannten Bilder. Man öffnet sich nun für die tiefe Entwicklungsmöglichkeit des anderen Menschen."[41]

Schwierig ist die Frage, ob man dem Klienten innerlich etwas wünschen kann. Es hat sicher keinen Sinn, ihm zu wünschen, daß er keine Probleme habe. Man kann aber innerlich den Wunsch aussprechen, daß er Anschluß an seinen Wesenskern finden möge. Auch diesen Wunsch wird man sehr freilassend gestalten müssen, denn vielleicht ist es für diesen Klienten noch nicht „dran", diesen Anschluß zu finden. Im Vater Unser, das man für einen Klienten sprechen kann, heißt es schließlich: „Dein Wille geschehe." - Vermutlich ist es auf jeden Fall angemessen, dem Engel des Klienten Kraft und Wärme zu senden, im Vertrauen, daß das für den Klienten Richtige daraus entstehen möge.

Ich versuche auch, ein Gefühl zu entwickeln für das ungelebte Leben des Klienten. Jeder von uns lebt Wesentliches nicht. Was von den bildhaften Verdichtungen, den bis jetzt entdeckten Ereigniszusammenhängen, möchte vielleicht noch anders leben als es sich da verdichtet hat? Wohin gehen die Sehnsüchte des Klienten? - Wichtig ist, solche Fragen nicht vorschnell zu beantworten, sondern sie mit in die Nacht zu nehmen und sie überhaupt über einen längeren Zeitraum in Frage zu halten. Ich versuche auch, zwischen den Terminen nicht über den Klienten nachzudenken. Im Gegenteil kann man getrost die vielen Informationen, die man aufgenommen hat, auch wieder vergessen. Das Wesentliche wird beim nächsten Mal sofort präsent sein. Das, worum es geht, kann sich um so besser entfalten, je weniger man mit dem Verstand darüber nachdenkt.

Solche ins Meditative gehende Versuche an dem Bild, das von einem Klienten entsteht, sind Versuche, eine Imagination entstehen zu lassen, die etwas von seinem Urbild enthält, diesem auf jeden Fall näher kommt als Diagnosen. Meistens wirken diese Versuche nicht unmittelbar. Oft entsteht zunächst kaum etwas Greifbares. Erst im Lauf weiterer Gespräche mit dem Klienten wird deutlich, daß man jetzt etwas versteht oder auch nur wahrnimmt, was man ohne diese meditativen Bemühungen nicht verstanden oder wahrgenommen hätte. Oft geschieht es bei einer an sich beiläufigen Bemerkung des Klienten, daß dem Beratenden plötzlich ein inneres Bild des Wesenskerns dieses Menschen entsteht, eine Art Antwort auf die Frage, die zuvor meditativ bewegt wurde. Es ist klar, daß der Beratende sich durch solche inneren Bemühungen mit dem Klienten verbindet. Jeder muß selbst wissen, wieviel er diesbezüglich verantworten will. Auch wird zu prüfen sein, ob man einen Klienten vor sich hat, der diese Art der Verbindung sucht. Es ist ein diffiziler Bereich, und die Autonomie des Klienten ist dann schnell, ohne daß er es ausdrücklich bemerkt, verletzt. - Auf jeden Fall ist es sinnvoll, am Abend den Klienten innerlich zu entlassen. Man kann sich z.b. ein inneres Bild schaffen davon, wie man sein Gesicht in die Hände seines Engels oder in eine Schale legt, und dabei die Empfindung haben, daß er letztlich auch darin frei bleiben muß, ob er Hilfe annimmt oder nicht, und auch darin, was er als Hilfe erachtet.

Über solche spezielleren Vorbereitungen und Nachbereitungen hinaus wird der Beratende sich ganz allgemein auf einem ständigen Übungsweg befinden. Das ist entscheidend. Ganz persönlich wird man dagegen die Frage behandeln müssen, welchen Übungsweg, welche Übungen im einzelnen jemand für sich als richtig erachtet. Es gibt verschiedene allgemeine Schulungswege, z.b. einen buddhistischen, einen anthroposophischen, einen christlichen. Wichtig scheint, daß man seinen Übungsweg individuell gestaltet und nur solche Übungen - alltagspraktische und spirituelle - vornimmt, die innerlich berühren. Es muß Freude machen, eine bestimmte Übung über vier Wochen durchführen zu können; ist es eine Qual, so ist es nichts. Machen wir uns klar, daß wir gerade in diesem Bereich *völlig frei* sind, auch wenn es natürlich sinnvoll ist, Autoritäten zu hören und Erfahrene zu befragen. Im engeren Sinne spirituelle Übungen können ebenso angebracht sein wie alltagspraktische. Wenn ein Mensch mit ausgeprägtem phlegmatischen Zug Sinn darin findet, sich vier Wochen lang jeden Abend die Frage vorzulegen, was er heute alles verzögert hat, und wenn er das ohne Selbstverurteilung schafft, dann kann das seinem innersten Wesen genauso Gestalt geben - zusammen mit anderen Übungen -, wie vier Wochen lang einen religiösen Text meditativ zu bewegen.

Eine besondere Hilfe für das Einleben in biographische Zusammenhänge und für das Auffinden des Urbildlichen darin scheint in der betrachtenden Beschäftigung mit der Kunst zu liegen. In der Meditation über eine Plastik, einen Text, ein Bild kann geübt werden, sich einem Wesenskern, einem Urbildlichen zu nähern. So mag es in diesem Zusammenhang sinnvoll sein, sich jede Woche z.b. eine Plastik vorzunehmen und sie täglich zehn Minuten lang sich selbst zu beschreiben, dann empfindungsmäßig ihre Bewegung aufzugreifen und schließlich mit der Empfindung tastend der Frage nachzugehen, wohin diese Bewegung führen mag.

Weiterhin ist auf die Bedeutung der Ruhe-Meditation hinzuweisen. Man kann z.b. einen konkreten Sinneseindruck aufrufen, an dem man ein Ruhe-Erlebnis gehabt hat, und sich in dieses immer wieder hineinleben. - In einem zweiten Schritt kann man sich eine Ruhe schaffende Bewegung vorstellen, z.b. einen sehr kraftvollen, gehaltenen, langsamen Flügelschlag, und sich in das Entsprechende hineinfinden.

Zu diesem Thema gehört auch die sorgsame Berücksichtigung des Umfeldes der Beratung: Der Klient soll zu sich, zu seinem Urbild aufgerufen werden. Das wird erschwert, wenn das, was zwischen ihm und dem Beratenden lebt, nicht säuberlich von beider sonstigem Lebenszusammenhang getrennt wird. Sobald sich eine in den Alltag führende, eine gefühlsmäßige, geschäftliche oder verwandtschaftliche Verbindung mit dem Klienten anbahnt, kann er nicht mehr Klient sein; vielleicht ist er dann Freund, Verwandter oder Geschäftspartner. Einem Freund, Verwandten oder auch Geschäftspartner zuzuhören und zu raten, ist aber etwas anderes, als einem Klienten zuzuhören und zu raten. Die Beratung des Freundes z.B., im Rahmen eines freundschaftlichen Gesprächs, mag stützenden, mitempfindenden Charakter haben - das ist natürlich berechtigt. Sie ist aber nicht zu verwechseln und nicht zu vermischen mit der geistig tief verbundenen, im Konkreten aber eher trockenen und zurückhaltenden Beziehung, die der Beratung des anderen als einem Fremden angemessen ist. Mein Freund ist nicht der Fremde, und er soll es auch nicht werden. Und der Fremde, der als Klient kommt, soll nicht mein Freund werden; das würde ihn und die Beratung auf Aspekte verkürzen, mit denen ich persönlich etwas anfangen kann. Wird ein Klient/Berater-Verhältnis zu einem privaten, so muß die Beratungsarbeit abgebrochen und von einem anderen Beratenden mit Blick auf den Anlaß für diesen Beratungsabbruch weitergeführt werden. Andernfalls entstehen gegenseitige Abhängigkeiten, und die Versuchung zur Machtausübung ist nicht weit.

Das Verhältnis des Beratenden mit dem Klienten bedarf eines geschützten und auch herausgehobenen Rahmens. Es geht nicht an, mit dem Klienten über seine Angelegenheiten zwischen Tür und Angel zu plappern, und es geht auch nicht an, mit Kollegen über den Klienten zwischen Tür und Angel zu plappern. Wenn man Kollegen eines Klienten wegen um Rat fragen möchte, so gehört das in eine geordnete Situation, in der es nur um den Klienten und sonst nichts geht, also z.B. nicht ums Kaffeetrinken. Es ist etwas Furchtbares, wenn bei Fallbesprechungen Weihnachtsplätzchen gemampft werden.

Aus diesen Hinweisen ergibt sich auch, daß Beratungen im Bekanntenkreis unangemessen sind. Die für die Arbeit notwendige innere Freiheit und Voraussetzungslosigkeit kann gegenüber Bekannten, erst recht Freunden usw., nicht entstehen.

24. Zur Frage der Berechtigung der Biographiearbeit

Wann sind Biographiearbeit und Biographieberatung überhaupt angemessen? Worin liegt die Berechtigung, sich mit der Biographie zu befassen? Greift die Biographieberatung vielleicht unnatürlich oder unberechtigt in den spontanen Lebensgang ein? Und in welchem Verhältnis steht sie zur Psychotherapie? Die Biographieberatung liegt, sowohl was die erkenntnismäßige Durchdringung ihrer Grundlagen wie auch ihre Vorgehensweise betrifft, noch ganz in den Anfängen. Deshalb können diese Fragen im Moment nur vorläufig erörtert werden.

Zunächst: Was ist Biographiearbeit nicht? - Sie ist keine Form der „Selbsterfahrung", wie sie die Psychologie und Psychotherapie entwickelt und popularisiert hat. „Selbsterfahrung" ist eine Art der Beschäftigung mit sich selbst, die nach der eigenen Zuständlichkeit und Befindlichkeit fragt und das Ziel hat, diese zu verbessern. „Selbsterfahrung" fragt: „Wie bin ich?" und stellt diese Frage mit dem Blick auf das, was wir menschenkundlich das Alltags-Ich nennen können. Sie will wissen, wie ist es dazu gekommen, daß ich so bin und daß es mir so geht. Es wird dabei Bewußtsein in das eigene Seelenleben und in seine kausalen Bedingtheiten gebracht und es sollen Einschränkungen, denen das Seelenleben unterliegt, aufgehoben werden. Dieser Ansatz stammt aus der Behandlung seelischer Erkrankungen.

Biographieberatung hat ein anderes, über die Befindlichkeitsfrage hinausgehendes Ziel. Dieses kann verfolgt werden, wenn jemand nicht oder nicht mehr seelisch krank ist. Biographieberatung zielt auf eine *tätige* Selbsterkenntnis, die danach fragt: „Wer bin ich meinen Möglichkeiten nach?", „Welche Kraftquellen enthält mein Schicksal, und welchen Einschränkungen unterliegt es? Und wie kann ich beides aktiv in die Hand nehmen?" Es wird also nach dem Höheren Ich gefragt, auf eine Selbsterkenntnis gezielt, die dem nachspürt, was das eigene Schicksal gestaltet. Dabei hat man auch - aber nicht nur - das Seelenleben als „Verursacher" des Schicksals im Auge. Mehr noch aber wird als zentraler Verursachungs- oder besser: Gestaltungsfaktor des Schickals das Höhere Ich angesehen. Dessen Wirksamwerden in den äußeren Lebensumständen, den Intentionen und nie ganz gelingenden Realisierungsversuchen, in den leiblichen Bedingtheiten, den zwischenmenschlichen Bezügen und seelischen Gegebenheiten und Einseitigkeiten wird nachgegangen. Dabei wird angenommen, daß nicht die Steigerung der eigenen Befindlichkeit das ausschließliche oder oberste Ziel des Menschen ist, sondern die Sinnerfüllung seines Lebens.

Biographieberatung schaut auch das Alltags-Ich an, aber - im Vergleich zur Intention der Selbsterfahrung - von der anderen Seite: Inwiefern realisiert das Alltags-Ich mit seinen Fähigkeiten und Eigenschaften und mit seinen Unfähigkeiten und Eingeschränktheiten die Impulse des Höheren Ich und inwiefern steht es diesen im Weg? Und wie ist demzufolge übend, in übender Erweiterung mit dem Alltags-Ich umzugehen? Diese Art der Selbsterkenntnis führt wegen der prinzipiellen Selbst-Unerfülltheit des Menschen zunächst in eine Art Ohnmacht vor sich selbst. Damit wird die Befindlichkeitsfrage erweitert zur Frage nach den Möglichkeiten der Sinnerfüllung.

In dem, was diese Ohnmacht ermöglicht, liegt die eigentliche Berechtigung der Biographieberatung: Diese Ohnmacht vor sich selbst ist der Boden dafür, Christus zu finden, Anschluß an die Aufrichtekraft zu finden, die als der eigentliche Ermöglichungsgrund sinnerfüllten Lebens angesehen wird. Man erlebt ständig, daß man hinter seinen eigenen Möglichkeiten, Impulsen und Bestrebungen zurückbleibt. Aber eben dies öffnet für die aufrichtende Kraft des Christus-Impulses. Diese Art der Selbsterkenntnis steigert zunächst die eigene Befindlichkeit im Sinne einer Verbesserung des alltäglichen Wohlergehens nicht, sondern macht Wege erkennbar und greifbar, die mich über mich selbst - so wie ich bis hierher geworden bin - hinausführen. Der Horizont der Frage nach mir selbst erweitert sich dadurch zur Frage, worum es überhaupt

24. Zur Frage der Berechtigung der Biographiearbeit

in der Welt geht. In der übenden Selbsterkenntnis blicke ich über mich hinaus. Damit wird nicht sogleich die subjektive Befindlichkeit gesteigert, sondern der subjektive Leidensdruck objektiviert. In etwas anderer Weise ist dieser Gedanke im 14. Vortrag der Reihe „Vor dem Tore der Theosophie" von Rudolf Steiner (GA 95) formuliert.

Diese Art tätiger Selbsterkenntnis führt zu einer Wachheit gegenüber anstehenden Entwicklungsschritten; zu einer Wachheit gegenüber im alltäglichen Geschehen liegenden Entwicklungsherausforderungen. Sie ist nichts, was der seelisch kranke Mensch

in erster Linie aufsuchen sollte. Deshalb ist Biographieberatung keine Form der Psychotherapie. Es handelt sich vielmehr um einen Übungsweg der angeleiteten Selbsterkenntnis und Lebensführung, der den Menschen schrittweise von den Prägungen seiner persönlichen Vergangenheit, schrittweise von Wandlungshindernissen befreien kann. Rudolf Steiner formuliert es schärfer: Gäbe es diese Wachheit beim modernen Menschen nicht, würde man systematisch übersehen, was werden soll, dann würden „die Gespenster der Vergangenheit" umgehen. Man verbliebe dann in dem, was man geworden ist. Es geschähe dann „nichts Wirkliches".[42]

Von da aus kann man sich einem weiteren Aspekt der Frage nach der Berechtigung der Biographieberatung zuwenden: Greift die Biographieberatung möglicherweise zu stark in den natürlichen Lebensgang ein? - Natürlich besteht diese Gefahr. Vor allem ist Biographieberatung kein Bildhauern an einem Werkstoff und keine Architektur des Lebenshauses. Sie hat kein Material, mit dem man unter Kenntnis einiger Gesetzmäßigkeiten, aber ansonsten nach Belieben etwas gestalten könnte. Bei einer Biographie handelt es sich vielmehr darum, daß ein Geistiges auf die Erde kommen, ein Ich sich in die irdischen Verhältnisse einarbeiten möchte. Dieses schrittweise Erscheinen des Ich auf der Erde kann man natürlich durch verschiedenste Eingriffe befördern oder erschweren, u.a. auch durch Biographieberatung. - Aber, was da erscheinen möchte, das Ich mit seinen Zielen und Aufgaben, das kann während des Erdenganges keinerlei Einflußnahme von außen unterliegen. Daran gibt es nichts zu tun, daran ist während der nachtodlichen Verarbeitung vergangener Erdengänge bereits gearbeitet worden. Das Geistige, das in einer Biographie als deren Gestaltung, als ihre innere Signatur erscheint, ist durch willkürliche Manipulationen an den Lebensumständen und Ereignisabläufen nicht tangierbar.

Die Gefahr ungeziemender Eingriffe kann also nur darin bestehen, Lebensbedingungen zu schaffen, die die Erscheinung des Ich und die Wirksamkeit seiner Impulse auf Erden erschweren. In der Tat ist die Biographieberatung in gewisse Weise in Gefahr, solche erschwerenden Bedingungen zu schaffen - wie sie andererseits die Chance hat, förderliche Bedingungen dafür zu bereiten, daß sich das eigentliche Wesen eines Menschen herauskristallisiert. - Aber dieser Art von Eingriffen sind wir ständig ausgesetzt. Sie gehören zum Leben. Eine Fernsehsendung, eine Predigt in der Kirche, ein zufällig aufgeschnapptes Wort können meine Handlungen und Entscheidungen ebenso beeinflussen wie die Biographieberatung. Jedoch hat die Biographieberatung solchen beiläufigen Einflüssen gegenüber den Vorzug, daß sie Zusammenhänge ins Bewußtsein hebt und alle auftretenden Fragen, Hinweise und eventuelle Übungsvorschläge dem Bewußtsein des Betreffenden vorlegt. Insofern ist man der Biographieberatung gegenüber freier als gegenüber der Fernsehsendung oder dem zufällig aufgeschnappten Wort.

Damit ist auch schon etwas gesagt zu der in der Berechtigungsfrage mitschwingenden Sorge, ob nicht gerade im Bewußtmachen schon der fragwürdige Eingriff liege. Tatsächlich muß man hier abwägen. Sicher wäre es ungesund, nun ständig und in allen Lebenslagen den Biographieberater in Anspruch zu nehmen. Das spontane Verhältnis zum eigenen Lebensgang würde verlorengehen, und hierin müßte man in der Tat eine das Erscheinen des Ich erschwerende Bedingung sehen. - Aber die Biographieberatung soll ja nur dann in Anspruch genommen werden, wenn aus eigener Kraft keine Erkenntnis- und Verständigungsmöglichkeiten mehr für die Schwierigkeiten des eigenen Lebens bestehen und dadurch Handlungslähmung droht. Wenn man alleine nicht mehr zurecht kommt, warum sollte man dann nicht fremde Hilfe in Anspruch nehmen? Man tut das in Situationen körperlicher Erschöpfung auch und sieht keinen unnatürlichen Eingriff darin, sich vom Arzt eine Behandlung verordnen zu lassen. Insofern die Biographieberatung ähnlich wie die medizinische Behandlung darauf aus ist, die Selbsthilfekräfte zu aktivieren, dürfte sie nicht weniger berechtigt sein als die Medizin. Allerdings kann es nicht Aufgabe der Biographieberatung sein, Verhaltensratschläge zu geben. Die Vorschläge, die hier angemessen sind, beziehen sich auf den übenden Umgang mit Lebensthemen (siehe Kapitel 22, S. 173 ff), auf Fragen der Selbsterziehung und auf mögliche Wege der Besinnung auf das Eigentliche.

Es gibt auch eine klare Indikation, einen deutlichen Anlaß für diese tätige Selbsterkenntnis, deren Anleitung Biographieberatung ist - das ist die Krise. Dabei ist eine Lebenssituation als Krise zu beschreiben, wenn das Ich - hier verstanden als das alltägliche Selbstbewußtsein - sich nicht mehr identisch mit dieser Lebenssituation empfindet. Eine Krise liegt vor, wenn man sich in einem gegenwärtigen oder grundsätzlichen Lebenszusammenhang fremd fühlt, wenn innere oder äußere Umstände auftreten, zu deren Bewältigung man nicht zurückgreifen kann auf das, womit man bis hierher gekommen ist, wenn das Gewohnte nicht mehr trägt. Eine Art Angst macht sich dann breit: „Wie soll ich das jetzt bewältigen?" Diese Angst in der Krise ist eine Angst vor sich selbst, vor der Diskrepanz zwischen dem, was man ist, und dem, was man sein könnte. Es ist die Angst des Alltags-Ich vor dem Höheren Ich. Biographieberatung ist die Hilfe dazu, dieser Angst ihr Geheimnis zu entreißen. Der Klient kann schließlich spüren - und danach zu handeln lernen -, daß diese Krise ihn zu etwas aufruft, was er im Moment nicht kann, was ihm, so wie er sich bisher kennt, nicht liegt. Sie ruft ihn zu seiner Zukunft auf.

Solch eine Krise kann sich entweder auf äußere Umstände beziehen - der Partner will sich trennen - oder mehr innerlicher

Natur sein; dann ist es eine Sinnkrise - die Situation der Lebensmitte ist ein Beispiel dafür.

Um die Indikation für eine Biographieberatung zu stellen, ist es wichtig, daß der Klient im Erstgespräch entweder die Frage selbst stellt oder sie sich im Erstgespräch herstellen läßt: Welcher Aufruf, welche Herausforderung liegt für mich in dieser Krise? Welcher Entwicklungswille spricht sich in dieser Krise aus? Klienten, die darin verharren, daß sie die Krise nur nervt und von dieser möglichst rasch befreit werden wollen, sind zunächst nicht geeignet für eine Biographieberatung - nicht, weil dieses Anliegen nicht verständlich wäre, sondern weil Biographieberatung dies nicht leisten kann. Der Klient sollte nicht darin verharren, passiv nach Lösungen zu verlangen. Es muß eine Haltung der Aktivität entstehen können, ein aktives Suchen nach sich selbst. Es muß erkennbar werden, daß der Klient an einem Wendepunkt steht und eine Neuorientierung sucht.

Die Biographieberatung versucht dann, den Entwicklungsimpuls herauszuschälen und durch Übungsvorschläge handhabbar zu machen, also das Höhere Ich anzusprechen. Dazu muß dieses Ich ansprechbar sein. Zumindest bei einigen seelischen Erkrankungen ist das Ich zunächst aber nicht ansprechbar. Dabei ist an Suchterkrankungen zu denken, an Menschen mit endogenen Depressionen, an psychotische Menschen. - Seelische Erkrankung nimmt dem Klienten zumeist das Maß an Autonomie, das für den Weg der Selbsterziehung notwendig ist.

Insofern kann Biographieberatung keine Form der Psychotherapie sein. Sie arbeitet mit der Selbständigkeit des Klienten und erweitert sie. In der Praxis freilich läßt sich daraus das psychotherapeutische Element nicht ohne weiteres heraustrennen, insbesondere zu Beginn der gemeinsamen Arbeit. Mit einer großen Zahl von Klienten muß zunächst psychotherapeutisch gearbeitet werden, bevor die Biographieberatung zur Anwendung kommen kann. Wenn insofern auch die Biographieberatung als eine Art Ergänzung zur Psychotherapie angesehen werden kann, so ist dies doch nicht ihr Wesen. Sie ist als eine Antwort auf die Sinnsuche und die Individualisierungsnotwendigkeit entstanden, die in unserer Zeit liegen. Mit diesen geht oft eine Desorientierung über die eigene Lebensführung und die eigenen Lebensziele einher, wie das in früheren Zeiten unbekannt war.

Aus all dem wird auch erkennbar werden, unter welcher Bedingung man berechtigt ist, als Biographieberater zu arbeiten - womit ein letzter Aspekt der Berechtigungsfrage angesprochen ist. Es hat sicher seine Richtigkeit, wenn der Beratende zuvor soziale bzw. therapeutische Ausbildungen durchlaufen und sich im Zusammenhang damit einer Selbsterfahrung - welcher Couleur auch immer - unterzogen hat. Aber das Wesentliche liegt woanders: Der Beratende soll nicht in erster Linie ein Besser-Wissender oder „Gesünderer" oder „Weiter-Entwickelterer" sein - was wäre das auch? Die Entwicklung zweier Individuen ist nicht vergleichbar -, er soll aber vorangehen darin, daß er sich auf dem Weg der Übung an sich selbst befindet. Er muß die Ohnmacht vor sich selbst, das Element des Aufraffens, den Frust an der übenden Selbsterziehung, das damit Erreichbare und das damit nicht Erreichbare aus der Praxis an sich selbst kennen. Wenn überhaupt, dann macht ihn das glaubwürdig. Wer an sich selbst nicht üben mag, soll andere dazu nicht anleiten.

[1] Rudolf Steiner, Vortrag vom 30. Juni 1923 in GA (Gesamtausgabe) 350 „Rhythmen im Kosmos und im Menschenwesen".

[2] Beispiele bei Mathias Wais: „Individualität und Biographie", Stuttgart 1994.

[3] Rudolf Steiner hat diese Zusammenhänge mit anderen Worten und Begriffen in GA 131 „Von Jesus zu Christus" dargestellt.

[4] Vgl. Rudolf Steiner in GA 318 „Das Zusammenwirken von Ärzten und Seelsorgern".

[5] Siehe Mathias Wais, „Individualität und Biographie", Stuttgart 1994.

[6] Ebd.

[7] Ebd.

[8] Siehe H. Kayser, „Akróasis", Basel 1976.

[9] Siehe Armin J. Husemann, „Der musikalische Bau des Menschen", Stuttgart 1982.

[10] Rudolf Steiner, „Vom Lebenslauf des Menschen", hrsg. von E. Fucke, Stuttgart 1992.

[11] Siehe insbes. G. Burkhard, „Das Leben in die Hand nehmen", Stuttgart 1993.

[12] Siehe Mathias Wais, „Individualität und Biographie", Stuttgart 1994.

[13] Siehe Rudolf Steiner, „Wie erlangt man Erkenntnisse der höheren Welten", GA 10.

[14] Siehe Rudolf Steiner, „Vom Wirken der Engel", hrsg. von W.-U. Klünker, Stuttgart 1993.

[15] Hans-Werner Schroeder, „Mensch und Engel", Stuttgart [4]1993.

[16] „Die Antwort der Engel", hrsg. von Gitta Mallasz, Zürich 1984.

[17] Dionysius Areopagita, „Die Hierarchien der Engel und der Kirche", München 1955.

[18] Manfred Schmidt-Brabant, „Das Wirken von Geistwesen in der Biographie des einzelnen und in sozialen Zusammenhängen", Dornach 1993.

[19] F. Hagemann, „Weltenäther - Elementarwesen - Naturreiche", Freiburg 1973.

[20] Ebd.

[21] Rudolf Steiner, „Die Evolution vom Gesichtspunkte des Wahrhaftigen", fünf Vorträge vom 31.10. bis 5.12.1911 in Berlin, GA 132.

Anmerkungen

[22] Rudolf Steiner, „Die Geheimnisse der Schwelle", Vortrag vom 25.8.1913 in München, GA 147.

[23] Siehe Mathias Wais, „Individualität und Biographie", Stuttgart 1994.

[24] Siehe Olaf Koob, „Die dunkle Nacht der Seele", Stuttgart 1993.

[25] Siehe Mathias Wais, „Neuropsychologie der rechten Hemisphäre", Frankfurt 1982.

[26] Hierzu insbes. Carl Gustav Jung, „Synchronizität als ein Prinzip akausaler Zusammenhänge" (1952), in: Gesammelte Werke, Bd. 8 („Die Dynamik des Unbewußten"), Zürich 1967.

[27] Siehe Mathias Wais, „Individualität und Biographie", Stuttgart 1994.

[28] Jorge Luis Borges, „Der Traum Coleridges", in: Geschichte der Ewigkeit, München 1965.

[29] Siehe Rudolf Steiner, „Geisteswissenschaftliche Behandlung sozialer und pädagogischer Fragen", Vortrag vom 29.6.1919, GA 192.

[30] Friedrich Weinreb, „Kabbala im Traumleben des Menschen", München 1994.

[31] Ebd.

[32] Siehe Carl Gustav Jung, „Synchronizität als ein Prinzip akausaler Zusammenhänge" (1952), in: Gesammelte Werke Bd. 8 („Die Dynamik des Unbewußten"), Zürich 1967.

[33] Siehe H.-G. Gadamer, „Wahrheit und Methode", Tübingen 1960.

[34] Siehe Rudolf Steiner, „Geisteswissenschaftliche Behandlung sozialer und pädagogischer Fragen", Vortrag vom 29.6.1919 in Stuttgart, GA 192.

[35] Siehe Viktor E. Frankl, „Das Leiden am sinnlosen Leben", Wien 1989.

[36] Siehe die eindrucksvolle und Anschauung gebende Darstellung bei Florian Roder, „Novalis", Stuttgart 1992.

[37] Siehe Rudolf Steiner, „Goethe als Vater einer neuen Ästhetik", in GA 271.

[38] Ebd.

[39] Siehe Rudolf Steiner, „Allgemeine Menschenkunde als Grundlage der Pädagogik", GA 293.

[40] Von B. Lievegoed in „Der Mensch an der Schwelle", Stuttgart 1985, als Mars-Qualität beschrieben.

[41] Hier in der Fassung von Jörgen Smit, in: Flensburger Hefte, Nr. 29, S. 119f.

[42] Siehe Rudolf Steiner, „Was tut der Engel im Astralleib?", Vortrag vom 9.10.1918 in Zürich, in GA 182.

E. Bindel, *Die geistigen Grundlagen der Zahlen,* Stuttgart 1980

J.L. Borges, *Geschichte der Ewigkeit,* München 1965

M. Buber, *Ich und Du,* Köln 1962

G. Burghard, *Das Leben in die Hand nehmen,* Stuttgart 1993

Dionysios Areopagita, *Die Hiarchien der Engel und der Kirche,* München 1955

Flensburger Hefte, Nr. 29: Freie Schule

Flensburger Hefte, Nr. 31: Biographiearbeit

Flensburger Hefte, Sonderheft 10: Biographiearbeit II

V.E. Frankl, *Homo Patiens - Versuch einer Pathodizee,* Wien 1950

ders., *Die Sinnfrage in der Psychotherapie,* München 1981

ders., *Trotzdem Ja zum Leben sagen,* München 1982

ders., *Das Leiden am sinnlosen Leben,* Wien 1989

H.-G. Gadamer, *Wahrheit und Methode,* Tübingen 1960

R. Guardini, *Die Lebensalter,* Mainz 1986

F. Hagemann, *Weltenäther - Elementarwesen - Naturreiche,* Freiburg 1973

O.J. Hartmann, *Geheimnisse der Menschenbegegnungen,* Stuttgart 1984

ders., *Der Mensch als Selbstgestalter seines Schicksals,* Stuttgart 1987

W. Hoerner, *Zeit und Rhythmus,* Stuttgart 1993

A.J. Husemann, *Der musikalische Bau des Menschen,* Stuttgart 1982

C.G. Jung, *Synchronizität als ein Prinzip akausaler Zusammenhänge* (1952),
in: C.G. Jung Gesammelte Werke Bd. 8 („Die Dynamik des Unbewußten"),
Zürich 1967

H. Kayser, *Akróasis,* Basel 1976

G. Mallasz, *Die Antwort der Engel,* Zürich 1984

A. Längle, *Entscheidung zum Sein - Viktor E. Frankls Logotherapie in der Praxis,* München 1988

D. Lauenstein, *Der Lebenslauf und seine Gesetze,* Stuttgart 1992

J. Lauten, *Wiedergeburt in der Lebensmitte,* Stuttgart 1977

B. Lievegoed, *Lebenskrisen - Lebenschancen,* München 1979

ders., *Der Mensch an der Schwelle,* Stuttgart 1985

P. Petersen, *Strukturen therapeutischen Handelns,* Stuttgart 1987

S.O. Prokofieff, *Die okkulte Bedeutung des Verzeihens,* Stuttgart 1992

F. Roder, *Novalis,* Stuttgart 1992

H. Schauder/M. Lefébure, *Lebensberatung,* Dornach 1987

M. Schmidt-Brabant, *Das Wirken von Geistwesen in der Biographie des einzelnen und in sozialen Zusammenhängen,* Dornach 1993

H.-W. Schroeder, *Der Mensch und das Böse,* Stuttgart 1990

ders., *Mensch und Engel,* Stuttgart 1993

A. Schütze, *Vom Sinn des Schicksals,* Stuttgart 1990

W.C. Simonis, *Der Doppelgänger des Menschen,* Freiburg 1973

R. Steiner, *Wie erlangt man Erkenntnisse der höheren Welten?* (Gesamtausgabe Dornach) GA 10

ders., *Die Frauenfrage,* Vortrag vom 17.1.1906 in Berlin, in GA 54

ders., *Der Lebenslauf des Menschen vom geisteswissenschaftlichen Standpunkt,* Vortrag vom 28.2.1907 in Berlin, in GA 55

ders., *Vor dem Tore der Theosophie,* Vortrag vom 4.9.1906 in Stuttgart, in GA 95

ders., *Die Offenbarungen des Karma,* GA 120

ders., *Von Jesus zu Christus,* GA 131

ders., *Die Evolution vom Gesichtspunkte des Wahrhaftigen,* GA 132

ders., *Wiederverkörperung und Karma,* GA 135

ders., *Wesen und Wirksamkeit von Luzifer und Ahriman,* Vortrag vom 25.8.1913 in München, in: GA 147

ders., *Das Geheimnis des Doppelgängers - Geographische Medizin,* Vortrag vom 16.11.1917, in: GA 178

ders., *Individuelle Geistwesen und einheitlicher Weltengrund,* Vortrag vom 18.11.1917, in: GA 178

ders., *Was tut der Engel in unserem Astralleib?* Vortrag vom 9.10.1918 in Zürich, in: GA 182

ders., *Wie finde ich den Christus,* Vortrag vom 16.10.1918 in Zürich, in: GA 182

ders., Vortrag vom 29.6.1919 in Stuttgart, in: GA 192

ders., *Das Hineinweben der elementarischen Welt in das Schicksalsmäßige des Menschen,* Vortrag vom 6.12.1919 in Dornach, in: GA 194

ders., *Die Lebensalter als Auffassungsorgane,* Vortrag vom 16.8.1924 in Torquay, in: GA 243

ders., *Goethe als Vater einer neuen Ästhetik,* Vortrag vom 9.11.1888 in Wien, in: GA 271 ders., *Allgemeine Menschenkunde als Grundlage der Pädagogik*, GA 293

ders., *Das Verhältnis der Menschen verschiedener Lebensalter*, Vortrag vom 18.6.1921 in Stuttgart, in: GA 302

ders., *Das Zusammenwirken von Ärzten und Seelsorgern*, GA 318

ders., Vortrag vom 30.6.1923 in Dornach, in: GA 350

ders., *Vom Wirken der Engel* (hrsg. von W.-U. Klünker), Stuttgart 1993

F. Teichmann, *Die Entstehung des Entwicklungsbegriffs in der Goethezeit*, in: die drei, 1987

M. Wais, *Biographiearbeit - Lebensberatung*, Stuttgart 1992

ders., *Individualität und Biographie*, Stuttgart 1994

ders., *Neuropsychologie der rechten Hemisphäre*, Frankfurt 1982

R. Weinreb, *Zahl - Zeichen - Wort*, Hamburg 1978

ders., *Symbolik der Bibelsprache*, Bern 1981

ders., *Legende von den beiden Bäumen*, Bern 1981

ders., *Buchstaben des Lebens*, Weiler/Allgäu 1990

ders., *Kabbala im Traumleben des Menschen*, München 1994

Biographiearbeit und Psychotherapie - schwierige Verwandte oder freundliche Nachbarn?

Psychologie ist die stärkere Religion, die selig im Zweifel macht. Indem die Schwäche nicht zur Demut, sondern zur Frechheit bekehrt wird, geht es ihr schon auf Erden gut. Die neue Lehre ist über jeden Glauben erhaben. Eine gewisse Psychoanalyse ist die Beschäftigung geiler Rationalisten, die alles in der Welt auf sexuelle Ursachen zurückführen mit Ausnahme ihrer Beschäftigung.

Karl Kraus

...daß die Psychologie wieder als Herrin der Wissenschaften anerkannt werde, zu deren Dienste und Vorbereitung die übrigen Wissenschaften da sind, denn die Psychologie ist nunmehr wieder der Weg zu den Grundproblemen.

Friedrich Nietzsche

Das Thema des abschließenden Kapitels dieses Buches wird in überpointierter Form von diesen beiden sehr polaren Standpunkten von Kraus und Nietzsche zur Bedeutung und Notwendigkeit einer "Psychologie des Menschen" angerissen. Wir werden uns damit beschäftigen, ob eine solche "Psychologie des Menschen" bereits in Teilen existiert, ob sie notwendig ist und ob sie die heutige, am anthroposophischen Menschenbild orientierte Biographiearbeit (im folgenden kurz: Biographiearbeit) *wesentlich* inspirieren und befruchten kann. Und - ob dies auch in umgekehrter Richtung gilt.

Um einer Antwort auf diese allgemein gehaltenen Fragen näher kommen zu können, versuchen wir, sie noch konkreter zu stellen:

1. Finden sich neben der „Vorherrschaft der Vergangenheit" - insbesondere in psychoanalytischen Therapien, die ihren Schwerpunkt auf die Aufarbeitung der vorangehenden Lebensumstände

des Klienten legen - auch wesentliche Aspekte des „noch nicht", der „Dämmerung nach vorn" (Ernst Bloch), der *zukünftigen* Entwicklungsmöglichkeiten des Menschen in relevanten psychologischen Therapieformen?

2. Findet sich über die Linderung des aktuellen Leidens und die Verbesserung der subjektiven Befindlichkeit des Klienten hinaus auch ein Offen- und Aushalten von Fragen und von Ohnmacht in relevanten psychotherapeutischen Ansätzen wieder?

3. Wie originär und originell ist der Beitrag der Biographiearbeit, die die *tätige Selbsterkenntnis* des Menschen in den Mittelpunkt ihres Bemühens stellt, mit dem Ziel, daß dieser Mensch erkennt, wer er seinen Möglichkeiten nach ist?

4. Lassen sich geistorientierte und spirituelle psychologische Erkenntniswege, die nicht nur „von der Vergangenheit, sondern auch zur Zukunft" befreien und die über ein mechanistisches, materialistisches und reduktionistisches Menschenbild hinauszielen, finden?

Bei der Beschäftigung mit diesen Fragen konzentrieren wir uns im wesentlichen auf die psychoanalytische und die existentialanalytische bzw. existentielle Psychotherapie, vernachlässigen also psychologische Erkenntniswege, die explizit jedes - einen Ganzheitsanspruch erhebendes - Menschenbild für entbehrlich halten, wie z.b. die heute sehr populäre (kognitive) Verhaltenstherapie. Ein kleiner Ausflug in die Geschichte des 19. und des beginnenden 20.Jahrhunderts zum Verständnis des historischen Kontextes, in dem die genannten psychologischen Erkenntniswege entstanden und der sie entscheidend - auch in ihren Vereinseitigungen und Beschränkungen - prägte, bleibt uns dabei nicht erspart. Dabei ließen für den Verfasser dieses Kapitels so originelle und geistreiche „Reiseführer" wie die existentiellen Therapeuten Rollo May und Irvin D. Yalom und auch humanistischen Psychoanalytiker wie Josef Rattner neben anderen Begleitern diese Reise in die Vergangenheit zu einem erhellenden Vergnügen werden.

Schon ein nur flüchtiger Überblick über die Entwicklung der Psychologie und Psychotherapie seit dem Ende des 19. und dem Beginn des 20.Jahrhunderts zeigt, wie sehr und in welcher Weise sich das Menschenbild und die korrespondierenden psychotherapeutischen Behandlungsmethoden sowie entsprechend auch die den Menschen damals bedrückenden und „kränkenden" Faktoren im Vergleich zu heute verändert oder zum Teil auch erhalten haben. Hysterische Erkrankungen - wie z.b. hysterische Lähmungen -, die zu Freuds Zeiten eine große Anzahl von Klienten betrafen, sind deutlich zurückgegangen. Auch kommt heute kaum noch ein Klient in die psychotherapeutische Praxis und leidet unter „rigiden festgelegten Verhaltensmaßregeln und moralischen Vorschriften", wie er z.b. seine Sexualität möglichst gesellschaftlich akzeptabel auszuleben bzw. sich zu verkneifen hat.

Der Exhibitionist gilt heute nur noch als pervers, wenn er sich an der Bushaltestelle entblößt. Gelingt ihm dies in einer Talkshow im Fernsehen und zeigt er dabei - wie Nina Hagen - Masturbationspraktiken vor einem Millionenpublikum, zählt er sofort zur Prominenz. Narzißtische Bestätigung und Betätigung in jeder Form ist an die Stelle der im Freudschen fin de siècle kultivierten spätviktorianischen „verklemmten" Persönlichkeit getreten. Statt „unterdrückter Triebe" leben wir diese nun in einer manchmal zwanghaft permissiven Gesellschaft aus. „Wer zweimal mit dem gleichen pennt, gehört schon zum Establishment!" hieß es bei den Achtundsechzigern. 1994 feiert die Partygesellschaft „Extasy-Orgien", in denen die Sexualität von einer Begegnungsmöglichkeit zur Lustpumpe verkommt. Und populärer Telefonsex schafft die kaum noch mögliche Überspitzung dieser Karikaturen einer Begegnung zum Sex mit einer Maschine (Telefon und Tonband). Als seltsam gilt in manchen Kreisen, wer sich keine Kokainspur zur „Steigerung seiner Erlebnisfähigkeit reinziehen" möchte. Und der „Psychomarkt" treibt derart skurrile Blüten, daß er die von Karl Kraus eingangs karikierte Psychologie, die der Schwäche statt zur Demut zur Frechheit verhelfe, ohne weiteres noch übertrifft. Fragwürdigen Exzessen und seelischen Defiziten - wie Süchten, New-Age-Fundamentalismus, aggressiver und rücksichtsloser Karriereorientiertheit etc. -, die in der alten Seelenkunde (Religion) noch aufgeregte sittliche Entrüstung provozierten, verhilft dieser „Psychomarkt" der Eitelkeiten jetzt geradezu zu einem „Standesbewußtsein". Dem an sich und der Welt scheiternden Menschen, der in selbstbezogener, narzißtischer Weise um Individualisierung und Freiheit ringt, wird zu einem „Symptomenstolz", zu einem „Selbstbewußtsein des Unbewußten" (Karl Kraus) verholfen. So wird der Süchtige zu jemandem, der „gut drauf und für alles Neue offen" ist, der New-Age-Fundamentalist zu einem „Erleuchteten" im Schnellverfahren und der Yuppie-Karrierist zu einer „durchsetzungsfähigen Persönlichkeit" im Beruf.

Im Gegensatz zu Freuds Zeiten kommen heute also Klienten in die psychotherapeutische Praxis, die statt an „unterdrückten Trieben" an ihrer Freiheit leiden, die in verzweifelter Form in verschiedensten Sehn-Süchten und seelischen Erkankungen Schutz vor dieser Freiheit suchen, die nicht aushalten, „der unbestrittene Urheber" ihrer Existenz (J.P. Sartre) zu sein, und die nicht ertragen, nicht mehr von innen und außen dazu gedrängt zu werden, was sie haben bzw. tun müssen, sondern vor die Wahl gestellt zu sein, was sie tun wollen. Dementsprechend suchen heute einige der ernsthaften psychologischen Ansätze, diesen Aspekt der Verantwortung für unsere Freiheit zu permanenter Selbsterziehung - statt der Freiheit von z.B. jeglicher Verbindlichkeit - stärker in den Mittelpunkt ihres Bemühens zu rücken, als dies zu Freuds Zeiten geschah.

Eine Reise zu den Ahnen und zu den manchmal Ahnungslosen

Freud: Ein Archäologe und sein „Apparat"
Freud war ein getreues Kind der zweiten Hälfte des 19.Jahrhunderts, das durch eine immer stärkere Zersplitterung und Segmentierung der Gesellschaft, ihrer Art zu wirtschaften, ihrer Wissen-

schaften sowie der Persönlichkeit des einzelnen Bürgers charakterisiert ist. Das 19.Jahrhundert war das Jahrhundert der „autonomen Wissenschaften" (Ernst Cassirer), von denen jede sich in eine eigene Richtung entwickelte. Das Menschenbild wurde von den empirischen Erkenntnissen dieser Einzelwissenschaften bestimmt, wodurch „unsere neuzeitliche Theorie vom Menschen ihr geistiges Zentrum einbüßte" (Cassirer). Max Scheler beschrieb diese Situation im Jahr 1928 in „Die Stellung des Menschen im Kosmos" mit den Worten, „... daß zu keiner Zeit der Geschichte der Mensch sich so problematisch geworden ist wie in der Gegenwart. So besitzen wir denn eine naturwissenschaftliche, eine philosophische und eine theologische Anthropologie, die sich nicht umeinander kümmern - eine einheitliche Idee vom Menschen aber besitzen wir nicht. Die immer noch wachsende Vielheit der Spezialwissenschaften, die sich mit dem Menschen beschäftigen, verdecken, so wertvoll sie sein mögen, überdies weit mehr das Wesen des Menschen, als daß sie es erleuchten."

Diese Fragmentierung war auch Ausdruck eines spirituellen und seelischen Zerfalls innerhalb der gesamten Gesellschaft und ihrer einzelnen Individuen. Religiosität wurde zu einer wohlfeilen Sonntagsbeschäftigung, Geschäft und Moral erlebte man als voneinander getrennt, und die Kunst degenerierte häufig zur geschönten Künstlichkeit und damit zur verlogenen Flucht vor der - eigenen - Wirklichkeit.

Der spätviktorianische Mensch des zu Ende gehenden 19.Jahrhunderts entwickelte einen Vernunftbegriff, der in seiner Reduktion auf „(technische) Rationalität" zur Karikatur des Vernunftbegriffs der Aufklärung des 17. und 18.Jahrhunderts verkommen war. Während nämlich dieser auch die Fähigkeit einschloß, Ganzheiten wahrnehmen und intuitiv die Transzendenz des unmittelbar Gegebenen erfassen zu können, wobei auch Aspekte wie Ethik und Gerechtigkeit wesentlich für ihn waren, machte der spätviktorianische Vernunftbegriff die Ratio zum Anhängsel des industriellen Fortschritts. Vernunft degenerierte zum Verstand, und der funktionierte nun einmal am besten, wenn er sich mit säuberlich getrennten Problemen - analytisch - auseinandersetzen konnte, unbehindert und ungetrübt von so „irrationalen" Dingen wie mächtigen Emotionen - z.B. sexueller oder aggressiver Provenienz. Diese fanden allenfalls ein Ventil in wohldosierten Exzessen in entsprechenden „Freuden"-Häusern oder periodischen Orgien von Nationalismen bei kriegerischen Auseinandersetzungen - eine unabdingbare Voraussetzung für die - scheinbare - Stabilität der spätviktorianischen Gesellschaft. Nur war deren Seelenruhe mit einer immer brüchiger werdenden Abspaltung all dessen erkauft, was den seelisch-geistigen Reichtum des Menschen ausmachen kann, und damit ständig aufs höchste gefährdet. Der spätviktorianische Bürger mußte sich schließlich so sehr seiner eigenen Rationalität vergewissern, daß die Vorstellung, je ein Kind mit entsprechender Irrationalität und fehlender Beherrschung gewesen zu sein, von ihm vollständig verleugnet wurde. Hierin fand Ernst Schachtel eine Erklärung für die radikale und verhängnisvolle Spaltung zwischen Kind und Erwachsenem bei Freud.

Ein Mensch, der, derart fragmentiert, in der Lage war, die verschiedensten Segmente seines Lebens - Beruf und Familie, Karriere und Ideale, Geschäftsmoral und individuelle Ethik etc. - getrennt voneinander zu leben, kam dem Ideal der manipulierbaren Maschine sehr nahe; einem Ideal der damaligen industriellen Revolution, das erst den Erfolg des wirtschaftlichen Systems in Form der Anhäufung von Geld als wesentlicher Bestätigung des persönlichen Wertes des produzierenden Menschen ermöglichte.

Freuds unbestrittene Leistung bestand nun darin, eine diesem Zeitgeist entsprechende naturwissenschaftliche Methode zum Verständnis und zum Teil auch zur Heilung dieser zersplitterten spätviktorianischen Persönlichkeit am Ende des 19. und am Beginn des 20.Jahrhunderts entwickelt zu haben. Er lenkte die Aufmerksamkeit auf verdrängte, abgespaltene und unbewußte Aspekte der Persönlichkeit, derer sich die Menschen der damaligen Zeit nur zu gern als „irrationale" zu entledigen suchten. Damit riß Freud die verlogene Fassade der viktorianischen „Sittlichkeit" ein, indem er zeigte, was unter ihrer Oberfläche brodelte. Paradoxerweise führte dieser bedeutsame Entwurf Freuds jedoch auf einer anderen, *wesen*-tlicheren Ebene geradewegs in eine neue Verdrängung und Verschleierung des Menschen. Freuds Ziel war ja - wie der 70jährige es formulierte: „Meine Lebensarbeit war auf ein einziges Ziel eingestellt, ... wie der *Apparat* gebaut ist, der diesen (seelischen) Leistungen dient und welche Kräfte in ihm zusammen und gegeneinander wirken." (E. Jones in „Das Leben und Werk von Siegmund Freud")

Bei seinem Lebensziel ließ sich Freud von dem Menschenbild des Lehrers leiten, der ihn am stärksten beeindruckt und beeinflußt hatte. Es war dies Freuds Physiologie-Professor Brücke, der die einflußreichste Forscherpersönlichkeit gegen Ende des 19.Jahrhunderts im Bereich der von Hermann von Helmholtz begründeten Biologischen Schule war, die wiederum die medizinische Forschung und Grundlagenforschung dieser Zeit beherrschte. Und diese Biologische Schule und damit auch Freud besaßen ein extrem anti-vitalistisches und deterministisches Menschenbild. Demnach war der Mensch eine Maschine, „ein Apparat", der durch chemisch-physikalische Mechanismen aktiviert wird, die von der Helmholtzschen Schule in den beiden Kräften der „Anziehung und Abstoßung" begründet gesehen wurden.

Über dieses Menschenbild Freuds führte seine neuartige, „objektivierende" und analysierende Sicht postwendend und ungewollt zu einer extremen Begrenzung dessen, was am Menschen mit den Mitteln dieser Art von Wissenschaft untersuch- und meßbar erschien. Freud war weder in der Lage wirklich zu verstehen, daß die individuelle Zersplitterung und Neurose des spätviktorianischen Menschen nur ein Teil der „kollektiven Neurose" der damaligen Gesellschaft war, noch verstand er, daß seine auf die Spitze getriebene (Psycho-) Analyse vielleicht vieles über unbewußte Mechanismen, wie z.B. Verdrängung, und über Triebe und Instinkte des Menschen auszusagen vermochte, aber eben kaum etwas darüber, was das Wesen dieses Menschen, sein Sein-in-dieser-Welt und auch seine Möglichkeiten ausmachte, sich all diesen Trieben und unbewußten Mechanismen gegenüber als bewußtes

- aus Verantwortung handelndes - Individuum in Freiheit zu verhalten.

Die willkürliche Übertragung des mechanistischen Helmholtzschen Modells des Organismus auf Freuds eigenes Modell des Geistes bewirkte - ganz im Gegenteil zu seinem ursprünglichen Ziel, den Menschen verstehbarer und damit freier von verdrängten, unbewußten Kräften handeln zu lassen - geradezu eine Zunahme an Passivität und Determinismus des Ich dieses Menschen. Nur Menschen, denen die Vergeistigung der Materie so fern lag wie Freud, konnten schließlich auf den Gedanken kommen, den Geist zu materialisieren.

Das Paradoxon bestand also darin, daß Freuds scheinbare Objektivierung der Persönlichkeit des Menschen in „angeborene, instinkthafte - ihn beherrschende - Kräfte", die sich während des psychosexuellen Entwicklungszyklus nacheinander auf der Bühne seiner Seele zeigen, letztlich nur die beklagten fragmentierenden und zersplitternden Tendenzen der verlogenen spätviktorianischen Gesellschaft förderte. D.h., Freud verstärkte letztlich die Fragmentierung, die zu heilen er sich aufgemacht hatte. Seine Reduktion des Menschen auf ein instinktgetriebenes Individuum im Krieg mit einer Welt, die der Befriedigung von angeborenen aggressiven und sexuellen Bedürfnissen entgegensteht, führt(e) zu einer neuen Form von Zersplitterung, zu einem weiteren Bedeutungsverlust des Individuellen, zu einer Mechanisierung, die nun auch noch mit großer psychologischer Präzision auf der Ebene des Unbewußten versteh- und kontrollierbar wurde. Wie eine Ironie der Geschichte kann die Tatsache anmuten, daß die Psychoanalyse und die Psychotherapieformen, die einem entsprechenden mechanistischen Menschenbild verhaftet sind, statt zu einer Heilung der Neurose der modernen Gesellschaft beizutragen, nun selbst droh(t)en zu einem Teil dieser Neurose zu werden.

Freuds geradezu „archäologisches Interesse" an den seiner Meinung nach *tiefsten* - in der Vergangenheit zu suchenden und zu findenden - Ursachen unserer aktuellen Schwierigkeiten, Krisen und Neurosen führte zu einer einseitigen Betonung dieser Vergangenheit im Rahmen der Psychoanalyse in Form der erwähnten verhängnisvollen Spaltung zwischen dem Erwachsenen und dem Kind. Diese Konzentration auf die Vergangenheit des Klienten, d.h. auf seine Kindheit - die ohne Zweifel als Teil unserer gegenwärtigen Existenz und unserer heutigen Fähigkeiten oder auch Beschränkungen sehr bedeutsam ist -, diese explizite Konzentration machte das lohnendste Gebiet in einer therapeutischen Begegnung - nämlich die *Zukunft-die-zur-Gegenwart* wird - zu einem unbekannten Kontinent für die Psychoanalyse. Mit dem Verzicht auf diese für den Menschen schließlich entscheidende Zeitform des Zukünftigen und damit darauf, wohin er sich ausrichtet, z.b. in seinen Idealen, mit seinen Fragen und seinem Streben, war Freud ein tieferes Verständnis des Menschen in seinem Wesen nicht mehr möglich. Ein solches Verständnis macht den Blick auf das, worauf sich der Mensch hinbewegt, was er im Begriff ist zu werden, zur Voraussetzung einer (therapeutischen) Begegnung. Gleiches gilt für jede wirklich existentielle Begegnung mit uns selbst, für jede Selbsterkenntnis.

Binswanger - ein existentialanalytischer Psychiater und Schüler Freuds - sah sehr deutlich die Beschränkung der Aussagekraft von dessen Methode. Zwar schien sie ihm außerordentlich gut geeignet zur Erforschung der *Umwelt*, des biologischen Umfeldes des Menschen - des „homo natura" -, die *Mitwelt* aber, d.h. den Menschen in persönlichen Beziehungen zu seinen Mitmenschen, wie auch die Eigenwelt, d.h. den Menschen in Beziehung zu sich selbst, konnte Freud mit seiner Methode in den Augen Binswangers nicht verstehen.

Kierkegaard und Nietzsche - die Schwerermacher
Interessant erscheint die Tatsache, daß in Teilen der Philosophie und Literatur vor und zu Freuds Lebzeiten eine Sicht des Menschen und ein Menschenbild existierten bzw. aufkamen, die denjenigen Freuds geradezu diametral entgegenstanden, obwohl natürlich die gleichen sozialen, kulturellen und ökonomischen Verhältnisse herrschten. Diese als Existentialismus bezeichnete Gei-

Uwe Meinardus: Biographiearbeit und Psychotherapie

stesströmung, die in so originären Denkern wie Kierkegaard und Nietzsche an die Öffentlichkeit trat, wurde von dieser zunächst einmal über Jahrzehnte ignoriert. Zu Lebzeiten Freuds und später wurde sie dann erneut aufgegriffen und vertieft von Philosophen und Schriftstellern wie Heidegger, Jaspers und Sartre, von existentialanalytischen Psychiatern und Psychotherapeuten wie Binswanger, Boss, von Gebsattel, Kuhn und in neuerer Zeit Frankl, Assagioli, May und Yalom - wobei sich etliche der Genannten gegen eine Charakterisierung als „Existentialist" verwahrt hätten und sich z.B. eher als Daseinsanalytiker, existentielle Therapeuten, Phänomenologen etc. bezeichneten.

Auch und gerade in der Kunst, so in Werken von Munch, van Gogh, der Impressionisten und später der Expressionisten, wie in der Literatur von Autoren wie Dostojewski, Tolstoi, Rilke, Camus, Kafka und anderen fanden sich ähnlich tiefreichende, prägnante Widerspiegelungen der zentralen seelischen und spirituellen Dilemmata des zeitgenössischen Menschen, wie sie von diesen Existentialisten herausgearbeitet werden sollten.

Dabei mutet die von Yalom in seinem Buch „Existentielle Psychotherapie" anschaulich beschriebene Geburtsstunde dieser Geistesströmung geradezu skurril und banal an. Es war an einem Sonntag-Nachmittag des Jahres 1834, an dem Kierkegaard - noch relativ jung an Jahren - rauchend in einem Café saß und darüber nachgrübelte, daß er, im Gegensatz zu vielen seiner erfolgreichen Freunde, Gefahr lief, alt zu werden, ohne einen wesentlichen Beitrag für die Welt geleistet zu haben: „...Wohltäter des Zeitalters, die wissen, wie sie der Menschheit Gutes tun können, indem sie das Leben immer leichter machen, einige durch Eisenbahnen, andere durch Omnibusse und Dampfboote, andere durch Telegrafen, andere durch leicht verständliche Kompendien und kurze Wiedergaben alles Wissenswerten, und schließlich die wahren Wohltäter des Zeitalters, die die spirituelle Existenz dank ihrer Gedanken in systematischer Weise immer leichter werden lassen."

Er dachte über die Gefahr nach, die darin besteht, daß die Leichtigkeit überhand nimmt, wenn alle darum bemüht sind, das Leben leichter zu machen, und sah plötzlich seine Bestimmung darin, dieses Leben wieder schwieriger zu machen, auf die Suche nach Schwierigkeiten zu gehen, die er in der Betrachtung seiner eigenen Existenz, seiner Möglichkeiten und Begrenzungen, seiner Ängste und seiner Verantwortungen aufzusuchen begann. „Du mußt etwas tun, aber da es mit deinen begrenzten Möglichkeiten unmöglich sein wird, etwas leichter zu machen als es schon geworden ist, mußt du dich mit dem gleichen humanitären Enthusiasmus wie die anderen daran begeben, etwas schwerer zu machen."

Kierkegaards Interesse galt also dem Konflikt, der aus der Konfrontation des Individuums mit den existentiellen Gegebenheiten seines Daseins hervorgeht, worunter er z.b. die Aspekte der Angst, der Schuld, der Einsamkeit, der Freiheit, der Verantwortung, der Sinnlosigkeit und des Todes verstand. Weder Freuds - fünfzig Jahre später - in den Mittelpunkt gestellter Konflikt mit „unterdrückten, instinkthaften Anlagen" noch der von den Neo-Freudianern bzw. Neo-Analytikern in Abgrenzung zu Freud hervorgehobene Konflikt zwischen „den natürlichen Wachstumsneigungen des Kindes einerseits und seinem Bedürfnis nach Sicherheit und Anerkennung der es umgebenden bedeutsamen - häufiger diese Bedürfnisse enttäuschenden - Erwachsenen andererseits" interessierte Kierkegaard. Sein Anliegen war die Frage: Wie kann ich zu einem Individuum werden, indem ich mich meiner Existenz in aller Ernsthaftigkeit und Tiefe stelle?

Und damit hatte Kierkegaard einen ganz anderen Begriff von „Tiefe", als ihn der „archäologisch" tätige Freud hatte, für den „tiefster Konflikt" immer „frühester Konflikt" bedeutete, den er durch „Freilegen der menschlichen Psyche" bis auf die Grundschicht fundamentaler Konflikte in frühester Kindheit zu ergründen suchte.

Kierkegaard war keinem Entwicklungsmodell verpflichtet, in dem „elementar und grundlegend" als identisch mit „chronologisch zuerst" verstanden wurde. Er interessierte sich für das Werden, Entstehen und Vergehen als Grundlage der menschlichen Existenz. Und er sah den Menschen in diesem Prozeß des Ringens mit seinen Existentialien - d.h. den Fragen von Sinn, Freiheit, Verantwortung, Tod etc. - als potentiell immer in einer Lebenkrise. D.h. „Krise" stellte für Kierkegaard und die späteren Existentialisten keine augenblickliche Befindlichkeit des Menschen, sondern eine notwendige Art des menschlichen Existierens dar; notwendig in dem Sinn, daß der Mensch nur durch die während einer Krisenperiode errungenen Einsichten zu immer größerer Freiheit gelangen, seine Masken und sein rollenhaftes Verhalten ablegen und der Wahrheit über sich selbst ins Gesicht schauen könne, so schmerzlich und quälend das auch sein mag.

Dieses Bemühen um eine permanente Selbsterkenntnis und Selbsterziehung war dabei durchaus nicht Ausdruck eines pessimistischen, verzweifelten Menschen- und Weltbildes. Es war optimistisch ganz im Sinne eines der ersten Existentialisten der Philosophiegeschichte, des dialektisch die Suche nach Wahrheit im Individuum vorwärtstreibenden Sokrates. Und zugleich war es so modern, daß es den Standpunkt der modernen Physik des 20.Jahrhunderts in Gestalt Heisenbergs und Bohrs vorwegnahm, wonach das „Ideal einer Wissenschaft, die völlig unabhängig vom Menschen ist, also völlig objektiv, ... eine Illusion (ist)" (Heisenberg). Kierkegaard, Nietzsche und andere Existentialisten sahen sehr früh, daß die kopernikanische Auffassung, man entdecke die Wahrheit (in der Natur) nur durch Abtrennung des Menschen und Beobachters von ihr, nicht zutrifft. Der Beobachter, das Subjekt, steht immer in einer wesentlichen Beziehung zu den von ihm beobachteten Objekten, kann also niemals von ihnen getrennt werden. Die Isolierung bestimmter Faktoren - bei Freud instinkthafter Kräfte wie Ich-Instinkte versus libidinöse Instinkte, später Eros versus Thanatos - und ihre Beobachtung von einem angeblich distanzierten Standpunkt aus, d.h. die Subjekt-Objekt-Spaltung des naturwissenschaftlichen Zeitalters, verstellt(e) den Blick für wesentliche, existentielle Bereiche der inneren, subjektiven Wirklichkeit unseres Lebens.

Freuds Abstinenzregel lief letztlich darauf hinaus, daß am ehesten der Therapeut die Wahrheit entdecken würde, der die geringste innere Beteiligung an seinem Klienten zeigt oder, deutlicher: der im geringsten Maße an seinem Klienten und dessen Biographie interessiert ist. Kierkegaard hingegen war an einer „teilnehmenden Beobachtung" des Menschen interessiert, die in Goethes Aussage, alle Erkenntnisbestrebungen seien nur durch den „liebenden Blick" gewährleistet, und in seiner Schlußfolgerung: „Man lernt nur kennen, was man liebt", eine prägnante Beschreibung findet. Kierkegaard ging es wirklich um das Inter-esse (wörtlich das Dazwischensein) am menschlichen Dasein und am Ringen des Menschen um Verantwortung, Sinn, Freiheit etc. Dabei ging er so weit, die vollständige Erkenntnis bestimmter Wahrheiten über uns selber abhängig zu machen von unserem Engagement für diese Wahrheiten und Ideale. „Es ist (eben) nicht genug zu wissen, man muß auch anwenden, es ist nicht genug zu wollen, man muß auch tun", so brachte Goethe diesen Gedanken Kierkegaards auf den Punkt.

Auch Nietzsche sah wenige Jahrzehnte nach Kierkegaard, daß Wahrheit nicht durch Laborexperimente, sondern durch eigene Erlebnisse erfahr- und lebbar wird. Jede Wahrheit sollte mit der Frage konfrontiert werden: „Kann man sie leben?" und: „Wir wollen selber unsere Experimente und Versuchs-Tiere sein!" Nietzsche war sich bewußt, daß die seelische und spirituelle Krise des Menschen, die in der zweiten Hälfte des 19.Jahrhunderts - in seiner Schaffensperiode also - gegenüber Kierkegaards Zeit noch an Schärfe zugenommen hatte, mit dem Verlust des Glaubens an seine wesensgemäße Humanität und Würde zusammenhing. Lag bei Kierkegaard „Gott im Sterben", geschwächt durch ein kraftloses, rituell entleertes Christentum, so lautete Nietzsches Devise bereits: „Gott ist tot".

Eine allgemeine Bigotterie und Heuchelei bestimmte - wie auch zwei Jahrzehnte später von Freud beschrieben - den damaligen Zustand des Menschen, und die fragmentierte, sterile, technische Ratio hatte den Verlust des umfassenden Vernunftsbegriffs der Aufklärung sowie eine Schwächung des Bewußtseins provoziert. Ein Verlust, den Freud später mit der Beschreibung eines

„passiven, schwachen Ich" charakterisierte, eines Ich, das „vom Es (den Instinkten und Trieben) gelebt wird", da es die Fähigkeit zur Selbststeuerung verloren habe.

Wie Kierkegaard vor und die späteren Existentialisten nach ihm sah Nietzsche sehr klar, daß Einsamkeit, Schuld, Sinn, Verantwortung, Angst, Wille etc. eben keine Umschreibungen gewöhnlicher seelischer Befindlichkeiten darstellen, sondern *Seinszustände des Menschen* sind. Während Natur und Dasein bei Tieren und Pflanzen eins seien, könne gleiches vom Menschen nie behauptet werden, da dieser sein Dasein nur in selbst intendierten, gewählten und gewollten Begegnungen zu realisieren in der Lage sei, ganz im Gegensatz zur Eichel, die - ohne eine Wahl zu haben - zur Eiche heranwachsen müsse. Nietzsche verspotte jene, die „einfach alles seinen natürlichen Gang nehmen lassen" wollten, die in „Einklang mit der Natur" zu leben trachteten: „Gemäß der Natur wollt ihr leben? Oh, ihr edlen Stoiker, welche Betrügerei der Worte! Denkt euch ein Wesen, wie es die Natur ist, verschwenderisch ohne Maß, gleichgültig ohne Maß, ohne Absicht und Rücksichten, ohne Erbarmen und Gerechtigkeit, furchtbar und öde und ungewiß zugleich, denkt euch die Indifferenz selbst als Macht, wie könntet ihr gemäß dieser Indifferenz leben?" (in „Jenseits von Gut und Böse") Damit war auch klar, daß sich uns menschliche Werte und Ideale, Persönlichkeit und Würde immer als zu lösende Rätsel, als *Aufgegebenes*, nie aber als von der Natur *Vorgegebenes* stellen. Tillich umschrieb dies später mit den Worten vom „Mut zum Sein" und Sartre mit der Feststellung, daß „ich meine Wahl bin".

In diesem Sinne ist auch Nietzsches häufig mißverstandener und mißbrauchter Gedanke des „Willens zur Macht" zu verstehen. Er verstand unter „Macht" im klassischen Sinne die Aufgabe und die Möglichkeit (potentia und dynamis) des Menschen zu seiner Selbstverwirklichung in aller Konsequenz und Tragweite. Nietzsche sah als Grundproblem jedes Menschen an, nicht zuzulassen, daß seine Existenz nur eine gedankenlose Zufälligkeit sei, sondern zu ermöglichen, daß er seine „Macht" zur Verwirklichung der eigenen inneren Möglichkeiten, zum individuellen und sozialen Wachstum nutze. Im Gegesatz zum Mineral, zur Pflanze und zum Tier könne der Mensch sein Dasein durch eigene Entscheidungen eben auch verlieren.

Gesundheit wurde von Nietzsche in diesem Prozeß der umfassenden und tätigen Selbsterkenntnis des Menschen konsequenter Weise auch nicht als bleibender, statischer Zustand, sondern als dynamischer Prozeß im Ringen um die Überwindung von Krisen und Krankheiten bzw. um ihre Integration in die verbleibende Gesundheit des Betroffenen gesehen, als dynamischer Prozeß, der auch Vergangenem - z.b. seelischen Verletzungen der Kindheit, der Jugend oder des Erwachsenenalters - aus der gegenwärtigen und auch zukünftigen Lebenssituation des Menschen heraus rückläufig eine neue Bestimmung zu geben vermag, der aus dem Geschehenen neue Geschichte zu machen in der Lage ist und damit vermeidet, daß aus der individuellen Historie, dem Vergangenen und Geschehenen der „gewordenen, geronnenen Biographie", ein Opiat gegen alles Umwälzende und Erneuernde der Gegenwart und der Zukunft werden kann (nach W. Blankenburg „Biographie und Krankheit").

Nietzsche sah sehr deutlich, daß erst die Öffnung gegenüber dem Zukunftsaspekt des Vergangenen - z.b. des Traumas einer Untreue des ersten Ehepartners - und des Gegenwärtigen - z.b. der aktuellen Wiederholung dieses Moments der Untreue durch den jetzigen Partner - ein neues, tieferes und zukünftiges Verstehen und Erleben unserer Krisen und Traumata ermöglicht und so Wirklichkeit zu wandeln vermag. Es ging also darum, scheinbar gesicherte Lösungen unserer Fragen und Probleme zu einem erneuten Rätsel zu machen und insofern Künstler in der Gestaltung unseres eigenen Lebens zu werden.

In obigem Beispiel könnte das heißen, daß die erfahrene Untreue in Beziehungen nicht darin eine Lösung und Erklärung findet, daß „diese beiden Partner eben bindungsunfähig und egoistisch sind", sondern eher in dem Rätsel aufgeht, das ich mir selber bin, in meinem fehlenden „Mut zum Sein", in der Untreue gegenüber meinen unverwirklichten inneren Möglichkeiten und Idealen. Darin, daß es immer noch nicht die richtige Einsamkeit ist, in der ich mich (als „Opfer") mit mir selbst beschäftige.

Diesen historischen Exkurs zu möglichen Urahnen der heutigen Biographiearbeit zusammenfassend, läßt sich vielleicht sagen: Kierkegaard und Nietzsche war in viel weitergehender Weise als Freud klar, daß der abendländische Mensch sich selbst zutiefst problematisch geworden war, daß er die Fähigkeit der Liebe und des Vertrauens zum Menschen, ja den „Willen zum Menschen" verloren hatte. Freud widmete sich der verdienstvollen Formulierung tiefenpsychologischer Einsichten über die Fragmentierung der Persönlichkeit mit naturwissenschaftlichen Begriffen seiner Zeit und wurde - ungewollt und paradoxer Weise - mit seiner Psychoanalyse selber Teil dieser Fragmentierung. Kierkegaard und Nietzsche hingegen ging es vor allem darum, den Menschen als verdrängungsfähiges Wesen zu verstehen, das sich als einziges Geschöpf der Erde seiner Existenz bewußt sein kann, sich zugleich aber auch immer wieder - frei oder gezwungenermaßen - dafür entscheidet, zum Schutz vor der oft schmerzlichen Wahrheit und Realität seines Daseins, dieses Bewußtsein seiner gewählten Existenz zu verleugnen, und damit dann auf sein Selbstbewußtsein verzichtet und sich den krankmachenden Folgen von Angst, Sinnlosigkeit, Verzweiflung und zwanghafter Selbstzerstörung aussetzt.

Das Rätsel vom guten Schlechten - Heidegger, Kafka und andere Spielverderber

Hier findet sich ein zentraler und bedeutsamer Gedankengang des Existentialismus, der weitgehende Konsequenzen für das biographische Verständnis von Krisen und Erkrankungen im Leben eines Menschen enthält und der uns im folgenden noch weiter beschäftigen wird: Der Mensch ist demnach „ein Verhältnis, welches sich zu sich selbst verhält" (Kierkegaard), d.h. die Möglichkeit, sich auf sich selbst zu beziehen, kennzeichnet das Geistige im Menschen - ein Tier kann dies nicht. Stets muß er zu sich selber Stellung beziehen und weiß um sich und darum, daß *nur er* seinem Dasein Sinn und Richtung durch Übernahme von Freiheit und Verantwortung geben kann. Darin liegt aber auch die Möglichkeit des Scheiterns auf dem Weg zu tätiger Selbsterkenntnis und -verwirklichung, d. h. die Möglichkeit unseres Seins im Konflikt mit unserem Nichtsein. Diese Möglichkeit beschreibt ein An-sich-selbst-Vorbeileben und eine Selbstentfremdung, die uns nicht einfach von außen zugefügt werden oder zustoßen. Aus Angst und Beziehungsarmut vor dem Mitmenschen und dem Leben kann unsere *„Werdensbewegung"* zur Stagnation, zur *„Werdenshemmung"* schrumpfen, die sich dann in spür- und erfahrbaren Lebenskrisen und Krankheitssymptomen - wie überwältigenden Ängsten, Depressionen, Leeregefühlen, Zwängen, sogenannten psychosomatischen Beschwerden etc. - manifestieren kann. Und diese „Werdenshemmung", z.b. beim depressiven Menschen, ist - ganz im Gegensatz zur Sichtweise der Freudschen Psychoanalayse - keine mißlungene Anpassung des Menschen an seine Herausforderungen und die der ihn umgebenden Welt, sondern sie ist eine „vollkommene" Anpassung, was ja gerade ihr Problem darstellt, da sie zugleich eine handhab- und lebbare „Lösung" auf niedrigstem Level bleibt. Eine - in gewissem Sinne sogar - existentielle Leistung, die, um ein kleines bißchen „Sein" zu retten, das übrige „Nichtsein" hinnimmt als scheinbar einzig möglichen, ersatzweisen Daseinsvollzug für ungelebte, nicht verwirklichte Potenzen des eigenen Lebens; ein Weg, der belastende Aspekte unserer Existenz ausblendet, um „den Rest" dann einigermaßen erträglich zu gestalten.

So findet der depressiv verstimmte Mensch durch übersteigerte Schuldgefühle und Gewissensbisse wegen eingebildeter Verfehlungen in der Vergangenheit eine Möglichkeit, den Herausforderungen der Gegenwart und der Zukunft aus dem Weg zu gehen und es zu vermeiden, sich auf seine gegenwärtigen Mitmenschen einzulassen. Er schlägt sich mit hypochondrischen Leiden herum, da er sich dem realen Leid der häufig schmerzhaften Konfrontation mit dem Gefühl der Ohnmacht beim Ringen um Selbstverwirklichung nicht auszusetzen vermag. Durchdrungen von Gefühlen - des Nicht-leben-Könnens und damit auch des Nicht-sterben-Könnens - fürchtet der depressive Mensch letztlich sein Leben-Können (R. May). Die Dimensionen der Gegenwart und der Zukunft und damit die Richtung, die der Lebensbewegung, dem Wachstum und der Entwicklung des Menschen innewohnt (Scheler), bleiben ihm verschlossen.

Dem zentralen existentialistischen Grundgedanken geht es also um ein Verständnis des menschlichen Daseins als *„Sein in der Krise"*, welches gespalten ist in oft nicht zu vereinbarende Möglichkeiten, zwischen denen sich ein individueller Mensch ständig entscheiden muß. Beim Menschen sprach Heidegger dann auch in Abgrenzung zum bloßen „Vorhandensein" der Objekte, dem „Zuhandensein" der Werkzeuge und dem „Leben" der Pflanzen und Tiere vom *Dasein*. Dieses ist immer schon ein *In-der-Welt-Sein*, von dem her der Mensch ein Verständnis für sich zu entwickeln gewohnt ist.

Existenz bedeutet im wörtlichen Sinne: heraussteheh, außer sich sein, in der Welt und bei den Mitmenschen sein, was uns nur zu häufig mißlingt durch unser berufs- und umweltbestimmtes Rollenverhalten und unsere Masken (persona), wie Jung sie in seiner analytischen Psychotherapie nannte. Diese Masken haben wir uns im Laufe unseres Lebens entsprechend den Normen und Wertvorstellungen unserer Umgebung zugelegt und zum Teil auch zulegen müssen, um überleben zu können. Die analytische Psychotherapie Jungs zeigt sehr deutlich die Gefahren eines Verlustes unmittelbarer existentieller Wirklichkeitserfahrung und einer Versperrung des Weges zum eigenen Selbst durch die Verhärtung unserer maskenhaften Schutzschicht. Erliegen wir den *„Verlockungen des Man"* und der *„Uneigentlichkeit"* (Heidegger), der Routine und den Gewohnheiten unserer alltäglich-durchschnittlichen Existenz - man kann auch sagen unseres „Alltags-Ich" - dann mißlingt uns unser ständiger Weg vom *„Man-selbst-Sein"* zum eigentlichen *Selbst-Sein* in Freiheit und Verantwortung.

Wie Kierkegaard sah auch Heidegger in der nur dem Menschen gegebenen Möglichkeit des Sich-ängstigen-Könnens vor dem Freiraum zukünftiger Möglichkeiten und den Chancen des Selbst-sein-Könnens den *Schwindel der Freiheit*" - Tiere haben nur konkrete Furcht vor Feinden, nicht jedoch Angst. Diese oft so drückende, uns zerreißende Angst ist zugleich *die* Grundstimmung, die uns aus unserer Selbstvergessenheit des "Man" zu uns selbst zurückruft. Es ist diese *Fähigkeit des "Sich-ängstigen-Könnens"*, die uns immer wieder schmerzlich vor Augen führt, daß unser menschliches Sein im Verhältnis zu unseren Möglichkeiten existiert - manchmal auch eher dahinplätschert - und daß die äußerste Möglichkeit unseres erfahrbaren Lebens - aus existentieller Sicht - der Tod ist. Wenn wir uns dieser Erfahrung unseres nicht gelebten Lebens, unserer ausgeschlagenen Möglichkeiten und unserer Endlichkeit immer wieder auszusetzen vermögen, hören wir zugleich die Stimme unseres Gewissens, womit Heidegger keineswegs Gewissensbisse oder Schuldgefühle wegen einer konkreten moralischen Verfehlung meinte, sondern das *Schuldig-sein-Können* als Urphänomen unseres Daseins. Denn jede Wahl - gerade die, anstehende und erkannte Entwicklungsschritte in unserem Leben zu ignorieren - läßt andere Möglichkeiten meiner Existenz unbeachtet und läßt mich vieles schuldig bleiben, mir selbst, meinen Mitmenschen und der Welt.

Die Fähigkeit, sich tief ängstigen, sich sorgen zu können vor dem "Schwindel der Freiheit" jedes selbstverantworteten Schrittes auf dem Weg zur Selbsterziehung, die Fähigkeit, jene Ohnmacht aushalten zu können, die die Erkenntnis mit sich bringt, daß wir in diesem Prozeß unseres Werdens notwendig vieles schuldig bleiben *müssen* - da er nie ganz zum Abschluß kommt -, eröffnet uns erst die "eigentliche Zeit des Menschen" (Heidegger), die Zukunft.

Entsprechend der individuell verschiedenen Offenheit für unsere eigenen Möglichkeiten und diejenigen unserer Welt leben wir permanent schon in der Zukunft - z.B. in unseren Idealen -, aus der heraus unsere Gegenwart und Vergangenheit erst ihre Bedeutung und ihren Sinn erfahren. Nur wo wir eine Zukunft haben, können wir Gegenwärtiges sinnvoll leben und Vergangenheit statt zur Last zur

Uwe Meinardus: Biographiearbeit und Psychotherapie

Quelle neuer Erfahrung und zum Modell künftiger Selbstverwirklichung werden lassen.

Diese *„Zeitigung unserer Existenz"* (Heidegger), diese Fähigkeit, den inneren Zusammenhang von gelebter Zukunft, Gegenwart und Vergangenheit immer wieder konkret in der Verantwortung für unsere Existenz herstellen zu können, schafft in der Sicht existentieller Therapeuten letztlich unsere „Geschichtlichkeit", unsere Lebensgeschichte, unsere Biographie. Deshalb gehen existentielle Philosophen und Therapeuten davon aus, daß wir einen Menschen und uns selber nur verstehen können, wenn wir sehen, worauf er sich bzw. wir uns hinbewegen, was er bzw. wir im Begriff ist (sind) zu werden. Außer dem Menschen gibt es kein Lebewesen, das sich seiner bewußt werden und welches Verantwortung für sich selbst, für sein seelisch-geistiges Wachstum übernehmen kann. Nur der Mensch weiß, daß er eines Tages physisch nicht mehr sein wird, nur er kann durch eigene Entscheidung seine Existenz wegwerfen und verwirken. Das Abschieben und das Verdrängen dieser Erkenntnisse führt zu einem Sich-blind-Machen für die eigene Freiheit.

Kaum jemand hat unsere Schwierigkeit, existentielle Schuld wegen des ungenutzten, ungelebten Lebens in uns zu akzeptieren, eindringlicher geschildert als Franz Kafka. Sein „Prozeß" beginnt mit den Worten: „Jemand muß Josef K. verleumdet haben, denn ohne daß er etwas Böses getan hätte, wurde er eines Morgens verhaftet." Auf die Aufforderung hin zu gestehen, erwidert er: „Ich bin vollkommen schuldlos." Josef K. versucht, überall Hilfe zu finden, um sich von dem Gericht zu befreien, welches jedoch kein gewöhnlicher Gerichtshof ist, sondern - wie dem Leser von Kafkas Roman schließlich klar wird - sein eigener innerer Gerichtshof, der in den Tiefen seines Selbst wohnt. Josef K. ignoriert die Hilfe eines Geistlichen, den er aufsucht und der ihn drängt, in seine Schuld hineinzuschauen, sie nicht in allgemeine Schuld aufzulösen. „Wie kann denn ein Mensch überhaupt schuldig sein? Wir sind hier doch alle Menschen, einer wie der andere?" Statt dessen strebt Josef K. genau dieses Sich-Verstecken hinter kollektiver Schuld an.

„Du suchst zuviel fremde Hilfe", antwortet ihm der Geistliche auf seine Worte: „Ich will noch Hilfe suchen." Josef K. hofft, von dem Geistlichen letztlich eine Methode zu erfahren, wie er den Prozeß vermeiden könnte, „wie man außerhalb des Prozesses leben könne", letztlich, um außerhalb der Rechtsprechung seiner existentiellen Schuld auszuweichen. Der Priester erzählt ihm die Parabel eines Mannes vom Lande, der um Eintritt in das Gesetz bittet und dabei vergeblich bis zu seinem jämmerlichen Tod auf Erlaubnis eines Torhüters wartet, der vor der Tür stand, die für diesen Mann alleine vorgesehen war. Dieser Mann vom Lande machte sich schuldig eines ungelebten Lebens, das er nicht in die Hand nahm, und er war schuldig, weil er diese existentielle Schuld - sich gegen sein Schicksal vergangen zu haben - nicht akzeptierte, sie nicht als Führer in sein Inneres nutzte, um seine Unterlassung, „seine" Tür selbst zu öffnen, zu erkennen und sie dann aufzustoßen. Josef K. versteht auch diese Parabel nicht als Hilfe und setzt seine Suche nach Hilfe bei einer äußeren Macht fort, bis er stirbt „wie ein Hund". Wie der Mann vom Lande in der Parabel des Geistlichen wird Josef K. schuldig daran, was er nicht mit seinem Leben gemacht hat.

Übertragung und Widerstand - oder der Zaubertrick, der aus der bewußten Theorie des Therapeuten die unbewußte Idee des Patienten macht

Existentielle Philosophen und Psychotherapeuten haben also im Gegensatz zu psychoanalytischen und erst recht zu den Verhaltenstherapeuten eine Instanz, an die sie sich im Prozeß der Therapie wenden können, sie „haben" den menschlichen Geist.

Freuds Reduktionismus führt das gesamte menschliche Verhalten auf einige wenige basale Triebe zurück. Sein Materialismus erklärt das Höhere in Begriffen des Niederen statt umgekehrt das Einfache in den Kategorien des Komplexen. So betrachtete er das Kunstschaffen von Künstlern „als Regression im Dienste des Ichs", ihre Kunstwerke als „Triebschicksale und als symbolischen Ausdruck" von Kindheitstragödien und neurotischen Persönlichkeitsmerkmalen. Sexualität hingegen sah er unter dem Gesichtspunkt von Partialtrieben, simplen biologischen Funktionen, statt sie von der sich entwickelnden neuen Gestalt einer Begegnungsmöglichkeit mit einem Du auf dem Hintergrund des menschlichen Selbstbewußtseins zu begreifen. Sein Determinismus ließ ihn schließlich alles geistige Funktionieren als durch bereits bestehende, identifizierbare Faktoren verursacht verstehen. All dies läßt nur Raum für ein „schwaches, passives", abgeleitetes Ich. Ein Ich, das nur passives Opfer und Spielball einwirkender Kräfte ist, seien es die instinktiven Kräfte des „Es" oder auch belastende familiäre und gesellschaftliche Umstände, ein solches Ich ist nicht mehr die treibende Kraft der menschlichen Entwicklung, sondern es wird getrieben. Freuds antivitalistisches und deterministisches Modell des Geistes behauptet rigoros, der Mensch werde vom Unbewußten gelebt. Der tief verwurzelte Glaube an die psychische Freiheit und Wahlmöglichkeit sei ganz unwissenschaftlich und müsse dem Anspruch eines Determinismus, der das geistige Leben regiert, weichen (aus „Allgemeine Einführung in die Psychoanalyse").

Einem Psychotherapeuten mit dem psychoanalytischen Menschenbild zeigt sich jedoch sehr bald das Dilemma, daß ein in Ich-, Es- und Über-Ich-Anteile, ein in Unbewußtes, Vorbewußtes und Bewußtes aufgeteilter Mensch, dessen Anteile dazu noch in ständigem Konflikt miteinander liegen, kaum Verantwortung für sich als ganzer Mensch zu übernehmen in der Lage ist. Zwar maßen spätere Analytiker dem Ich verstärkte Bedeutung bei - sprachen gar vom „autonomen Ich" -, jedoch hauptsächlich bei der Erweiterung seines ursprünglich von allen Seiten eingeengten Spielraums um die negativen Abwehrfunktionen. Hier stellt sich natürlich unweigerlich die Frage, wie ein Teil autonom und frei sein kann, wenn das Ganze determiniert und unfrei ist. Ein im Dienst dreier Herren stehendes Ich - der Außenwelt, der Libido des Es und der Strenge des Über-Ich - kann Freuds Ansicht nach schon zufrieden sein, wenn es ihm wenigstens gelingt, etwas Ordnung und Harmonie in seinem turbulenten Haus zu bewahren.

Freuds mit 67 Jahren in „Das Ich und das Es" geäußerte Ansicht, daß der Therapeut „dem Ich des Kranken die Freiheit schaffen soll, sich so und anders zu entscheiden", ähnelt bei seinem Menschenbild der Quadratur des Kreises. Wie sollte ein vom „Unbewußten gelebtes Ich" ohne Freiheit und Wahlmöglichkeit überhaupt zu weitreichenden Entscheidungen fähig sein? Dabei ist das Geistig-Seelische im Menschen die Brücke zwischen Bewußtsein, Wissen und Handlungsimpuls und damit unser Organ der Zukunft. Freuds Mensch aber hat kein solches Organ. Stattdessen ist er nur eine mühsam zu domestizierende Bestie, deren „psychischen Apparat" der Analytiker „kühl und unbeteiligt" als Seeleningenieur zu ordnen versucht, dabei jedoch jede wesentliche Ich-Du-Begegnung - den eigentlichen Heilungsfaktor - und jegliche Teilnahme des Menschen an überpersönlichen Wesenheiten der Kultur - wie Kunst, Religion, Geschichte, Ethos etc. - ausklammert.

Der Biologismus seiner Zeit führte bei Freud zu einer Überschätzung der Bedeutung und Tragweite sexueller Bedürfnisse für die menschlich-seelische Entwicklung. In dieses Prokrustesbett seiner Libidokonzeption zwängte er viele seiner geistreichen Beobachtungen, wodurch diese deutlich an Aussagekraft verloren.

Deutlich wird diese von Freud selbst beschnittene Originalität an seiner Sicht der Begegnung von Patient und Therapeut. Originell war Freuds Beobachtung des Phänomens der Übertragung ohne Zweifel, womit er beschrieb, daß der Patient während der Therapie den Therapeuten in ähnlicher Weise wahrnimmt wie - für ihn - wichtige frühere oder auch gegenwärtige Bezugspersonen - Eltern, Lehrer, Partner, Freunde, Kinder etc. - und dann seine Gefühle und Haltungen diesen Personen gegenüber während des therapeutischen Prozesses auf die Person des Therapeuten überträgt. Freud sah sehr deutlich, daß wir in anderen und diese in uns leben und lebendig werden in neuen bedeutsamen Beziehungen, wie z.b. in der Therapie. Er nahm also eine Neuauflage vor allem kindlicher Beziehungsmuster in der aktuellen (therapeutischen) Beziehung wahr, ein Schattenspiel, das die Schicksalsschläge eines Kindheitsdramas widerspiegelt.

Freud ging so weit zu behaupten, daß bei jedem Liebesakt immer vier Personen anwesend seien, man selbst, der Liebespartner und die eigenen Eltern - was natürlich die Frage aufwirft, wo die Eltern des Partners bleiben, mit denen man dann schon bei sechs Personen wäre und damit von jedem Liebesakt als veritablem Gruppensex sprechen könnte.

Freud sah die aktuellen Beziehungen des Patienten in der Therapie also als „Kindheitsreminiszenzen" und nahm in ihnen ein „Als-ob-Phänomen" wahr, das es zu erhellen gelte.

Tatsächlich kennt jeder bei sich Beziehungsmuster, die immer wiederzukehren scheinen, gerade im Scheitern. Wenn wir z.b. in unserer jetzigen Partnerschaft aufs neue unseren pädagogischen Impetus ausleben wollen, den anderen nach unserem Wunschbild zu formen, obwohl das schon in vorherigen Beziehungen schiefging und wir „nie werden wollten wie unsere Eltern", die vielleicht ähnlich mit uns bzw. sich umgingen.

Die Befreiung von derart unreifen, infantilen Mustern dadurch, daß er sie in der Übertragungsbeziehung zwischen Patient und Therapeut förderte und dann sichtbar machte, war fraglos eine großartige Idee Freuds.

Künstliche Begegnung - oder Begegnung als Kunst?

Was Freud jedoch im Gegensatz zu existentiellen Therapeuten und auch einigen späteren Analytikern nicht sah, ist, daß über die geschilderte „Als-ob-Beziehung" hinaus eine wirkliche Beziehung zwischen Therapeut und Patient entsteht. Und zwar besonders dann, wenn der Patient aus Schrecken vor seiner existentiellen Krise, seiner Einsamkeit und Isolation in der Lage ist, sich auf eine tief bedeutsame Beziehung mit dem Therapeuten einzulassen. Wenn das „Ich" eine solche Beziehung mit einem anderen aufnimmt, verändert es sich, ist es verschieden vom dem „Ich", das es vor dem „Du" war (Martin Buber). Es öffnet sich nicht nur für diesen anderen, sondern zugleich für sich selbst und erlebt hierin neue Seiten seines Selbst als Folge der Erfahrung einer solchen

Intimität, die dadurch möglich wird, daß der Therapeut an zwei Orten zugleich sein kann - bei sich und beim Patienten. Martin Buber nennt diese Fähigkeit *losgelöste Präsenz"*.

Der Therapeut ist durch diese Fähigkeit, die er dem Patienten voraus hat, der zunächst nur bei sich sein kann, immer am „Du" des Patienten interessiert, und zwar am gegenwärtigen wie am zukünftigen, schlummernden „Du". Er hilft dem Patienten, seine eigenen Potenzen zu entdecken, sich zu entfalten, bemüht sich, „Hebamme bei der Geburt des ungelebten Lebens des Patienten" (May) und damit „Ermöglicher" zu sein. Er ringt um eine *„vorausspringende Fürsorge"*, die den Patienten zu seiner existentiellen Einsamkeit und Isolation *zurückführt,* und vermeidet eine *„einspringende Fürsorge"* (Heidegger), die ihm diese ersparen möchte.

Einen anderen zu erkennen, setzt eine wechselseitige Teilhabe am anderen, eine Art liebevolle Vereinigung mit ihm voraus, die May als agape, als selbstlose Form der Liebe, als Anteilnahme am Wohlergehen des anderen mit folgenden Worten beschrieb: „Agape ist keine Sublimation, kein Ersetzen, sondern ein Transzendieren des Eros, in ihrer ausdauernden Zärtlichkeit, ihrer beständigen Sorge für den anderen. Und genau dieses Transzendieren gibt dem Eros eine tiefere und dauerhaftere Bedeutung." (in „Sich selbst entdecken")

Freuds Reduktion der Patienten-Therapeuten-Beziehung auf eine „Als-ob-Beziehung" läßt auch die gesamte Erfahrung in der Therapie zu einer unwirklichen „Als-ob-Erfahrung" werden, die das Gefühl der Verantwortlichkeit beim Patienten und beim Therapeuten letztlich aushöhlt. Der Psychiater Thomas Szasz sah in diesem Freudschen Verständnis der Übertragung den Versuch des Therapeuten, sich hinter einer bequemen und beliebig einsetzbaren Abwehr einer echten, tiefen Begegnung mit dem Patienten zu verstecken, um so der eigenen Angst vor einer solchen direkten Begegnung aus dem Weg zu gehen.

Nur in einer liebevollen (therapeutischen) Beziehung kann es - in der Sicht existentieller Therapeuten - dem Patienten gelingen, sich seiner einsamen Verantwortung für sein Leben und seine

Dilemmata zu stellen und zu akzeptieren, daß leider nur er selber sich verändern kann. Wenn es dem Klienten zunächst einmal in dieser einen Beziehung zum Therapeuten gelingt zu erproben, wieviel Wahrheit er ertragen kann - d.h. eine Wahrheitsliebe zu entwickeln -, kann er erfahren, was die Neoanalytikerin Karen Horney in ihrem Werk „Neurose" mit folgenden Worten beschrieb: „Es scheint, als könne er zum Beispiel sein gesamtes Potential nur dann entwickeln, wenn er sich selbst gegenüber ehrlich ist, wenn er aktiv und produktiv ist und wenn er zu seinen Mitmenschen in einer Beziehung echter Gegenseitigkeit steht. Es scheint, als könne er nicht wachsen, wenn ... er seine eigenen Fehlhaltungen fortwährend den Unzulänglichkeiten der anderen zuschreibt. Wachsen im eigentlichen Sinn kann er nur dann, wenn er die Verantwortung für sich selbst übernimmt ... In diesem Sinne meint das Arbeiten an uns selbst nicht nur die wichtigste *sittliche Pflicht*, sondern gleichzeitig in einem sehr realen Sinne das wichtigste *sittliche Privileg* ..., und in dem Maße, in dem wir die neurotische Besessenheit vom (fiktiven) Selbst verlieren, indem wir frei werden für unser Wachstum, machen wir uns auch frei dafür, andere zu lieben und an ihnen Anteil zu nehmen."

Für den Patienten wie den Therapeuten geht es im Grunde in der therapeutischen Beziehung um die tiefe Erfahrung der Erkenntnis Kierkegaards und Nietzsches, daß man bereits ein „wahres Individuum", der „einsame Einzelne" geworden sein muß, bevor selbstlose Liebe überhaupt möglich wird, daß man „das tiefe Geheimnis begriffen hat, daß man, auch wenn man einen anderen liebt, sich selbst genügen muß" (Kierkegaard in „Furcht und Zittern").

Der Klient kann also im therapeutischen Prozeß lernen zu verstehen, wie sehr seine Krankheitssymptomatik, wie sehr auch sein Charakter in seinen Launen, Gefühlen, Stimmungen und Verhaltensweisen seine ganz persönliche - „bewährte" und doch so fatale - Antwort auf wichtige Lebensfragen darstellt. Er kann in diesem Prozeß der *„Schulung in Wahrheitsliebe"* die Kraft finden, auf die *Schutzfunktion seiner Krankheit* vor fundamentaler Lebensangst, die sich in Gestalt von Anklage, Verteidigung oder Alibisuche äußern kann, zu verzichten. Einen solchen Verzicht, der ein existentielles Opfer für den Patienten darstellt, kann er aber wiederum sicher nicht erbringen, wenn er das wäre, als was Freud und verwandte materialistische psychologische Ansätze ihn sehen, ein reines Bedürfniswesen, das - je nach Standpunkt - von verschiedenen grundlegenden Bedürfnissen bzw. biologischen Mangelzuständen wie Hunger, Sexualität, Macht, Selbsterhaltung, ökonomischen Interessen etc. bestimmt wird.

Wie wenig ein derart reines „Bedürfniswesen" sich frei zu seinen (An-) Trieben, seinen Erfahrungen und zu sich selbst als Mensch verhalten kann, beschreibt Sartre sehr eindrücklich folgendermaßen: „Wenn wir den Menschen für fähig halten, analysiert und auf Originaldaten reduziert zu werden, auf determinierte Triebe (oder Begierden), die vom Subjekt als Eigenschaft eines Objektes getragen werden", könnten wir tatsächlich am Ende ein imposantes System von Substanzen vor uns haben, die wir Mechanismen, Dynamiken oder Verhaltensmuster nennen können. Aber wir befinden uns dann in einem Dilemma. Der von uns studierte Mensch hat sich „in eine Art von unbestimmten Lehmklumpen verwandelt, der (die Begierden) passiv empfangen müßte - oder er wäre reduziert auf ein simples Bündel dieser irreduziblen Triebe oder Tendenzen. In beiden Fällen verschwindet der Mensch, wir finden den einzelnen nicht mehr, dem diese oder jene Erfahrung zugestoßen ist." (zitiert nach May, in „Sich selbst entdecken")

Bedeutsam für den Klienten sind vor allem neue Werterlebnisse, -erfahrungen und -orientierungen in der selbstlosen - Anteil an seinem Wachsen und Scheitern nehmenden - Liebe von seiten des Therapeuten und dessen beständiger „vorausspringender Sorge". Vor allem in einer solchen Beziehung entsteht, was der Philosoph Max Scheler mit den Worten „die Bewegung vom Niederen zum Höheren hin nennen wir Liebe" umschreibt. Nur in einer solchen Bewegung vom Niederen zum Höheren wird es dem Klienten gelingen, den „sicheren Hafen" seiner Krankheiten, sei-

ner Sicherheit um jeden Preis, seiner Fehlerlosigkeit durch Nichts-
wagen, seiner Dominanz durch Schwächedemonstration etc. verlassen zu können, um sich auf das stürmische Meer des Werdens,
Wachsens und der Gesundheit hinauszubegeben. C.G. Jung forderte geradezu die Kulturleistung des Patienten als sichtbaren
Ausdruck seiner Genesung: „Wir helfen dem Neurotiker nicht,
indem wir ihn von der Kulturforderung entlasten, sondern nur
dadurch, daß wir ihn zu einer tätigen Anteilnahme am schmer-
zensvollen Werke der Kulturentwicklung bringen. Die Leiden, die
er in diesem Dienst erduldet, ersetzen ihm die Neurose. Während

aber die Neurose mit ihren Beschwerden niemals gefolgt ist von
jenem köstlichen Gefühl getaner Arbeit und erfüllter Pflicht, bringen die Leiden im Dienste nützlicher Arbeit und in der Überwindung wirklicher Schwierigkeiten jene Momente der Ruhe und der
Sättigung, welche dem Menschen das unschätzbare Gefühl
geben, sein Leben wirklich gelebt zu haben." (in „Gesammelte
Werke", Band 4)

Die Weigerung vieler Klienten, sich auf die stürmische offene
See des Werdens hinauszubegeben, brachte Freud zu einer weiteren wesentlichen Beobachtung, deren Originalität er sogleich wieder durch sein mechanistisches Menschenbild einschränkte.
Freud bemerkte eine Widerstand leistende Kraft bei seinen Patienten gegen bestimmte Deutungen seinerseits, um dem Patienten
etwas bewußt zu machen. Der Patient schien einen *Widerstand*
gegen bestimmte Seeleninhalte aufzubauen, wodurch natürlich
die Bewußtwerdung dieser problematischen Seeleninhalte verhindert wurde. In der Therapie versuchte Freud, diese Widerstände abzuschwächen, und maß sogar den Fortschritt der Behandlung am Abbau dieser Widerstände. Dabei waren es für Freud vor
allem die sexuellen Motivationen - prägenitale Triebe, Ödipus-
komplex etc. -, die der Patient abwehrt, und er drängte seinen Patienten diese Deutung oft geradezu auf.

Hier fragt sich natürlich, ob die sogenannten „unbewußten"
Ideen des Patienten in der Regel (nicht) die bewußten Theorien
des Therapeuten - in diesem Falle Freuds - sind", wie dies der

Analytiker Erwin Straus sarkastisch formulierte. Denn sicher waren die Widerstände der Klienten gegen diese zum Teil hanebüchenen Deutungen Freuds oft genug nur Ausdruck eines gesunden Widerstands. Andererseits bestanden aber - den Patienten tatsächlich lähmende -, Widerstände gegen seine Heilung. Seine Krankheitssymptome schützen ihn zum Teil schließlich auch vor seiner fundamentalen Lebensangst - dem Erlebnis der *Gefahr drohenden Nichtseins* -, die immer dazu tendiert, zu einer konkreten, überschau-, objektivier- und handhabbaren Furcht - z.B. vor der Höhe, Enge, Blamage, dem Versagen etc. - zu werden. Natürlich betritt der Klient immer Neuland, wenn er sich entschließt, die Verantwortung für sich selbst zu übernehmen. Er versucht daher häufig, sich gegen die riskante, ängstigende Selbstverwirklichung im produktiven und liebevollen Miteinander zu schützen, da er ungeübt ist im Hinblick auf wechselseitiges Verstehen, auf zwischenmenschliche Nähe. Hieraus erklärt sich der Widerstand des Patienten und nicht aus einem Aufsteigen „triebhafter - von den wichtigsten Bezugspersonen häufig abgelehnter - Impulse aus seinem Unbewußten", die es nach Freuds Ansicht zu verdrängen gilt.

Schattenboxen - oder wie Jung Steiner trifft

Wenn ein Klient Unzulänglichkeiten, Schwächen, Lebensängste, Schuld etc. verdrängt, so tut, als ob er nicht von ihnen wisse, so sah der Analytiker Alfred Adler im Gegensatz zu Freud hierin eine Art Blindekuhspiel, eine systematische Unehrlichkeit sich selbst gegenüber. Adler war der Meinung, daß der Klient sehr wohl um das Verdrängen wisse, jedoch den Sinn dieses Verdrängens bei der eigenen Individualitätsentwicklung nicht verstehe. Sartre kritisierte Freuds Theorie der Verdrängung, weil sie das Selbst (das Ich) des Klienten ignoriere: „Wie kann es eine Lüge ohne einen Lügner geben?" fragte er.

Tatsächlich hören wir uns oder andere nicht selten sagen: „Oh, das tut mir aufrichtig leid, aber es war nicht so gemeint, es ist mir irgendwie passiert." Eine sicher elegante Methode, das eigene

Verhalten zu rationalisieren und so zu tun, als sei man nicht selbst derjenige, der gehandelt hat. Wer aber rationalisiert und verdrängt heute schon noch „perverse Triebregungen", die dann im Unbewußten wuchern und in verkleideter Form als Symptome sichtbar werden - wie Freud dies zu seiner Zeit wahrnehmen konnte. „Perverse Triebregungen" werden heutzutage in des Wortes doppelter Bedeutung wahrgenommen, d.h. geradezu habituell ausgelebt - nicht selten unter dem Etikett der Selbstverwirklichung. Es sind heute viel mehr die dunklen, nicht angenommenen Seiten unseres Charakters und unserer Persönlichkeit, die sich im Interesse des „idealisierten Selbst" (Karen Horney) - unseres angestrebten Idealbildes - *schattenhaft* verbergen hinter dem, was C.G. Jung unsere persona (unsere Maske), die äußerste Schicht unserer Persönlichkeit nannte. Hinter unseren „bewährten" beruflichen und sozialen Rollen, die das Ich wie einen Panzer umschließen können und die unser *Alltags-Ich* so „erfolgreich" funktionieren lassen, daß wir unser wahres Ich häufig selber mit den an uns gerichteten Erwartungen verwechseln, hinter dieser Maske lauert unser *Schatten*, unser *Doppelgänger*.

„Schatten" war für Jung die Umschreibung all dessen, was wir an uns ablehnen, nicht wahrhaben wollen, uns von unseren noch nicht entwickelten Anlagen und Begabungen bisher nicht zu leben wagten und deshalb verdrängen. Jungs „Schatten" zeigt sich also auch darin, daß wir uns schlechter machen als wir sind, gar nicht erst versuchen, unsere positiven Qualitäten und Fähigkeiten in unser Leben zu integrieren, sondern diese nur bei anderen wahrnehmen. In einem solchen Fall kann unser Schatten sogar zum großen Teil aus unserem positiven - nicht gelebten - Potential gebildet werden. Manchen Menschen gelingt es z.B. perfekt, ihre eigenen spirituellen Anlagen auf einen Guru zu projizieren. Nur die Integration des „Schattens", die bewußte Begegnung mit den dunkelsten Seiten unserer Persönlichkeit, mit dem Bösen in uns, ermöglicht das Hervortreten des *Höheren Ich*, Jungs „Selbst" und Steiners - manchmal so genanntes - „zweites, anderes, übergeordnetes Selbst". Doris Lessing beschrieb diese Konfrontation mit dem

Schatten und dem Bösen in uns in ihrem Buch „Die Ehe zwischen den Zonen 3, 4 und 5": „Und doch liegt hier ein Mysterium - und keins, das ich verstehe: ohne diesen Stachel des anderen, ja selbst des Bösen, ohne die furchtbare Unterseite von Gesundheit, Vernunft, gesundem Verstand geht nichts und kann nichts gehen. Ich sage dir, unser Gutsein - was wir in unserem Tageslicht-Ich so nennen: das Normale, das Anständige - ist nichts ohne die geheimen Kräfte, die unablässig der Schattenseite dieses Gutseins entströmen."

Jedes Ausschlagen der Möglichkeit, unserem Schatten zu begegnen und das Böse in uns aufzusuchen, um es zu verwandeln, jedes Nicht-Ausschöpfen unseres Wachstumspotentials, jedes Nach-außen-Projizieren eigener Unzulänglichkeiten auf andere - vielleicht noch in der Pose moralischer Überlegenheit -, jeder Versuch, sich die „Finger nicht schmutzig" zu machen, um den eigenen Dreck dann an den Händen anderer zu finden, läßt uns schuldig zurück, weil wir uns und anderen etwas schuldig geblieben sind. Dies läßt uns dann auch sehr unmittelbar unserer - schon beschriebenen - Fähigkeit, uns tief vor dem „Schwindel der Freiheit" und damit der Gefahr drohenden Nichtseins ängstigen zu können, gewahr werden.

Der Schatten ist die archetypische Erfahrung des „Der da", des in seiner Andersheit verdächtigen anderen, des Fremden, des Feindes, des Ausländers, des Homosexuellen etc. Wo ich glaube „gut" sein zu müssen, werden die anderen die Träger des Bösen, das ich an mir nicht wahrhaben möchte und deshalb verberge und tarne. Besonders geeignet zur Tarnung scheinen dabei „Orte des Reinen und Guten" wie kirchliche oder auch anthroposophische Einrichtungen etc. zu sein, wo wir uns in scheinbarer Sicherheit wiegen können, auf der „guten Seite" zu stehen. Tun wir dies, ist das „Gute" nicht mehr gut, sondern eine Pseudo-Unschuld und selbstgerechter Stolz auf unseren scheinbar so edlen Charakter. Das Gute ist eben nicht durch Ignorieren des Bösen, quasi abseits vom ihm, sondern nur trotz seiner Existenz zu verwirklichen. Nur die schonungslose Erkenntnis, zu welchen Gemeinheiten und Schandtaten wir fähig sind, schützt uns vor dem Verfallen an das Böse.

Moralisieren ist dabei nur eine Art Hochgeschwindigkeitsautobahn zum Bösen, da es eine Weigerung darstellt, sich geistig-seelisch zu entwickeln. George Orwell umschrieb diese Gefahr der Überidentifikation mit dem Guten ironisch: „Ohne Zweifel sind Alkohol, Tabak usw. Dinge, die ein Heiliger meiden muß, aber Heiligkeit ist auch ein Ding, das Menschen meiden müssen."

Ein unumgängliches Dilemma unserer Pseudounschuld ist, daß unsere Schattenprojektionen auch unsere Haltung gegenüber anderen so festlegen, daß wir schließlich genau das herbeiführen, was wir projizieren. Natürlich haben die Mitmenschen unsere Vorwürfe und Verurteilungen, unser Moralisieren schließlich so satt, daß sie „zurückschlagen" oder in Abwehrhaltung gehen, wodurch wir uns wiederum in unseren Projektionen bestätigt sehen: Die Verhältnisse beginnen, im Teufelskreis zu tanzen.

Der immer „ausgeglichene" Partner, der nie in Wut gerät, der niemals deprimiert ist, erfährt seine unterdrückte Wut häufig nur im Ausbruch des „hysterischen Gegenüber", seine nie gelebte Depression in der tiefen Verzweiflung des anderen. Er braucht sich nicht verantwortlich zu fühlen für diese Gefühle, die eigentlich von ihm kamen, und kann die von ihm verleugneten Gefühle darüber hinaus auch noch am Partner kritisieren und verurteilen.

Jung beschrieb die unbedingte Notwendigkeit, dem Schatten in uns zu begegnen, folgendermaßen: „Es ist nämlich unter allen Umständen ein Vorteil, im Vollbesitz seiner Persönlichkeit zu sein; denn sonst treten einem die verdrängten Inhalte nur an anderen Orten hindernd in den Weg, und zwar nicht etwa an unwesentlichen, sondern gerade an den empfindlichsten Stellen. Wenn die Menschen aber dazu erzogen werden, die Schattenseite ihrer Natur deutlich zu sehen, so ist zu hoffen, daß sie auf diesem Wege auch ihre Mitmenschen besser verstehen und lieben lernen. Eine Abnahme der Heuchelei und eine Zunahme der Selbsterkenntnis können nur gute Folgen haben für die Berücksichtigung des Nächsten; denn nur allzu leicht ist man geneigt, die Unbilligkeit und Vergewaltigung, die man der eigenen Natur antut, auch auf die Mitmenschen zu übertragen." (in „Psychologie des Unbewußten")

Jeder Krieg zeigt uns dies nur in zugespitzter Form in unserer Weigerung, die Schattenseiten unserer Natur als das eigene Potential des Bösen anzuerkennen, sowie in dem vergeblichen Versuch, dieses verdrängte Böse mittels Krieg aus der Welt vertreiben zu wollen. Hier wird auch die schreckliche Paradoxie deutlich, daß das Böse unseren höchsten Idealen entspringt. Wir bedürfen so sehr der Gewißheit, „die Guten" zu sein, die „das Böse dieser Welt" bekämpfen, daß wir eben dieses Böse, allen zufügen, die sich uns dabei in den Weg zu stellen wagen. Und dabei - im Kampf gegen das Fremde, das Böse „da draußen" - stellt sich das wohlige Gefühl der Zugehörigkeit, der Geborgenheit ein - „wir Deutschen", „wir Gutmeinenden", „wir Anthroposophen" etc. -, das wir so sehr ersehnen, wenn wir die Einsamkeit mit unserem persönlichen Schatten und unserer Verantwortung für ihn nicht mehr ertragen mögen. Oft halten wir nur nicht mehr die Wahrheit aus, daß der verachtete andere wir selbst sind.

In ironischer Weise beschreibt das eine chassidische Geschichte: „Der Sohn eines Rabbi wanderte einst in ein nahegelegenes Städtchen, um dort den Sabbat zu begehen. Als er zurückkam, fragten ihn seine Leute: ‚Nun, haben sie irgend etwas anderes gemacht als wir hier?' - ‚Das haben sie allerdings', sagte der Sohn. - ‚Und worin bestand die Lehre?' - ‚Liebe deinen Feind wie dich selbst.' - ‚So sagen wir hier doch auch, wie kannst du da etwas anderes gelernt haben?' - ‚Sie lehrten mich, den Feind in mir selbst zu lieben.'"

Jung sah also die Konfrontation mit unserem Schatten - in der Geistesgeschichte, der Literatur, der Ethnologie auch als „dunkler Bruder", „Widersacher" etc. beschrieben - als moralisches Problem des Ich bzw. des Selbst, „denn niemand vermag den Schatten ohne einen beträchtlichen Aufwand an moralischer Entschlossenheit zu realisieren. Handelt es sich bei dieser Realisierung doch darum, die dunklen Aspekte der Persönlichkeit als wirklich vorhanden anzuerkennen. Dieser Akt ist die unerläßliche Grundlage jeglicher Art von Selbsterkenntnis und begegnet darum in der Regel beträchtlichem Widerstand." (in „Aion")

Rudolf Steiner umschreibt diese „unerläßliche Grundlage der Selbsterkenntnis" in seinem Werk „ Die Geheimwissenschaft im Umriß" mit den Worten: „Es handelt sich also darum, daß man zuerst wahre, durchgreifende Selbsterkenntnis habe, um dann die umliegende geistig-seelische Welt rein wahrnehmen zu können." Zugleich weist Steiner aber auch auf die Möglichkeit der Selbsttäuschung hin, wenn er beschreibt, „daß es in den verborgenen Tiefen der Seele eine Art verborgenes Schämen gibt, dessen sich der Mensch im physisch-sinnlichen Leben nicht bewußt wird ... Es verhindert, daß des Menschen innerste Wesenheit in einem wahrnehmbaren Bilde vor den Menschen hintritt ..., so ist dieses Gefühl der Verhüller des Menschen vor sich selbst. Und damit ist er zugleich der Verhüller der ganzen geistig-seelischen Welt."

Einblick in die geistige Welt erlangen wir laut Steiner also nur, wenn wir zuvor in die Tiefe und auf den Schatten unserer eigenen Seele geblickt haben und vor dieser - existentielle Angst auslösenden - Konfrontation nicht zurückgewichen sind. Während nach Jung im Individuationsprozeß des Menschen das bewußte Ich in das bewußte und unbewußte Dimensionen umfassende Selbst zu integrieren ist, sieht Steiner neben unserem alltäglichen Ich das „wahre Ich" oder auch das „andere Selbst" im Schulungsprozeß des Menschen wachsen, d.h., „es ist für jede Menschenseele in deren Tiefen vorhanden. Das übersinnliche Bewußtsein erlebt bloß als Wissen, was für jede Menschenseele eine nicht bewußte, aber zu ihrer Wesenheit gehörige Tatsache ist." (in „Die Schwelle der geistigen Welt")

Wenn es Jung darum geht, das in unserem Schatten personifizierte Böse auf dem Weg der Individuation nicht nur bewußt wahrzunehmen, sondern auch anzunehmen und zu integrieren, d.h. also gerade nicht zu versuchen, es zu vernichten - was auch gar nicht möglich wäre -, so kommt auch für Steiner eine „Ausrottung" unserer dunklen Persönlichkeitsanteile nicht in Frage. Über das für ihn in der Dualität von Ahrimanischem und Luziferischem auftretende Böse „ist es ganz unmöglich zu sagen, man wolle dem luziferischen und ahrimanischen Elemente dadurch nicht verfallen, daß man sie in sich ausrottet ... Man bringt sich zu dem einen dieser Elemente in das richtige Verhältnis, wenn man ihm das rechte Gegengewicht in dem anderen schafft." (in „Die Schwelle der geistigen Welt")

Das heißt, das Vorhandensein dieser Polarität ist auch ein Zukunftsimpuls, da es unser Bewußtsein schärft und uns an der Spannung dieser Gegensätze wachsen läßt. Ein klein wenig ahrimanischer trockener Verstand und gesunder Materialismus kann der luziferischen Schwärmerei und dem Mystizismus in uns durchaus gut tun, wie auch luziferische Phantasiekräfte einer in Pedanterie und rein naturwissenschaftlich schematisch-ahrimanischem Denken erstarrten Lebensweise recht gut auf die Sprünge helfen können.

In Analogie zum Jungschen Schatten hat Steiner die Begriffe des „Doppelgängers" und des „Hüters der Schwelle" verwendet, wobei der „Doppelgänger" Ausdruck für das Erlebnis der Selbstwahrnehmung des Menschen vor den Toren der seelisch-geistigen Welt ist und der „Hüter der Schwelle" die Aufgabe des Doppelgängers umschreibt, uns vor Selbsttäuschung auf diesem Weg zu bewahren. „Wie ein Hüter steht er da vor dieser Welt, um den Eintritt jenen zu verwehren, welche zu diesem Eintritt noch nicht geeignet sind." (in „Die Geheimwissenschaft im Umriß") Das heißt, dieser Hüter der Schwelle steht dort, wo sich das dem Alltagsbewußtsein verborgen bleibende „wahre Ich" zeigt.

Erich Neumann - ein Schüler Jungs - wählte ganz ähnliche Begriffe in diesem Zusammenhang. „Das Ich ist im Schatten verborgen; er ist der Türhüter, der Wärter der Schwelle. Der Weg zum Ich führt über ihn; hinter dem dunklen Aspekt, den er repräsentiert, steht der Aspekt der Ganzheit, und nur dadurch, daß wir uns mit dem Schatten anfreunden, gewinnen wir die Freundschaft des Ich." (in „Tiefenpsychologie und neue Ethik") So findet sich letztlich in Steiners Sichtweise von der Begegnung mit dem „Doppelgänger" bzw. dem „Hüter der Schwelle" schon Jungs spätere Begrifflichkeit des Schattens als „Unbewußtes" gegenüber dem (bewußten) Ich.

Jung war auch einer der ersten westlichen Psychologen, der die Bedeutung dieses menschlichen Ringens für die Entwicklung einer spirituellen Psychologie sah. Die Entwicklung von Sinn im individuellen (Alltags-) Leben war für Jung nur möglich über eine ständig zunehmende Bewußtheit des eigenen Daseinsentwurfs. Diese konnte in seinen Augen aber nur in einer realen, dialogischen und dialektischen Beziehung des Klienten mit dem Therapeuten wachsen. Nur wenn beide - Klient und Therapeut - im therapeutischen Prozeß zu unterscheiden lernen zwischen eigenen Projektionen - z.B. von Abgelehntem, „Bösem" etc. - auf den anderen und authentischen, der jeweiligen Situation und Beziehung angemessenen Gefühlen und Verhaltensweisen, nur dann können beide beginnen, persönliche Verantwortung für ihre (Schatten-) Projektion zu übernehmen und auf sie zu verzichten.

Es ging Jung wie späteren humanistischen Psychoanalytikern (Rank, Fromm, Horney, Kaiser) und existentiellen Therapeuten (Binswanger, Gebsattel, Frankl, May, Yalom etc.) also um ein beiderseitiges Wachstum von Klient und Therapeut, um eine beiderseitige Bereitschaft, die Wahrheit über sich zu erfahren. Diese Psychotherapeuten und Psychiater sahen sehr deutlich, daß der heutige Patient alles andere in der Begegnung mit dem Therapeuten sucht als die Beziehungslosigkeit des jede persönliche Anteilnahme meidenden Therapeuten, der, im Sinne Freuds, den psychotherapeutischen Prozeß als Einbahnstraße ansieht, und zwar insofern er sich als Projektionsfläche für den Patienten und sein Wachstum - möglichst ohne eigene Gefühle und Reaktionen - zur Verfügung stellt. - Zur Ehrenrettung Freuds muß angefügt werden, daß er ganz entgegen der eigenen „reinen Lehre" ein zumeist emotional äußerst engagierter und alles andere als teilnahmsloser Therapeut war. Seine Fallgeschichten lassen manchmal eher den Wunsch aufkommen, daß er sich nicht so sehr eingemischt hätte in das Leben seiner Patienten, daß er mehr „vorausspringende statt einspringende Fürsorge" hätte walten lassen können.

Otto Rank und spätere Analytiker sahen im Freudschen Therapie-Setting sogar ein „systematisches Training in Unentschlossenheit" (S. Tomkins): „Die analytische Grundregel der freien Assoziation besagt eigentlich: Schalten sie das bißchen Willen, das ihre neurotische Schwäche etwa noch zurückgelassen hat, einmal ganz aus und überlassen sich der Führung des Unbewußten." (in „Die analytische Reaktion")

Gute Freunde der Familie ...

Das Thema der humanistischen Psychoanalytiker, die noch in der traditionellen europäischen Freudschen Tradition ausgebildet waren und dann - zum großen Teil durch die Nazis erzwungen - in die USA emigrierten, war nicht mehr das Modell ihres Lehrmeisters von den Instinktantrieben für das menschliche Verhalten. Sie wandten sich existentiellen Aspekten des menschlichen Lebens zu. Helmut Kaiser richtete sein Augenmerk auf die Bedeutung der Verantwortung und Isolation für den Menschen, Karen Horney stellte die Bedeutung der Zukunft mit ihren Zielen und Idealen als Beweger des menschlichen Verhaltens heraus, Erich Fromm beschäftigte vor allem die Angst des Menschen vor seiner Freiheit etc.

... und Geschwister im Geiste?

Noch deutlicher stellten dann die existentiellen bzw. daseinsanalytischen Therapeuten die Entwicklung der Persönlichkeit und ihr Ringen um Wertorientierung und Ideale, die individuelle Konfrontation mit den „letzten" Fragen nach Sinn, Einsamkeit, Isolation, Tod, Verantwortung, Freiheit, Authentizität etc. in den Mittelpunkt ihrer Arbeit. Sie richteten ihr hauptsächliches Augenmerk auf *die Zukunft-die-zur-Gegenwart-wird* und dieser Gegenwart und Vergangenheit erst Bedeutung und Sinn verleiht. Damit rückte ein Verständnis kranken Existierens in den Mittelpunkt, das von einem Begriff des Gesundseins ausging, einem Begriff, der dieses Wesen des Gesundseins in der einem Menschen gegebenen größtmöglichen Entfaltung seiner Fähigkeiten, seines in Freiheit gestalteten Daseinsentwurfs sah.

Zur Betonung unseres jeweils ganz individuellen *Da-Seins* sprechen die Daseinsanalytiker von *Kranksein* statt von *Krankheit* und sehen immer die gesamte Existenz vom Kranksein beeinträchtigt, nicht nur einzelne Organe oder Seelenanteile.

Sie erweiterten das Kranksein um die Dimension der *Leidensfähigkeit als Zeichen der Gesundheit*, um das Offensein für Krankheit als Aufgabe, sich etwas zur Erfahrung werden zu lassen, hellhörig für sonst Verborgenes werden zu können. Daseinsanalytiker sahen im Gesundsein in erster Linie das Freisein von - oft selbst auferlegten - Einengungen und Beschränkungen, aber auch das Freisein für und zu meinem mir möglichen „riskierbaren" Engagement für die Gegebenheiten meines Schicksals in der Welt und die Offenheit gegenüber allem mir Begegnenden - und wären das meine tiefsten Schattenseiten - sowie auch eine Möglichkeit, frei von Vorurteilen, von fremden Meinungen, von einer Gebundenheit an das „Man", unmittelbar auf die Welt bezogen zu leben.

Es ist aus existentieller Sicht der Grad der Einengung und Unfreiheit, der bestimmt, wie gesund bzw. krank wir sind, und in jedem Kranksein werden wir auf unsere Endlichkeit und unsere Vergänglichkeit, unser Sterblichsein wie auch auf die Möglichkeit eines Scheiterns unseres Daseinsentwurfs verwiesen. Karl Kraus faßt dies ironisch in den Aphorismus: „Was einen foltert, sind verlorene Möglichkeiten. Einer Unmöglichkeit sicher sein, ist Gewinn."

Überpointiert könnten wir sagen, daß es gesünder für uns ist, etwas krank zu sein, da „zu viel" Freiheit und Verantwortung bei vollständiger Gesundheit gar nicht zu ertragen wären. Nur im Begreifen dessen, daß wir nicht mehr existieren könnten, liegt für uns zugleich die Möglichkeit vollständig zu begreifen, was es bedeutet zu existieren. Unsere zu keinem Zeitpunkt automatisch gegebene Existenz können wir nicht nur vergeuden, sie ist buchstäblich zu jeder Zeit vom Nichtsein bedroht. Und scheinbar paradoxerweise verleiht nur die erschreckende Bewußtheit der ständigen Gefährdung unserer Daseinsmöglichkeiten unserer Existenz einen Sinn und die Möglichkeit zur Freiheit und Lebendigkeit.

Diese Tatsache, daß häufig erst die Idee des bevorstehenden Todes einem Menschen hilft, sein Leben auf authentische Weise zu leben, findet sich in großen Werken der Literatur wieder. So wurde Dostojewskis gesamtes Werk nachhaltig davon beeinflußt, daß er mit 29 Jahren erst in allerletzter Minute vor der Exekution durch ein Erschießungskommando begnadigt wurde. Und Tolstoi griff in „Krieg und Frieden" literarisch genau eine solche existentielle Grenzsituation auf, indem sein Protagonist Pierre, ein vom Leben gelangweilter russischer Aristokrat, der keinen Sinn in seinem Leben finden kann, im Napoleonisch-Russischen Krieg zunächst gefangengenommen und dann mit sechs anderen Männern zum Tod durch Erschießen verurteilt wird. Pierre beobachtet die Exekution der mit ihm in einer Reihe stehenden Männer und ist bereit zu sterben, als er im allerletzten Moment - völlig unerwartet - begnadigt wird. Diese Erfahrung verändert alles in seinem Leben. Er findet eine Aufgabe für sich, die für ihn bedeutsam und sinnvoll ist, läßt sich erstmals in selbstloser, liebender Weise auf andere Menschen ein und begreift sein Leben in Freude und Demut als Geschenk.

Auch Tolstois Geschichte „Der Tod des Iwan Iljitsch" schildert das Schicksal eines mit der eigenen Endlichkeit konfrontierten Menschen, der sein Leben als engstirniger Bürokrat vergeudet, bis er tödlich erkrankt und unter großen Schmerzen stirbt. Kurz vor seinem Tod erst stößt Iwan Iljitsch auf die erschreckende Wahrheit, daß er genau so jämmerlich stirbt, wie er gelebt hat. Die kurze verbleibende Zeit bis zu seinem Tod führt dann zu einem größeren persönlichen Wachstum, als ihm dies in seinem gesamten Leben zuvor möglich war. Er verliert seine Arroganz und Bitterkeit und geht erstmals auf andere Menschen zu.

In der daseinsanalytischen Psychotherapie geht es in erster Linie um eine Öffnung des Klienten für Neues, bisher ungelebte Fähigkeiten, Entwicklungen und Erlebnismöglichkeiten. Ständiges Üben im Übernehmen von Verantwortung gerade für die eigene Heilung, im Erkunden von Bedeutungsgehalten des Krankseins sowie des existentiellen Schuldigseins in dem, was wir uns und unserer Mitwelt an Tun und Lassen schuldig bleiben, zeigen, daß niemandem die Sorge um Gesund- oder Kranksein genommen werden kann. Auch nicht durch den Therapeuten, der sich nur durch seine Fähigkeit zu größerer Freiheit, Verantwortung und Offenheit vom Klienten unterscheidet - zumindest ist das zu hoffen. Auch die Lebensgeschichte eines Klienten interessiert existentielle Therapeuten am wenigsten unter dem Gesichtspunkt „frühkindlicher Ursachen der jetzigen Krise bzw. Krankheit". Die Vergegenwärtigung des Vergangenen wie auch des Gegenwärtigen und Zukünftigen soll für den Klienten und Therapeuten nur erleb- und erfahrbar werden lassen, in welcher Weise sich dieser Klient den existentiellen Fragen nach Freiheit und Beschränkung, Verantwortung und Angst vor ihr zu verschiedenen Zeiten seiner Biographie gestellt hat. Damit kann ein tieferes Verständnis für seinen jetzigen Daseinsentwurf, seine aktuell gestörten Welt- und Selbstbezüge erreicht werden. Aus existentieller Sicht sind es also nie hauptsächlich Informationen über den Klienten, die zentrale Bedeutung haben.

Auch wenn die Kenntnis der Handlungsmotive, der Beziehungsmuster etc. eines Klienten nicht unwichtig ist, so ist den existentiellen Therapeuten das Wahrnehmen und Verstehen des Klienten auf einer Daseinsebene, die grundlegend verschieden ist von der Ebene spezifischer Information über ihn, sehr viel bedeutsamer. Diese Ebene beschrieben wir schon als selbstlose Form der Anteilnahme am Wohlergehen des anderen, als agape. Karl Rogers beschrieb sein Verständnis dieser „therapeutischen Liebesbeziehung" im Jahr 1955 folgendermaßen: „Ich bringe mich in die therapeutische Beziehung mit der Hypothese oder dem Glauben ein, daß meine Zuneigung, mein Vertrauen und mein Verständnis der inneren Welt des anderen Menschen zu einem bedeutsamen Prozeß des Werdens führen wird. Ich trete in die Beziehung nicht als Wissenschaftler und nicht als Arzt ein, der zutreffend diagnostizieren und heilen kann, sondern als Person, die eine persönliche Beziehung eingeht. Sofern ich den Klienten nur als Objekt sehe, wird dieser dazu neigen, nur ein Objekt zu werden ... Ich lasse mich auf die Unmittelbarkeit der Beziehung ein, in der mein ganzer Organismus ins Spiel kommt und empfänglich für die Beziehung ist, nicht bloß mein Bewußtsein."

Das Wesen der Heilung sehen existentielle Therapeuten nicht darin, Lebenskrisen des Klienten erträglicher zu machen, sie zu „entschärfen" und seine (neurotischen) Symptome „zu heilen".

Im Gegenteil führt eine Befreiung von Symptomen im Sinne einer möglichst reibungslosen Anpassung des Klienten an seine Umwelt und deren Anforderungen in der Sichtweise existentieller Therapeuten nur zu einem gleichzeitigen Verzicht auf wichtige Entwicklungsmöglichkeiten, die uns natürlich immer ängstigen können, weil sie das Moment der Freiheit, individuell zu wachsen oder darauf zu verzichten, schmerzhaft vor Augen führen. Einengung, Verzicht und Aufgabe von Daseinsmöglichkeiten, ja von Existenz sind Folgen solcher „Symptomkuriererei". Es geht aber gerade in der existentiellen Therapie um die Ermöglichung der Erfüllung eigener Existenz, um die vollständige Übernahme der „Urheberschaft" für diese Existenz in aller Konsequenz. Das macht es für Patient und Therapeut durchaus nötig, das Unbehagen des Patienten, seine Angst vor der Freiheit, seine Verzweiflung, seine Schuld etc. eine ganze Zeitlang nicht nur auszuhalten, sondern vielleicht sogar verstärken zu müssen, wenn beide an die Wurzeln seiner Angst vordringen möchten.

In der schon im 9. Kapitel dieses Buches berichteten Heilungsgeschichte des Besessenen von Gerasa kommt diese abgrundtiefe Angst vieler Süchtiger, perspektivlos Ausgestiegener, Haltloser etc. vor dem Schrecken der Freiheit und der Verantwortung, auf die „Sicherheit" in ihrer Krankheit zugunsten der „Bodenlosigkeit" einer Gesundheit verzichten zu können, zum Ausdruck. Denn diese Krankheit bringt dem Besessenen wie uns allen, wenn wir erkrankt sind, ja nicht nur Zerrissenheit, Einsamkeit, Ohnmacht, Ausgeliefertsein, Selbstverachtung und Heimatlosigkeit, sie bringt zugleich auch eine „Überschaubarkeit des ungelebten Lebens" gegenüber dem „unüberschaubaren" realen Leben, das immer wieder eine Begegnung mit sich selbst und der eigenen

Wahrheit fordert. Für den Besessenen von Gerasa löst seine Krankheit zunächst auch einmal einen Konflikt und bietet ihm die Möglichkeit, der Angst vor dem Bösen durch Praktizierung des Bösen selbst aus dem Weg zu gehen - zumindest vorübergehend. Diese Angst kann dann solche Formen annehmen wie beim Gerasener, der sich förmlich in das Grab des Bösen verkriecht - wie zur eigenen Beruhigung -, der jede Begegnung, jede Hilfe, jede Menschlichkeit, also all das, was er am meisten herbeisehnt, zugleich am intensivsten fürchtet. Christus ist der erste, der dieser Angst des Gaseners vor der Freiheit und vor seiner Verantwortung standhält, der sie zunächst sogar einmal verstärkt, indem er nicht vor ihm zurückweicht, sondern ihm stattdessen in seinem tiefsten Wesen - wie ein exzellenter Biographiearbeiter oder existentieller Therapeut - in der Frage „Wie heißt du?" begegnet.

In dieser Frage nach dem Namen, dem Wesen des Gaseners, danach, wer er selber ist, wer er werden kann, schnurrt der oft viele Monate dauernde biographische bzw. psychotherapeutische Prozeß einer solchen Begegnung symbolisch zusammen. Und in der Ablehnung der Bitte des Gaseners, bei ihm bleiben zu dürfen, zeigt Christus, wie sehr er zu „vorausspringender Fürsorge" gegenüber diesem ehemals Besessenen in der Lage ist und mit welcher Klarheit er der Verführung „einspringender Fürsorge" für den Geheilten widersteht. Er, der sonst Menschen immer wieder auffordert, ihre bürgerliche Existenz zugunsten ihrer Freiheit aufzugeben und sie hinter sich zu lassen, fordert den Gerasener zum genauen Gegenteil auf. Im Zusammenleben mit den ehemals gemiedenen und gefürchteten Menschen, vor denen er bis in die Gräber floh, soll er lernen, seinen Schattenseiten zu begegnen, das Böse aufzusuchen, um es zu verwandeln und zunächst einmal ein „wahres Individuum, ein einsamer Einzelner" zu werden, der sich selbst genügen kann, um dadurch zur selbstlosen Liebe fähig zu werden.

In der Praxis passiert es immer wieder, daß der Therapeut dem Klienten helfen muß, seine Selbstlüge zu erkennen, wenn er z.B. behauptet, von ihm als wichtig erkannte Entwicklungsschritte nicht machen zu können, da er „zu schwach", „zu ängstlich", „zu unbeherrscht" sei. Damit drückt ein Klient bisweilen nur aus, daß er glaubt, „sein Unbewußtsein" jeden Unsinn verzapfen lassen zu können, ohne dafür verantwortlich zu sein. Wie der Gerasener muß jeder von uns lernen, daß der Weg zum Himmel durch die Hölle führt. Das kann bedeuten, zunächst anzuerkennen, daß man alles andere als ein „netter, lieber Kerl" ist, der manchmal „unbewußt" etwas arrogant und feindselig wirkt. Anzuerkennen auch, daß unsere „unbewußte Arroganz" nicht das *Problem*, sondern die *Lösung* ist, uns rücksichtslos verhalten und andere verletzen zu können, ohne dabei das Bild von uns als angenehmer Zeitgenosse aufgeben zu müssen. Nichts hieran wird sich ändern, solange wir nicht zuerst gelernt haben, uns in aller „Häßlichkeit" zu akzeptieren.

Dies gelingt um so besser, je mehr der Therapeut - wie in diesem Beispiel Christus - versteht, daß es eben nicht darum geht, in der Liebe zu umarmen, was schön ist - der Patient ist manchmal abgrundtief „häßlich"-, sondern was eben dadurch - d. h. durch die liebevolle Umarmung - schön wird. Dabei ist gerade der Umgang mit existentieller Schuld überaus heikel, weil es auch wichtig ist, daß der Klient nicht unangemessen viel Verantwortung für seine Vergangenheit, z.B. für erlittenen sexuellen Mißbrauch in der Kindheit, übernimmt. Es geht nicht um schlechte Wahlen, die in der Vergangenheit getroffen wurden - in der Kindheit auch „für" uns bzw. über unseren Kopf hinweg -, sondern es geht um unsere Weigerung, neue Wahlen und Entscheidungen für jetzt und für die Zukunft zu treffen. Nur wenn es gelingt, uns selbst in anderer Weise gegenüberzutreten als in der Vergangenheit, können wir uns auch für das häufige *Wesentliches-schuldig-Bleiben* in der Vergangenheit vergeben. Nur so erschaffen wir auch unsere Vergangenheit neu aus der Gegenwart und der Zukunft und damit die Möglichkeit, ehemals Belastendes, z.B. in der Beziehung zu den Eltern, neu erleben und integrieren zu können. Manchmal gelingt es dann, die ehemals abgelehnten Eltern als bedrängte, oft wohlmeinende, aber zum Teil eben auch hilflose und tragisch an ihrer eigenen Existenz scheiternde Menschen zu erleben und ihnen zu verzeihen.

Mark Twain drückt diesen Vorgang mit den ironischen Worten aus: „Als ich 17 war, war ich davon überzeugt, daß mein Vater ein verdammter Narr ist. Als ich 21 war, war ich erstaunt darüber, wie viel der alte Herr in vier Jahren gelernt hatte."

Damit sind wir (fast) am Ende der Betrachtung unserer Eingangsfragen angelangt.

Eine "Psychologie des Menschen", die seine zukünftigen Entwicklungsmöglichkeiten, seine „tätige Selbsterkenntnis", sein Offen- und Aushalten von existentiellen Fragen

und den damit einhergehenden Ohnmachtserlebnissen ins Zentrum ihrer Betrachtung stellt, eine solche Psychologie, die nicht nur von der Vergangenheit, sondern auch zur Zukunft befreit, gab und gibt es also nach Ansicht des Verfassers dieses Kapitels schon vor dem Entstehen der anthroposophisch orientierten Biographiearbeit, die damit bei diesen Ahnen durchaus Inspiration und auch Vertiefung erfahren kann.

„Zu allen Dingen lasse man sich Zeit, nur nicht zu den ewigen"
(Karl Kraus)

Wie steht es aber mit der zentralen Frage nach geistorientierten, spirituellen psychologischen Erkenntniswegen neben der Biographiearbeit? Gibt es diese auch?

Diese Frage läßt sich nur mit einem entschiedenen Ja ... aber beantworten, und genau das ist das Problem der bisherigen "Psychologien des Menschen".

Freud war zu sehr technisch rationaler Mensch, zu sehr Kind seiner Zeit, um akzeptieren zu können, was in seiner Kultur als Irrationalität jeglicher Beschäftigung mit spirituellen Fragen galt. Folglich sah er in spiritueller Suche vor allem ein unreifes, infantiles und regressives Streben nach Versorgtwerden und Verschmelzen mit der alles umsorgenden Mutter.

Die traditionelle Psychoanalyse, aber auch die meisten existentiellen Therapeuten gehen vom unvermeidlichen Ende des Menschen mit seinem Tod aus oder haben allenfalls einen sehr diffusen, „östlich" tingierten oder religiösen (Frankl) oder „numinosen" (Jung) Begriff der geistigen Welt und des menschlichen Karma.

Selbst die Ansicht der existentiellen Therapeuten, wir könnten erhoffen, in einem tieferen und umfassenderen Verständnis für unsere existentiellen menschlichen Probleme, für unsere potentielle Freiheit und für unsere Verantwortung auch für die nächste Generation eine Art Gegengewicht zur erschreckenden Endlichkeit unseres Lebens zu schaffen, endet in einer spirituellen Sackgasse.

Zwar bestehen die existentiellen Therapeuten darauf, daß die *zentrale Fähigkeit* des Menschen diejenige zur eigenen *Selbsttranszendenz* - als untrennbarer Bestandteil seines Selbstbewußtseins - ist. Als existierendes - im wörtlichen Sinne hervor- und heraustretendes - Wesen, das ständig im Werden und Wachsen, im Überschreiten der eigenen Vergangenheit und Gegenwart in die Zukunft hinein begriffen ist, transzendiert, das heißt wörtlich: steigt dieses Wesen Mensch über seine unmittelbare Lebenssituation hinaus, durch seine Fähigkeit zur Sorge, zur Liebe, zur Hoffnung, aber auch zu Haß und Gleichgültigkeit (M. Boss). Das heißt, die existentiellen Therapeuten sehen in der Fähigkeit des Menschen zur Transzendenz die eigentliche Grundlage seiner Freiheit - abhängig von seiner Phantasie, seinen Fähigkeiten und seinem Selbstbewußtsein -, jede konkrete, noch so verzweifelte Situation von außen anschauen und entsprechend seinen Möglichkeiten und seinem Mut meistern zu können.

Einzelne existentielle Therapeuten wie Assagioli, der seine Art der Therapie „Psychosynthese" nannte, zeigten sogar - der Biographiearbeit gar nicht fremde - Wege zu dieser Selbsttranszendenz auf und waren sich zugleich über die auf diesem Weg lauernden Gefahren sehr bewußt. Assagioli sah in konzentrierter zweckvoller geistiger Aktivität eine sehr wirksame Form der Meditation, um direkte Bewußtheit dessen zu gewinnen, was Menschen wie Teilhard de Chardin den „universellen Geist" nannten.

Der bekannte amerikanische Dichter Robert Frost praktizierte auf seinen langen einsamen Waldspaziergängen diese Art zielgerichteter, gelenkter und ausdauernder Meditation - also das Gegenteil zur passiven, kontemplativen Versenkung in das Selbst - dadurch, daß er ein Wort oder einen Gedanken nahm und seinen Geist darauf verweilen ließ, während er ihn aus sämtlichen Blickwinkeln betrachtete, von innen nach außen stülpte, sezierte. Dabei entdeckte er immer neue Bedeutungen, Aspekte und Schönheiten. Assagioli erkannte auch die Gefahren einer „Abkürzung" des spirituellen Wegs zu mehr Selbsttranszendenz und sah das Ziel, „schnelle Ergebnisse" um ihrer selbst Willen zu erreichen, eine „Wachstumsmethode" nach der anderen zu konsumieren, als

schädlich an. Ausschließliches Streben nach Spiritualität und Transzendenz bei gleichzeitiger Vernachlässigung des ganz „banalen", alltäglichen, persönlichen Lebens und Ringens führe schließlich zum Versiegen jeglicher „höherer Erfahrung" und zu Lebenskrisen und Erkrankungen. Erst wenn wir entdecken, daß kein Widerspruch zwischen unserer Aufgabe, nützliche Arbeit in der Welt zu leisten, und der Entwicklung unserer Individualität besteht, wenn wir verstehen, wie unabdingbar es ist, unsere Persönlichkeit und die Welt, in der wir leben, anzunehmen und in unser Ringen um spirituelle Entwicklung einzubeziehen, erst dann sah Assagioli für den Menschen die Möglichkeit, seine besonderen Gaben zu entwickeln, seine speziellen Begrenzungen zu überwinden und der Gefahr, seine Persönlichkeit um ihrer selbst Willen zu transzendieren, widerstehen zu können. Aber diese Fähigkeit zur Transzendenz endete selbst für so weitsichtige Therapeuten wie Assagioli unvermeidlich mit unserem physischen Tod, mit der „Unmöglichkeit weiterer Möglichkeiten" (Heidegger).

I. Yalom faßt diese Ansicht der existentiellen Therapeuten mit den Worten zusammen: „Obwohl die Physikalität des Todes einen Menschen zerstört, kann die *Idee* des Todes ihn retten. Der Tod wirkt als Katalysator, der uns von einem Zustand des Seins zu einem höheren bringen kann: von einem Zustand des Staunens darüber, *wie* die Dinge sind, zu einem Zustand des Staunens darüber, *daß* sie sind. Die Bewußtheit des Todes bringt uns weg von trivialen Beschäftigungen und verleiht dem Leben eine tiefe Intensität sowie eine völlig andersartige Perspektive." (in „Existentielle Psychotherapie")

Yalom beschreibt auch eindrucksvoll, wie wir uns durch unseren Glauben an unsere „persönliche Unverletzlichkeit", unsere „Besonderheit" oder an einen „letzten Retter" vor dieser rettenden „Idee des Todes" zu schützen versuchen. Der eine wähle den Weg der zwanghaft heroischen Individuation und suche - wie Hemingway - ein ganzes Leben lang die Gefahr auf, um sie zu besiegen - eine groteske Möglichkeit, sich zu beweisen, daß es keine Gefährdung unserer Existenz gebe. Der andere führe als workaholic, als Arbeitssüchtiger, einen ständigen Kampf mit der Zeit, deren Botschaft gegenüber, daß die Vergangenheit zu Lasten einer schrumpfenden Zukunft zunehme, er sich damit versuche taub zu machen; Hauptsache er „kommt voran und macht Fortschritte". Ein dritter versichere sich seiner Besonderheit durch Erweiterung seiner Machtbefugnisse und seines Kontrollbereichs, wodurch er zugleich die eigene Angst und das Gefühl der Begrenztheit versuche zu vermeiden. Wieder ein anderer schütze sich vor der „Idee des rettenden Todes" durch den Glauben an die Existenz eines allmächtigen Fürsprechers, seien es die Eltern, ein Guru, Gott, eine Ideologie etc. Daß die Möglichkeit zur Transzendenz, zum spirituellen Wachstum des Menschen für die meisten existentiellen Psychotherapeuten mit dem Tod endet, bedeutet auch, daß ihnen die Einbeziehung der Karma- und Wiederverkörperungsidee fremd bleibt, sie diese sogar als „Verleugnungsstrategie im Umgang mit unserem Todesbewußtsein" ansehen (s.o.).

Wiederum Yalom drückt dies so aus: „Die Zeit ist dein Feind, nicht nur weil sie die Cousine der Endlichkeit ist, sondern weil sie eine Stütze der Besonderheitsillusion bedroht: den Glauben daran, daß man ewig fortschreitet." - „Seinen persönlichen Tod zu akzeptieren bedeutet", eine „Anzahl anderer, unangenehmer Wahrheiten: daß man endlich ist; daß unser Leben wirklich zu Ende geht; daß die Welt dennoch weitergehen wird; daß man einer unter vielen ist - nicht mehr und nicht weniger; daß wir unser ganzes Leben gefälschte Gutscheine herumgetragen haben; und schließlich daß gewisse eindeutige unveränderliche Dimensionen der Existenz jenseits unserer Einflußnahme sind." (ebd.) Dabei findet sich hier nun tatsächlich ein originärer und origineller Gesichtspunkt der Biographiearbeit, der in umgekehrter Richtung befruchtend für die "Psychologien des Menschen" werden könnte, wenn diese die Inspiration aufzunehmen in der Lage wären. Bei der Individuation - d.h. unserer jetzigen Menschwerdung - nicht nur den Gesichtspunkt der Lebensspanne zwischen Geburt und Tod zu betrachten, sondern diese Individuation auch als Ergebnis vergangener Erdenleben wie auch als Chance und Aufgabe künftigen Werdens und Schicksals zu verstehen bzw. zu gestalten, verweist auf Perspektiven, die sowohl der traditionellen Psychoanalyse wie auch den meisten existentiellen Therapeuten fehlen.

Im Gegensatz zur Annahme der existentiellen Therapeuten - wie Yalom - stellt der biographische Karmabegriff keine Verleugnung unserer physischen Endlichkeit dar, sondern verleiht ihr erst eine tiefere Bedeutung. Statt Fluchtmöglichkeit in eine wie auch immer geartete „Besonderheit" oder zu einem „letzten Retter" zu sein, macht dieser biographische Karmabegriff genau diese Flucht vor unseren letzten Wahrheiten unmöglich und stellt uns damit in die volle Verantwortung für unser gesamtes Schicksal, d.h. nicht nur für diese Inkarnation.

Es geht also nicht um einen „östlichen" Karmabegriff, den sich heute etliche fundamentalistische New-Age-Instant-Psychotherapeuten zu eigen machen und der unser jetziges Leben einfach als vorherbestimmten, fortgeschriebenen Ausdruck vorhergehender Lebensgänge ansieht. Ein solcher Karmabegriff, der jegliche Wandlung zum Neuen, jegliche überraschende, mutige Reaktion unsererseits auf karmisch sehr wohl mitbestimmte schwierige Lebenssituationen und Begegnungen unmöglich macht, ein solcher Karmabegriff würde auch das Ende von Freiheit und Selbstverantwortung bedeuten. Weshalb - nebenbei bemerkt - dieser zur Passivität führende Karmabegriff gerade bei New-Age-Therapeuten auch so beliebt ist, die ihren Patienten nämlich den „direkten Weg zu höheren Bewußtseinsebenen" versprechen, ohne sich erst mit ihrer Schattenseite, ihren „häßlichen kleinen Schwächen" befassen zu müssen. Hauptsache, sie haben „den richtigen vollkommenen Meister und Guru", der ihnen „den richtigen Weg" weist. Bis der Schatten einer derart dekontaminierten Spiritualität, z.b. in Form eines sich als „allzu menschlich" entpuppenden Gurus mit einer Vorliebe für eine Flotte von Rolls Royce und Luxus (siehe Bhagwan), manchem „Schüler" klarmacht, daß er, statt gleich mit „Transzendenz" durchzustarten, doch besser erst einmal die Hausaufgaben seines Ich in der manchmal harten Lebenswirklichkeit zu machen hat. Oder wie Woody Allen in seinem Buch „Nebenwirkung" trocken bemerkt: „Cloquet haßte die Wirklichkeit, aber er sah ein, daß es die einzige Gegend war, wo man ein gutes Steak bekommen konnte."

Der Karmabegriff der Biographiearbeit führt also zu einer noch tieferreichenden Verantwortung für unser Dasein, als sie existentiellen Therapeuten vertraut ist; einer Verantwortung sowohl unserem eigenen, wiederkehrenden Dasein - d.h. nicht nur unserer diesmaligen Existenz - als auch der - nach uns kommenden - Welt gegenüber. Und damit zu einer immensen - auch erschreckenden - Vergrößerung unserer Freiheit, nicht nur Urheber unserer jetzigen Biographie, sondern auch unserer künftigen Biographien zu sein - im Scheitern wie im Gelingen. Und das hat mit „Verleugnung" unseres physischen Endes nun gar nichts zu tun. Eher scheint es umgekehrt zu sein. Die existentiellen Therapeuten verleugnen etwas sehr Wesentliches. Ihre Begeisterung für die eigene „Fähigkeit Sich-ängstigen-zu-können" vor dem „Schwindel der Freiheit" hält sich doch erkennbar in Grenzen. In den Grenzen ihrer jetzigen aktuellen Existenz nämlich. Für die sind sie bereit, die Verantwortung zu übernehmen. Aber für die Folgen dieser aktuellen Existenz für uns und andere? Das geht ihnen entschieden zu weit. Da verwandeln sie selber lieber ihre Fähigkeit des Sich-ängstigen-Könnens zur handhabbaren konkreten Furcht vor dem „Mystizismus eines Karmabegriffs".

Die Darstellung des Fehlens eines verbindlichen Karmabegriffs bei allen bisherigen Psychologien kennzeichnet einen wesentlichen, aber bei weitem nicht den einzigen „blinden Fleck" im Rahmen dieser Psychologien. Exemplarisch griffen wir ihn hier auf, weil Unsterblichkeit nun mal das einzige ist, was keinen Aufschub duldet (Karl Kraus). Welche vielfältigen weiteren originären Gesichtspunkte der Biographiearbeit inspirierend und erweiternd für die heute noch sehr unvollkommenen "Psychologien des Menschen" sein könnten - z.b. im Hinblick auf das individuelle Urbild des Menschen, auf die Entwicklungsgesetze seiner Biographie, auf die Bedeutung der Lebensmitte und die des Wirkens geistiger Wesen im Lebenslauf etc. -, hat sich für den aufmerksamen Leser jedoch schon aus der Lektüre der Kapitel dieses Buches von Mathias Wais ergeben, weshalb wir uns hier Wiederholungen sparen möchten.

Von der Bedeutung eigener Grenzen - oder über die Hybris des omnipotenten Biographieberaters und die Ignoranz der unspirituellen Psychotherapeuten

Zum Abschluß dieses Kapitels möchte ich aufgrund eigener praktischer Erfahrungen in meiner psychotherapeutischen Tätigkeit als Neurologe und Psychiater noch auf drei - mir bedeutsam erscheinende - Gesichtspunkte hinweisen. Erstens ist der von mir angestellte Vergleich zwischen Biographiearbeit und Psychotherapie nicht als Ermutigung oder gar Aufforderung an Biographieberater(innen) gedacht, nun mit ihrem eigenen „Instrumentarium" der Biographieberatung auch seelisch kranken Menschen mit einer deutlichen Schwäche des Ich bzw. einer Ich-Störung „zu Leibe" zu rücken. Das nämlich wäre nicht nur dilettantisch, sondern auch unverantwortlich.

Ohne einen sehr klaren Begriff von Gesundheit und Krankheit und ohne therapeutische (ärztliche) Berufserfahrung ist niemand in der Lage, die Frage zu beantworten, wo „einspringende" und wo „vorausspringende Fürsorge" gegenüber dem Klienten / Patienten indiziert erscheint und wo biographisch-therapeutische Arbeit mit ihm möglich, wo kontraindiziert ist.

So bedarf z.B. der an einer Psychose oder der an einer schweren Neurose erkrankte Patient häufig „einspringender Fürsorge" in allen wesentlichen Belangen seiner Existenz. Diesem Patienten darf ich sein Schutzbedürfnis nicht versagen - bei gleichzeitiger deutlicher und liebevoller Verweigerung, absurde und abnorme Austragungsmodi seiner Erkrankung mitzumachen. Ihm kann gerade in seiner absurden mitmenschlichen Bezugnahme - im Wahn, in der Eifersucht, in der Aggression, im Zwang etc. - die dialogische Gestaltung der therapeutischen Beziehung helfen, dieses Absurde und Ungesagte in der neuen Beziehung zu leben und dabei seine eigentliche Bestimmung und Bedeutung erst zu erfahren.

Die vom Therapeuten praktizierte liebevolle Sachlichkeit kann den Patienten in seinem Bemühen, Abstand von sich selbst zu gewinnen, unterstützen. Dabei dürfen wir nie vergessen, daß es sich bei einem Ich-schwachen, zerbrechlichen Patienten um einen seelisch kranken Menschen handelt, der im Kern seiner Persönlichkeit, in seinem Ich, getroffen ist. Dieses Ich, das beim Gesunden die Fähigkeit hat, Seelenregungen zu erhellen und Bewußtseinserlebnisse in der Beziehung zu sich selbst und zur Welt zu durchdringen, ist beim seelisch erkrankten Menschen Spielball widerstrebender Gefühle geworden, da das Denken nicht mehr klärt, sondern Absurdes, Pathologisches und schwierige Lebenssituationen eher noch fixiert. Wo einerseits also eine volle Bewußtheit der Seelenregungen fehlt, zeigt der seelisch Erkrankte zugleich häufig eine bis ins Schmerzhafte gesteigerte partielle Bewußtheit seines rein seelischen Erlebens, einen Verlust jeglichen Abstandes von sich selbst und seiner Mitwelt. Dies findet dann - gegenüber dem vorwiegend somatisch Erkrankten - deutlichen Ausdruck in seiner starken Isolierung, in seinem ständigen Sich-Verbergen und -Verschließen, in seiner tiefen Scham, in seinem Verlust an Möglichkeit-zu-Werden und sich in der Zeit „unterbringen" zu können und in seinem sich und anderen in extremer Weise Fremd-Werden.

Für diese Patienten stellt deshalb eine Arbeit an ihrer eigenen Biographie - zumindest zunächst einmal - eine völlige Überforderung dar, durch die erheblicher Schaden angerichtet würde; und damit ist hier neben der Biographiearbeit auch der Biographieberater selber für den Patienten kontraindiziert, da ihm die fachlichen Fähigkeiten fehlen, diesem Patienten helfen zu können.

Grundvoraussetzung für eine Biographiearbeit bzw. eine biographisch inspirierte und orientierte Psychotherapie ist auf seiten des Klienten die Befähigung, sich in eine gewisse Distanz zu seinem Selbst begeben und zugleich eine Beziehung zu sich selbst und zum Biographieberater / Psychotherapeuten herstellen zu können. Dabei ist wesentlich, daß der Klient bereit und in der Lage ist, die eigene Ohnmacht und Verzweiflung auszuhalten, die sich häufig aus dem Leiden an der Inkongruenz zwischen dem, der er seinen Möglichkeiten nach sein könnte, und dem, der er aktuell ist, ergibt. Der Klient sollte offen für die Erfahrung sein, seine Verzweiflung und Ohnmacht - z.B. in einer Lebenskrise - auszusprechen und das Risiko einzugehen, dem Biographieberater bzw. dem biographisch arbeitenden Psychotherapeuten gegenüber unter jenen Aspekten zu erscheinen, deren er sich schämt und die er nicht wahrhaben möchte. Auch eine Bereitschaft des Klienten, in seinen Schwächen prospektive Lebensmöglichkeiten sehen und in tätiger Selbsterkenntnis ergreifen zu können, ist für eine biographische Arbeit unabdingbar, da der Klient nur so den Impulsen seines Urbildes nachzuspüren in der Lage ist.

Als zweiten Gesichtspunkt im Rahmen dieses Vergleichs zwischen biographischer Arbeit und Psychotherapie möchte ich auf die praktische Erfahrung hinweisen, daß Menschen mit scheinbar klar definierbaren Krankheitsbildern - mit neurotischen Störungen, Phobien, Herzängsten, Paniksymptomen, Depressionen, Zwangsgedanken und -handlungen etc. - in der Psychotherapie häufig „nur" die pathologische Vereinseitigung verborgener Sinn-, Orientierungs- oder Entscheidungsfragen „anbieten"; so als sei diese „begrenzte" Pathologie, z.B. in der Herzangst, tatsächlich besser kontrollier- und handhabbar und damit auch zu ertragen, als die sich hinter dieser Herzangst häufig verbergenden tieferreichenden existentiellen Ängste.

Wenn die Angst und Unruhe des Klienten eine beginnende, vorläufig nur in dieser Angst mögliche Einsicht in sein Scheitern darstellt, beginnt die Verpflichtung des biographisch tätigen Therapeuten, den Patienten in seiner Angst und Einsamkeit zu lassen, um ihn nicht zu verlassen. Denn Trost, der die Tiefe seines Leidens einschränkt, hebt auch die Gültigkeit und Bedeutung der Tiefe auf.

Mir erscheint gerade bei den Klienten, die die oben genannten Voraussetzungen zu einer biographisch orientierten Psychotherapie mitbringen und die mit einer definierbaren Krankheitssymptomatik in die Praxis kommen, eine Begegnung mit dem Erkrankten nur dann als gelungen, wenn es möglich wird, Raum zu schaffen für eine Rückverwandlung seiner pathologischen Vereinseitigung existentieller Fragen in der Krankheitssymptomatik zu den noch unverstellten, unverborgenen existentiellen Fragen. Gelingt dies nicht, so verkommt Psychotherapie zur reinen „Symptomkuriererei", die zwar Leiden lindert - was durchaus bedeutsam ist -, zugleich aber auch Entwicklungs- und Wachstumsmöglichkeiten beschneidet. Ein Zustand, der heute leider eher die Regel als die Ausnahme darstellt.

Drittens und letztens erfolgt der in diesem Kapitel angestellte Vergleich bestimmter wesentlicher Aspekte der Biographiearbeit mit entsprechenden Gesichtspunkten im Rahmen der Psychotherapie nicht mit dem Ziel, Biographieberatung durch Psychotherapie - oder vice versa - überflüssig zu machen.

Intention meiner Betrachtungen ist vielmehr, Ansatzpunkte einer spirituellen „Psychologie des Menschen" durch Entwicklung eines offenen, beide Seiten inspirierenden und impulsierenden Dialogs zwischen der Biographiearbeit einerseits und den genannten Psychologien andererseits zu finden; wobei gerade, was die geistige und spirituelle Dimension angeht, die heutigen "Psychologien des Menschen" sehr der Unterstützung und Erweiterung durch die Biographiearbeit bedürfen, da sie sonst dem Menschen nicht gerecht werden können.

Für denjenigen, der sich über diese Ausführungen hinaus mit den „Ahnen" der Biographiearbeit ausführlicher beschäftigen möchte, seien noch einmal - zum großen Teil auch im Text selber schon auftauchende - Namen sowie dazugehörige Werke genannt: Neben den Werken der „Klassiker" Freud, Jung, Heidegger, Binswanger etc. fand der Autor dieses Kapitels selber die Sichtweise solcher existentieller Therapeuten wie May, z.b. in seinen Werken „Liebe und Wille", „Der Mut zur Kreativität", „Sich selbst entdecken" und „Die Bedeutung der Angst", oder auch Irvin Yalom mit seinem Werk „Existentielle Psychotherapie" anregend und inspirierend. Assagiolis „Psychosynthese" und Erich Fromms sowie Frankls Ausführungen zu den verschiedensten Themen sind ebenfalls sehr erhellend.

Hilfreich für einen historischen Überblick der Psychologien des Menschen war dem Verfasser Josef Rattners Werk „Klassiker der Tiefenpsychologie" sowie dessen Ausführungen zu „Tiefenpsychologie und Psychotherapie als angewandte Ethik" in dem Buch „Was ist Tugend, was ist Laster?" Gerhard Wehr wiederum hilft in seiner Gegenüberstellung von „C.G. Jung und Rudolf Steiner", Unterschiede wie auch Berührungspunkte beider Ansätze - der analytischen Psychotherapie sowie der Anthroposophie - zu erfassen.

Fruchtbar für die Behandlung der Fragen waren für den Verfasser auch Sammelwerke wie „Transpersonale Psychotherapie" von S. Boorstein, „Der Krankheitsbegriff in der modernen Psychotherapie" von Alfred Pritz und Hilarion Petzold und „Die Schattenseite der Seele" von Connie Zweig.